Wie die Welt
im Kopf entsteht

Martin Urban

Wie die Welt *im Kopf* entsteht

Von der Kunst, sich eine Illusion zu machen

EICHBORN▸BERLIN

Die Deutsche Bibliothek – CIP-Einheitsaufnahme

Urban, Martin:
Wie die Welt im Kopf entsteht: von der Kunst,
sich eine Illusion zu machen / Martin Urban. -
Frankfurt am Main: Eichborn, 2002
ISBN 3-8218-0715-6

© Eichborn AG, Frankfurt am Main, 2002
Lektorat: Esther Kormann
Umschlaggestaltung: Christina Hucke unter Verwendung
der Lithografie »Systeme du Monde«, Druck: Imprimerie
Ernest Meyer, Paris um 1850 – Aus einem Bilderbogen
zum Anschauungsunterricht für Kinder.
© Archiv für Kunst und Geschichte, Berlin
Layout und Satz: Petra Wagner, Hamburg
Druck und Bindung: Graphischer Betrieb Bercker, Kevelaer
(Eichborn Berlin)
ISBN 3-8218-0715-6

Verlagsverzeichnis schickt gern:
Eichborn Verlag, Kaiserstraße 66, 60329 Frankfurt
www.eichborn.de

Inhalt

Einleitung 11

I. **Wir schaffen uns eine Welt im Kopf**

Die Kunst, Absichten zu erkennen 17 · Die Weisheit des Epiktet 21 · Sprachbilder 23 · Kunst entsteht im Kopf 24 · Das Bedürfnis nach Kitsch 27 · Echte und falsche Erinnerungen 29 · Beschränkte Weltbilder 33 · Auf der Suche nach dem Sinn im Unsinn 34 · Die Erfindung des Vierecks 36 Descartes, die Fliege und die Koordination 40 · Sonnengott gegen Mondgöttin 43

II. **Logik des Aberglaubens**

Die Zweiteilung der Welt 51 · Grenzspuk und Kinderspiel 52 Augen-Blicke 54 · Heilige Knochen 57 · Heiliges Blut 61 Heiliges Wasser 63 · Heiliges Holz 64 · Von Horoskopen und Außerirdischen 67 · Die kosmische Dimension des Fußballspiels 69 · Kurz-Schlüsse 71 · Der Erbsenzähler von Brünn und seine Schüler 73

III. **Die ganze Welt ist eine Bühne**

Nomen est omen 79 · Alles Theater 85 · Wie man sein Leben zurecht erzählt 89 · Helden 92 · Buhlen um Aufmerksamkeit 95 · Was man von sich und anderen hält 97

IV. Die Kraft der inneren Bilder

Freudsche Versprecher und andere Peinlichkeiten 103
Da fehlen die Worte 105 · Die Kunst, sich innere Bilder
zu machen 108 · Körperbilder 111 · Die Hand des toten
Mannes 116 · Das Menschenbild der östlichen Medizin 119
Das Menschenbild der westlichen Medizin 122 · Unverhoffte Genesung 125 · Das Bild vom Tod 127

V. Geistige und geistliche Weltbilder

Was ist Wahrheit? 133 · Herzerfüllende Bilder 134
Ursprünge des Neuen Testaments 135 · Das Bild von Tod
und Auferstehung 139 · Der Interpret Paulus 143

VI. Bilder als Machtinstrumente der Kirche

Die Aufklärung nicht zur Kenntnis nehmen 149
Die Bibel als Grundbuch 153 · Und drei mach gleich 155
Taufe und High-tech 159 · Die Himmelskönigin 160
Von Hexen und der Scheußlichkeit des Zeugungsaktes 163
Der Teufel und das Böse 168 · Deus ex Machina und
die Frommen 171 · Höllenangst und Ablasshandel 172
Von Zeit zu Zeit sterben die Götter 178 · Die Angst
der Protestanten vor Albert Schweitzer 180 · Die Angst
des Vatikans vor Hans Küng 181 · Gerd Lüdemann und
die Angst vor der Vergangenheit 183 · Eugen Drewermann
und die Angst vor Entblößung 185

VII. Magie der Medien

Ein Bild als Waffe 189 · Bilderstürmer gegen Kultbilder 191
Worte als Waffen 194 · Worte gegen Bilder 196 · Ein Bild
macht sich selbständig 198 · Markennamen als Trivialmythen 200 · Kultur der Inszenierungen 202

VIII. Bemühungen, die Welt zu durchschauen

Der Mangel an Vorstellungsvermögen 205 · Kopf-Geburten 206
Der freie Wille 207 · Warum wir nach dem Warum fragen 210
Wie das Bewusstsein in die Welt kam 213 · Der Pygmalion-
Effekt 214 · Das Komplementaritätsprinzip 217 · Die Relativitätstheorie 219 · Die Unschärferelation 220 · Die Sprache ist ein Gefängnis 224 · Die Erfindung der Null 227

Zurück zu Epiktet 233

Anhang 235

**Ταράσσει τοὺς Ἀνθρώπους οὐ Πράγματα,
Ἀλλὰ τὰ περὶ τῶν Πραγμάτων Δόγματα.**

*Nicht die Dinge selbst beunruhigen die Menschen,
sondern ihre Urteile und Meinungen über sie.*

(Übersetzt von Rainer Nickel)

Einleitung

Vor zweitausend Jahren machte der griechische Philosoph Epiktet die Beobachtung: »Nicht die Dinge selbst beunruhigen die Menschen, sondern ihre Urteile und Meinungen über sie.« Dies war eine der großen Entdeckungen in der Geschichte der Menschheit. Sie ist bis heute unverändert aktuell. »Urteile und Meinungen«, das heißt: die Bilder, die wir uns von den Dingen machen, sind ungleich wichtiger als »Fakten, Fakten, Fakten«. Epiktet ging es seinerzeit darum, den Menschen die Angst vor dem Tod zu nehmen, denn »nur die Meinung, er sei furchtbar, ist das Furchtbare«. Der Philosoph konnte nicht wissen, das sich seine Beobachtung auf alle Bereiche des menschlichen Lebens bezieht. Denn erst die Ergebnisse der modernen Gehirnforschung zeigen uns heute, dass der Mensch gar nicht anders kann, als sich Bilder zu machen und damit die Welt im Kopf entstehen zu lassen.

Das fängt bereits mit der Sprache an. Sie ist das entscheidende Merkmal, in dem sich Homo sapiens vom Affen unterscheidet. Nur der Mensch kann den Dingen Namen geben. Worte sind Bilder der Welt. Jeder Dolmetscher weiß, dass es keine Eins-zu-Eins-Übersetzung geben kann; die verschiedenen Worte in verschiedenen Sprachen also nur das Bemühen widerspiegeln, die Wirklichkeit abzubilden. Ebenso sind Schriftzeichen, Buchstaben und Ziffern Abstraktionen, also Bilder. Die Erfindung der Null war eine Voraussetzung für die Bemühungen der Naturwissenschaftler, das Universum und seine Dynamik in Formeln zu beschreiben – und den Computer als dabei unentbehrliches Werkzeug zu erfinden.

Der Mensch orientiert sich im Raum, unabhängig von seinem Gedächtnis, indem er den Globus mit einem gedachten Netz von Koordinaten überzieht – und in der Zeit, indem er sich Kalender schafft sowie das künstliche Gleichmaß der Uhr, die präziser ist als der Lauf der Planeten um die Sonne.

Bilder zu erschaffen setzt innere Bilder voraus. So können Kunstwerke entstehen – unauslotbare Deutungen der Welt. Der Mensch lebt in einer selbstgeschaffenen Bilderwelt. Wirkmächtige innere Bilder erschrecken und bezaubern uns. Wir machen uns Bilder von Gott und der Welt, können geistige und geistliche Welten imaginieren und bedenken.

Das Aufregende, wie ich finde, ist, dass wir ständig die selbst geschaffenen Bilder mit der Wirklichkeit verwechseln. Der Hypochonder, der einge*bildete* Kranke ist ein allgemein bekanntes Beispiel dafür, der Verliebte ein anderes. Unsere Erinnerungen verändern sich permanent im Lichte jeweils neuer Erfahrungen, wir schreiben unsere Biografie, ohne es zu merken, ständig um. Die Bilder, die wir haben, machen sich selbständig, entfalten ein Eigenleben. Sie schmuggeln sich sogar in unsere Gedankenwelt hinein und manipulieren sie. Deshalb sind wir anfällig für »Bilder-Lehren«, das heißt übersetzt: für Ideologien. Erst die Beobachtungen der Naturwissenschaftler in jüngster Zeit erklären uns, was Epiktet noch nicht wissen konnte, nämlich *warum* wir in Bilderwelten leben.

Neben dem Satz des Epiktet bewegte mich beim Schreiben dieses Buches ein zweiter Gedanke, der auch schon vierhundert Jahre alt ist: William Shakespeare lässt einen Philosophen oder auch Narren, Jacques, in seiner Komödie *Wie es Euch gefällt* ausrufen: »Die ganze Welt ist Bühne / Und alle Fraun und Männer bloße Spieler«.

Wir sind zugleich Akteure und Zuschauer auf der Weltbühne. Unsere Auftritte im Berufsleben wie in der Familie, gegenüber Partner oder Partnerin sind nämlich ebenfalls sorgsam inszeniert. Wir machen anderen wie auch uns selbst ständig etwas vor. So entstehen die Komödien und Tragödien unseres Lebens.

Ich bin ein Wissenschaftspublizist und versuche, Erkenntnisse und Beobachtungen der verschiedensten Fachgebiete miteinander in Beziehung zu setzen. Das ist nicht die Aufgabe eines Wissenschaftlers. Dieser kann heute üblicherweise nur dann erfolgreich sein, wenn er in einem sehr speziellen Fachgebiet etwas entdeckt. Deshalb muss er von einem Spezialgebiet sehr viel verstehen – aber oft auch nichts darüber hinaus.

Während der Mittagspause einer Fachtagung bin ich einmal mit einem namhaften Forscher der Max-Planck-Gesellschaft spazieren gegangen; einem promovierten und habilitierten Botaniker. Am Rande unseres Weges sahen wir eine schöne Blume, und ich fragte den Pflanzen-Forscher, was das wohl für ein Gewächs sei. »Das dürfen Sie mich nicht fragen, ich bin Fachmann für Gerste«, antwortete der Mann. Der Durchschnittsdeutsche, so hat man schon vor vielen Jahren getestet, kann heute mehr Automarken als Pflanzen- und Tierarten unterscheiden. Das gilt wohl selbst für den Biologen.

Ein Wissenschaftspublizist ist im allgemeinen kein Experte mehr für irgendein Fachgebiet. Aber er kann Dinge miteinander in Beziehung setzen wie üblicherweise kein Fachmann. Dies habe ich getan, indem ich die Beobachtungen Epiktets und Shakespeares im Lichte der Erkenntnisse der Wissenschaften neu bedachte. So ist dieses Buch entstanden. Es will die Leserinnen und Leser dazu anregen, darüber nachzusinnen, wie die Welt im Kopf, in ihrem Kopf entsteht.

I. Wir schaffen uns eine Welt im Kopf

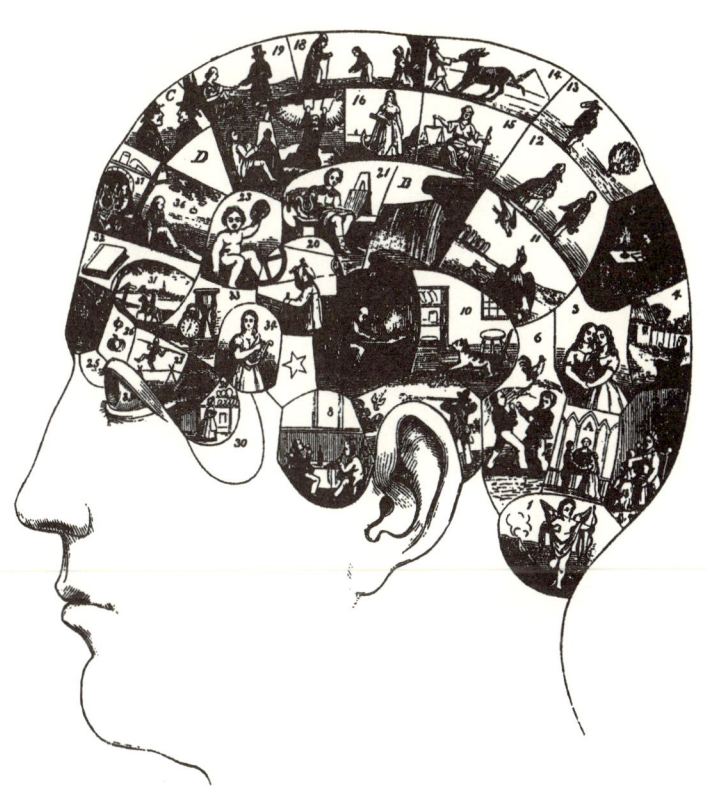

Die Kunst, Absichten zu erkennen

Der Mensch hat ein angeborenes Bedürfnis, die Realität zu verstehen. Und Realität ist – so scheint ihm – was er sieht und hört und fühlt und aus Erfahrung weiß. Dieser Drang, die Wirklichkeit zu verstehen, kollidiert mit jenem Bedürfnis, es gar so genau denn doch nicht wissen zu wollen. Letzteres ist im Zweifelsfall vielleicht sogar stärker als der Realitätssinn.

Tatsächlich leben wir in einer selbst geschaffenen Bilderwelt. Angeborenerweise. Wir sehen die Welt nicht wie eine Filmkamera, sondern wir interpretieren fortwährend – zum Teil unbewusst – die Signale, die sich auf den Netzhäuten unserer Augen und dann im Gehirn abbilden. Das machen schon primitive Tiere nicht anders. Ihre Reaktion auf solche Interpretation der Umwelt ist dann Flüchten oder Standhalten. Die Fähigkeit, sich Bilder machen zu können, ist nicht nur für den Menschen etwas Konstitutives, sondern auch ein Charakteristikum anderer hoch entwickelter Säugetiere. Schimpansen im Zoo zum Beispiel stapeln Obstkisten aufeinander und benutzen notfalls noch einen Stock, um eine an der Decke aufgehängte Banane zu pflücken. In der freien Natur besorgt sich ein Schimpanse ein Stöckchen, um damit in die Löcher von Termitenbauten zu fahren und die auf das Hölzchen

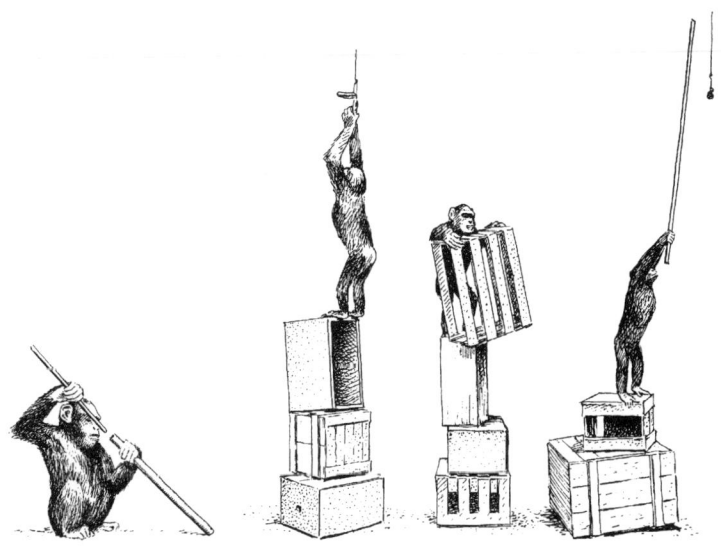

Bereits Affen machen sich Bilder: Schimpanse beim Versuch, mit aufeinander getürmten Obstkisten und Stöckchen an eine Banane zu gelangen (Nach W. Köhler, 1921).

krabbelnden Insekten zu verspeisen. Diese Handlungen mit Hilfe von ›Werkzeugen‹ – Obstkisten, Stöckchen – führen nur deshalb zum Ziel, weil das Tier sich zuvor ein Bild macht von dem, was es dann zielstrebig ansteuert.

Der Neurophysiologe Giacomo Rizzolatti und sein Kollege Vittorio Gallese von der Universität Parma in Italien entdeckten vor ein paar Jahren in der Großhirnrinde von Affen eine besondere Art von Nervenzellen. Sie werden aktiv, wenn eines dieser Tiere zum Beispiel nach einer Banane greift. Die Zellen werden aber auch aktiviert, wenn der Affe eine solche Bewegung lediglich bei einem anderen Tier beobachtet. Man nennt diese besonderen Zellen *Spiegelneuronen*, weil sie die Handlungen des Gegenübers reflektieren. Die Spiegelneuronen liegen beim Affen in jener Hirnregion, von der man annimmt, dass sich aus ihr das motorische Sprachzentrum *(Broca-Zentrum)*, das Koordinationszentrum für die Sprechmuskeln des Menschen, entwickelt hat. Für Rizzolatti ist das kein Zufall. Es passt zusammen mit der vierzig Jahre alten Theorie, wonach sich die Sprache des Menschen aus einem Kommunikationssystem von Mimik und Gestik entwickelte.

Mittlerweile hat man solche Spiegelzellen auch beim Menschen gefunden. Rizzolatti und Gallese konnten feststellen, dass diese Zellen bereits aktiv sind, wenn der Ablauf einer Bewegung nicht vollständig beobachtet werden kann, sondern lediglich das Ziel der Bewegung klar ist. Das System der Spiegelneuronen befähigt einen Menschen offenbar dazu, Absichten anderer Menschen zu erkennen. Die Forscher haben nämlich festgestellt, dass eben dann, wenn ein Mensch dies versucht, seine Spiegelneuronen aktiv sind. »Über die Spiegelneuronen befinden wir uns ständig in Kommunikation mit anderen«, so Rizzolatti.

Beim Menschen ist das Reaktionsspektrum jedenfalls sehr viel facettenreicher als beim Affen. Es entsteht »ein ununterbrochener Fluss von Vorstellungen, die vielfach, wie sich herausstellte, in logischer Beziehung zueinander stehen. Schnell oder langsam, stetig oder sprunghaft bewegt sich der Fluss in der Zeit voran, gelegentlich nicht nur mit einem, sondern mit mehreren Strängen gleichzeitig. Die Stränge können parallel, konvergent oder divergent verlaufen und sich gelegentlich auch überlagern. ›Denken‹ ist kein schlechtes Wort zur Bezeichnung eines solchen Vorstellungsflusses.« So formulierte es der Neurologe Antonio R. Damasio, der an der Universität von Iowa in den USA arbeitet (*Ich fühle also bin ich. Die Entschlüsselung des Bewusstseins*, List, 2000).

Ungleich größere Fähigkeiten als der Schimpanse hatte der Ahne des *Homo sapiens*, genannt *Homo ergaster* (früher sprach man vom *Homo erectus*), schon vor anderthalb Millionen Jahren entwickelt, als er den Faustkeil erfand. Dessen wiederum – noch nicht zur Gattung Homo zählender – Ahne *Australopithecus* (»südlicher Affe«) kannte zwar bereits vor zweieinhalb Millionen Jahren selbst gefertigte, scharfkantige Steinabschläge als Werkzeuge. Aber die Innovation Faustkeil verlangte erstmals, dass der Hersteller sich die Form seines künftigen Werkzeugs vorstellte – also bereits ein Bild davon hatte – ehe er begann, sie aus dem großen Kiesel herauszuschlagen; im Prinzip nicht anders als Michelangelo, der vor vierhundert Jahren aus einem Marmorbrocken die Skulptur des David schuf.

Der erwachsene Mensch unterscheidet sich von seinen tierischen Verwandten darin, dass er als einziges Säugetier nicht gleichzeitig trinken und atmen kann, weil Kehlkopfdeckel und Gaumensegel einen dichten Verschluss bilden. Dieser Nachteil wird aber dadurch ausgeglichen, dass sich die Artikulationsfähigkeit enorm verbessert. Bereits einige hunderttausend Jahre lang besaßen die Hominiden – also die Ahnen des Menschen – einen modernen Sprechapparat, machten aber zunächst keinen Gebrauch davon. Mancher Betrachter einer Talk-Show heute mag sich denken: Wäre es doch dabei geblieben!

Der Anthropologe Jan Tattersall – Kustos des New Yorker Museums für Naturgeschichte – sieht die Entwicklung so (*Spektrum der Wissenschaft*, März 2000): »Irgendwie muss bei unseren Ahnen der Übergang aus einem Vorstadium zum symbolischen Denken stattgefunden haben. Plausibel erscheint einzig, dass schon vorhandene Merkmale zufällig mit einer eher geringen genetischen Neuerung verknüpft wurden und dann daraus ein nie da gewesenes Potenzial erwuchs. Das muss geschehen sein, als der anatomisch moderne *Homo sapiens* erschien.«

Tatsächlich verhielt sich der anatomisch moderne Mensch noch lange Zeit archaisch. Nämlich so wie der Neandertaler. *Homo neanderthalensis* – benannt nach dem ersten Skelettfund 1856 im Neandertal bei Düsseldorf – war ein urtümlicher Verwandter, mit großem Gehirn, großem Gesicht und flachem Schädel, aber kein direkter Vorfahre des *Homo sapiens*. In Israel, einer von den Anthropologen gut untersuchten Region, lebte *Homo neanderthalensis* schon vor mindestens 200.000 Jahren. Vor 100.000 Jahren gelangte auch *Homo sapiens* –

vermutlich aus Afrika kommend – in dieses Gebiet. »Bemerkenswerterweise verwendeten beide Arten die gleichen Werkzeuge, und auch die hinterlassenen Plätze wirken völlig identisch«, analysiert Tattersall: »Soweit wir dies beurteilen können, verhielten sich beide Menschenarten also trotz aller anatomischen Verschiedenheit offenbar gleich. Und so lange beide dabei blieben, gelang es ihnen auch, diesen Lebensraum im Nahen Osten miteinander zu teilen.«

Ganz anders war die Situation in Europa, wo der Neandertaler viel länger allein lebte. Erst vor rund 40.000 Jahren drang *Homo sapiens* dorthin vor – und zehntausend Jahre später war der Neandertaler verschwunden. In Europa angekommen, hatte, so meint Tattersall, *Homo sapiens* bereits gelernt, die lange brachliegenden Fähigkeiten zu nutzen: »Erst ein wie auch immer gearteter kultureller Anstoß aktivierte diese Kapazität schließlich. Von da an verbreiteten sich die neuen Verhaltensmuster schnell, sofern sie den Menschen Vorteile brachten.«

Die entscheidende Neuerung ist für Tattersall die Sprache. »Denken, so wie wir es kennen, können wir uns ohne Sprache nicht vorstellen. Unsere Kreativität beruht darauf, dass wir mentale Symbole zu schaffen vermögen.« Dass diese Menschen ihre symbolischen Fähigkeiten »nicht immer weise einsetzten – die bittere Erfahrung blieb dem Rest der Welt nicht erspart, auch nicht den Neandertalern.«

Wenn die Rekonstruktion des Stimmapparats von *Homo neanderthalensis* aus fossilem Material durch Philip Lieberman von der Brown-Universität in Providence (Rhode Island/USA) richtig ist, ähnelt er dem des Affen – der Neandertaler musste folglich sprachlos bleiben und aussterben (*Spektrum der Wissenschaft*, Dossier: *Die Evolution der Sprache*, 1, 2000). Die kulturelle Evolution der Hominiden ist sicher auch eine Folge wachsender Kommunikationsfähigkeit. Und sprechen können heißt, wie ich noch im einzelnen zeigen werde: Sich Bilder machen.

Bereits in der Altsteinzeit vor über 30.000 Jahren nutzten die Menschen Möglichkeiten einer symbolischen Darstellung. In der Fumane-Höhe in Norditalien, nordwestlich von Verona, fanden zur Jahrtausendwende Forscher der Universität Ferrara eine Platte. Darauf die Ockerzeichnung eines Menschen mit einem Tierkopf; entstanden vor 32.000 bis 36.000 Jahren. Man kennt mehrere solcher Darstellungen aus so früher Zeit. Randall White, Anthropologe an der New York University interpretiert die Funde so (*Geo*, Nr. 2, 2001): »Ein Pferd darzustellen, ist das eine. Etwas ganz anderes ist es aber, etwas darzustellen, was in der Realität nicht existiert.« Diese Mensch-Tier-Mischgestalten seien »Produkt einer kollektiven Einbildungskraft« und ein Indiz eines »weit verbreiteten Glaubenssystems« in der Altsteinzeit. Das einmal erfundene Bild eines Menschen mit Tierkopf blieb über die Jahrtausende präsent; in den Religionen des Mittelmeerraumes ebenso wie in der Karikatur: So erhält im *Sommernachtstraum* von William Shakespeare der Weber namens Zettel einen Eselskopf verpasst.

Die Weisheit des Epiktet

Die Frage »Was gibt es Neues?« wird manchmal mit der Gegenfrage beantwortet: »Ist denn das Alte schon bekannt?« Auch der Hinweis: »Alles schon mal da gewesen« passt dazu. Gewiss gibt es für jeden Menschen ein Zum-ersten-Mal: Verliebt zu sein, die Liebe, die Gefühle von Kraft, die Erfahrung, etwas geleistet zu haben, bei den Mitmenschen anzukommen – oder auch das Gegenteil: Nicht geliebt zu werden, schwach zu sein, krank und am Ende des Lebens tot. Jedem passiert das alles zum ersten und irgendwann zum letzten Mal. Die mit alledem verbundenen Bilder, also unser Weltbild, gründen aber weniger auf individuellen als vielmehr auf kollektiven Erfahrungen der Menschheit; großenteils archaische Bilder, die von neuzeitlichem Wissen sehr wenig berührt sind. Auch viele Gedanken über ›das Leben‹ sind im Laufe der Menschheitsgeschichte längst gedacht worden. Und manchmal weiß man sogar noch nach Jahrtausenden, wer einen Gedanken zum ersten Mal geäußert hat.

Vor knapp 2000 Jahren lebte im Römischen Reich ein von seinem Besitzer Epaphroditos freigelassener Sklave, Epiktetos, auch Epiktet genannt. Epiktet hat in einem einzigen Satz die Erkenntnis formuliert, die eine Grundlage dieses Buches ist, den Satz nämlich: »Nicht die Dinge selbst beunruhigen die Menschen, sondern ihre Urteile und Meinungen über sie.« Das heißt, nicht die Fakten (griechisch *pragmata*) sind es, die uns beunruhigen, sondern die Bilder, die wir uns von ihnen machen. Epiktet erläutert das: »So ist zum Beispiel der Tod nichts Furchtbares ... sondern nur die Meinung, er sei furchtbar, ist das Furchtbare.« Dabei kannte Epiktet noch gar nicht die mittelalterlichen Bilder von der Hölle, die die Kirche ihren Gläubigen ausmalte.

Der von mir zitierte Satz Epiktets steht im *Handbuch der Moral*, Kapitel 5, übersetzt und herausgegeben von Rainer Nickel. Epiktetos war ein Stoiker, also Anhänger der von dem Griechen Zenon (336 bis 264 vor Christus) entwickelten stoischen Philosophie. Die stoische Ethik bemühte sich darum, den Weg zu einem Glück zu zeigen, das durch äußere Umstände nicht gefährdet werden kann. Wir sprechen noch heute, in Erinnerung daran, von »stoischer Gelassenheit«. Was Epiktet meinte, zeigt zum Beispiel auch der folgende Satz: »Sei dir dessen bewusst, dass dich derjenige nicht verletzen kann, der dich beschimpft oder schlägt; es ist vielmehr deine Meinung, dass diese Leute dich verletzen. Wenn dich also jemand reizt, dann wisse, dass es deine eigene Auffassung ist, die dich gereizt hat.«

Zu einer solchen Souveränität findet wohl nur ein Mensch mit besonderen persönlichen Erfahrungen. Der Name Epiktet leitet sich ab von *Epiktastai* und heißt übersetzt »der Hinzuerworbene« oder »der Dazugekaufte«. Vermutlich wurde Epiktet als Kind der Sklavenschaft eines großen Haushalts hinzugekauft und bekam so seinen Namen. Sklave war er in Rom bei einem reichen Freigelassenen des Kaisers Nero, der eine hohe Stellung am Hof hatte. Epaphroditos, der Herr des Epiktetos, fiel allerdings unter Kaiser Domitian in Ungnade und beging Selbstmord. Schon der Sklave Epiktetos – und das war damals wirklich ein Leibeigener, mit dem sein Herr machen konnte, was er wollte – durfte sich die Vorlesungen eines stoischen Philosophen – Musonius Rufus – anhören. Am Ende wurde der Freigelassene selbst zum Philosophen. Vermutlich wurde Epiktet um das Jahr 50 nach Christus geboren, und zwar im kleinasiatischen Hierapolis in Phrygien. Philosophen waren damals hoch angesehene – unter Umständen sogar gefürchtete – Leute. Der römische Kaiser Titus Flavius Domitianus verbannte anno 95 alle Philosophen aus Italien, so auch Epiktet. Dieser ließ sich an der Westküste Griechenlands in Nikopolis (Epirus) nieder und gründete dort eine philosophische Schule, die er bis zu seinem Lebensende leitete. Sein Schüler Flavius Arrianus hat die Gedanken Epiktets aufgeschrieben. Epiktet war mit Kaiser Hadrian bekannt, der in den Jahren 117 bis 138 regierte. Mit dessen Nachfolger Marc Aurel (bis 180), der sich selbst als Stoiker sah und Epiktet verehrte, ist er nie zusammengetroffen. Wann genau Epiktetos gestorben ist, weiß man nicht. Es finden sich Angaben »nach 120« aber auch »um 138 nach Christus«.

Seit knapp 2000 Jahren wissen wir also, oder könnten wissen, dass uns nicht Fakten, sondern »Urteile und Meinungen« bewegen: Bilder, die wir uns machen, indem wir Fakten interpretieren. Diese Erkenntnis des Epiktetos ist, meine ich, so wichtig, dass sie im Lichte dessen, was die Menschheit seither noch dazu gelernt hat, neu reflektiert werden sollte.

Sprachbilder

Der Mensch schafft sich seine Welt im Kopf. So entsteht Sprache. Auch Worte sind Bilder, die Sprache ist eine Abstraktion von Bildern. Das ist noch heute bis in die einzelnen Buchstaben hinein sichtbar. Diese waren zunächst ganz konkrete Abbildungen, die im Laufe der Zeit immer abstrakter wurden. Unser A zum Beispiel, griechisch alpha, hebräisch aleph gleich Rind, hat sich aus dem Bild eines Rinderkopfes entwickelt. Das B, griechisch beta, hebräisch Bet gleich Haus, aus dem Bild eines Hausgrundrisses. Alpha und beta zusammengezogen, das ist unser Alphabet. Das M, griechisch mü, hebräisch mem gleich Wasser, ist aus der als Kräuselung angedeuteten Wasserwelle entstanden, das R, griechisch ro, hebräisch resch gleich Kopf, ist eine Abstraktion des menschlichen Kopfes.

Die Erfindung der Schrift, und damit des Lesens und Schreibens, ist erst dem bereits hoch entwickelten Menschen vor vielleicht 6000 Jahren gelungen. Diese Fähigkeiten nehmen Gehirnregionen in Anspruch, die phylogenetisch (stammesgeschichtlich) sehr viel älter sind, die unse-

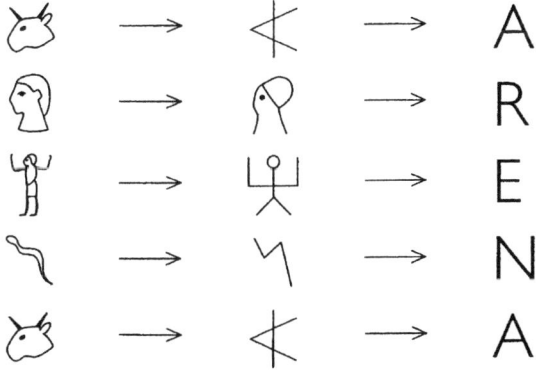

Den einzelnen Buchstaben kann man noch ansehen, dass sie Abstraktionen von Bildern sind.

ren Ahnen also zunächst zu ganz anderen Zwecken dienten. Neurophysiologen (Schmidt, Thews, *Physiologie des Menschen*, Springer, 1997) haben sich Gedanken gemacht, welche Leistungen das Gehirn, bevor es die Schrift erfunden hat, mit diesen bereits vorhandenen Strukturen hat erbringen können. Die Forscher glauben, es sei die *Pars-pro-toto-Erfahrung* – die Fähigkeit gewesen, aus einem Teil auf das Ganze schließen zu können: Zum Beispiel bei der Beurteilung, ob eine Frucht essbar ist, oder nicht, oder beim Spurenlesen. Damals ging es also darum, eine Frucht einem Baum oder Strauch zuordnen zu können und zu wissen, ob sie genießbar ist, oder aus ein paar Fußabdrücken zu erkennen, ob sich ein Raubtier in der Nähe befindet.

Diese evolutionären Prozesse gelten nicht nur für die Entwicklung von Buchstaben oder in anderen Kulturen Silben und anderer Schriftzeichen, sondern auch für die Wörter selbst. Eine *Schlafmütze* beispielsweise ist einerseits eine Mütze, die sich unsere Altvorderen nachts aufsetzten, damit sie nicht froren, aber auch zum Schutz vor allerlei ›Haustierchen‹, Läusen, Flöhen, Wanzen ... Figurativ, wie man das nennt, versteht man freilich heutzutage unter *Schlafmütze* einen etwas tranigen Menschen; wobei ›tranig‹ wiederum figurativ gemeint ist und nicht wörtlich. Wenn man eine Frau *Ziege* oder *Zicke* nennt, weil sie sich *zickig* benimmt, im Sinne von exaltiert, dann galt diese figurativ gemeinte Benennung bis vor kurzem als beleidigend. Im neuen Jahrtausend verkünden junge Frauen dagegen im deutschen Privat-Fernsehen: »Ich bin eine Zicke und bin stolz darauf.« Das Bild hat sich verändert. Die ›zickige‹ Frau orientiert sich »an der wilden, freien, ungebundenen und nur ihren eigenen Eingebungen folgenden Ziege« (*Die Welt*, 22. 11. 2000).

Kunst entsteht im Kopf

Ein Kunstwerk, so haben wir schon in der Schule gelernt, ist zum Beispiel ein Bild, das ein Künstler gemalt hat. Mittlerweile müssen wir dazulernen: Ein Kunstwerk entsteht nicht nur zunächst im Kopf des Künstlers und dann auf seiner Leinwand, sondern möglicherweise auch erst im Kopf des Betrachters. Die britische Künstlerin Tracy Emin stellte Ende des 20. Jahrhunderts in der Londoner Tate Gallery ihr Bett, samt

Zigarettenkippen, beflecktem Laken und schmutzigen Tampons aus. Dem englischen Sammler Charles Saatchi war *My Bed* 150.000 Pfund wert. Die folgende Szene verdanke ich dem Kunstkritiker Heinz Peter Schwerfel. Er schilderte im Blatt *Das Magazin* (4, 2000) des Wissenschaftszentrums Nordrhein-Westfalen diese Begebenheit: Als Charles Saatchi Tracy Emins Bett im September 2000 in den eigenen Ausstellungsräumen von einem Transportunternehmen neu aufbauen lässt, bekommt die Künstlerin einen Wutanfall: »Das ist mein Bett. Wenn es jemand anderes installiert, ist es einfach schmutzige Wäsche. Wenn ich es mache, ist es Kunst.«

Auch hier gilt also Epiktets Entdeckung. Es ist nicht das Bett an sich, sondern das Bild, dass eine Künstlerin als Kunstwerk definiert. Joseph Beuys (1921 bis 1986) lehrte die Betrachter seiner Werke, dass Kunst in ihrem Kopf entsteht, unter Umständen auch, wenn die Sinne mit einer Mixtur aus Filz, Fett und Honig konfrontiert werden. Das war in den siebziger Jahren des vorigen Jahrhundert eine Provokation, die Wunden schlug – aber sie hat zu einem erweiterten Kunstverständnis geführt. Beuys hat sich sein Leben lang darum bemüht, dieses ›erweiterte Kunstverständnis‹ zu vermitteln. Zum Beispiel erklärte er dem *Spiegel* (4. 6. 1984): »Nun besteht meine Arbeit ja nicht nur aus diesen Gebilden im Museum oder sonst wo, sondern zum großen Teil aus sprachlicher Aufklärung.« Und was »diese Gebilde«, seine Bildhauerarbeiten, angeht, definierte er einmal (zitiert nach Petra Kipphoff, *Die Zeit*, 26. 2. 1988): »Mein Begriff von Plastik bezog sich immer auf das Leben ... Dann ist man selbstverständlich raus aus der Ideologie von ›visual arts‹, die sich nur auf den Seesinn bezieht, sondern man bezieht sich auf alle Sinne, die ja aktiv sind in der Tätigkeit der Menschen, in ihrer Arbeit.«

Ganz selbstverständlich hat Joseph Beuys auch sich selbst, sein Leben inszeniert. So ist es kein Zufall, dass in den Installationen des Künstlers die Materialien Fett und Filz eine so große Rolle spielen. Beuys erzählte dem *Stern* (30. 4. 1981), wie er als Stuka-Flieger der deutschen Luftwaffe 1942 bei einem Absturz in der Krim überlebte: »Also, wir haben beim Angriff auf eine Flakstellung einen Treffer bekommen. Beim Heruntergehen. Also beim Abwurf der Bomben. Da sind wir in einen Schneesturm geraten. Die ganze Staffel. Der Höhenmesser funktionierte nicht mehr, wir hatten keine Orientierung, sind also unangespitzt in den Boden hineingekommen mit laufendem Motor. Aber was jetzt die Leute sagen, daß ich deswegen Filz und Fett genommen habe, weil ich bei den Tataren zum erstenmal Filz und Fett gesehen habe, das ist übertrieben. Vielleicht ist ein kleiner Akzent richtig und wahr – daß dieses Erlebnis von der ranzigen Butter und von dem Filz, in den sie mich eingewickelt haben, in mein Seelenleben eingeschlagen ist.« Angeblich haben die Tataren Beuys mit Filz und Fett vor dem Erfrieren gerettet, bis er mit einem Schädelbasisbruch in ein Lazarett gebracht werden konnte. Beuys trug eine nach seiner schweren Verletzung in den Schädel eingepflanzte Silberplatte. Und diese bedeckte er mit einem Hut – wiederum aus ganz bestimmtem Material. Er erzählte: »Ich wollte einen Hut haben, der grau ist, Ähnlichkeit hat mit Filz, und dann habe ich mich dran gewöhnt, wie an die Weste, an die Bluejeans, das weiße Hemd. Dadurch bin ich ja eine Art Ikonographie im Bilde. Das ist einmal so geprägt und soll auch so bleiben.« Ein populärer Spruch lautet, Kunst komme von Können. Beuys wandelte ihn ab und sagte, Kunst habe mit Künden zu tun, und so hat er selbst seine Arbeit auch verstanden. Übrigens ist er mit seinen Interpretationen gar nicht so weit entfernt von Albrecht Dürer (1471 bis 1528). Dieser hat in seinen kunsttheoretischen Schriften notiert (zitiert nach Peter-Klaus Schuster, *SZ*, 22./23. 6. 1985): »Etwas kunen ist gut. Den dardurch werd wir destmer vergleicht der pildnus gottes, der alle ding kann.« Der Mensch als Bild Gottes.

Für einen Kunstsammler ist schon immer entscheidend, zu wissen, dass das erworbene Kunstwerk ›echt‹ ist, also keine Kopie, und sei sie vom Original ununterscheidbar. Auch hier passiert es im Kopf: Man weiß es, man besitzt einen ›Echten‹ – Wen-auch-immer – und das ist entscheidend, nicht, dass das Kunstwerk echt aussieht. Auf *My Bed* bezogen, echt, weil von der Künstlerin persönlich beschmutzt und selbst installiert. Kaum war Joseph Beuys gestorben, hub ein heftiger Streit darüber an, ob es legitim sei, seine Installationen von einem Ort zu entfernen und an einem anderen wieder aufzustellen. Hatte doch Beuys selbst größten Wert darauf gelegt, die Anordnung der Dinge im Raum selbst zu bestimmen – und in einem jeweils neuen Raum auch wieder neu festzulegen. Es geht mir hier nicht um die Frage, was Kunst ist, sondern darum, die Gedanken Epiktets fortzuspinnen. Schwerfel meint, die Frage, ob Tracy Emins Bettskulptur Kunst sei, stelle sich »dank Beuys« nicht mehr; wohl aber die nach der Qualität eines Kunstwerks. Jedoch, wie schon gesagt, ist das hier nicht die Frage.

Das Bedürfnis nach Kitsch

Was wir sehen, hören, schmecken und fühlen, bedarf der Interpretation: Die Mutter gibt ihrem Kind einen kleinen Klaps. Sie lacht dabei – und auch das Kind lacht. Derselbe Klaps, aber die Mutter lacht nicht, sondern sie schaut böse: Das Kind beginnt zu weinen. Das heißt, das Kind muss zunächst herausfinden, wie die Mutter den Klaps gemeint hat – indem es ihren Gesichtsausdruck interpretiert. Wir regen uns allerdings zurecht auf, wenn sich die Bilder selbständig machen. Etwa, wenn ein Polizist die Handbewegung eines ihm Verdächtigen falsch versteht als den Griff zur Waffe – und vorsorglich schießt, sich dann aber herausstellt, dass der prophylaktisch Erschossene gar keine Waffe besitzt. Der Polizist hatte sich ein falsches Bild gemacht und darauf, nicht auf die Wirklichkeit, reagiert. Der Mensch verfügt angeborenerweise über ein Bildschema, das es ihm erlaubt, zwischen harmlosen und Furcht erregenden Gestalten zu unterscheiden. Das gilt freilich nur im Extremfall. Denn nicht jede ›Verbrechervisage‹ gehört einem solchen. Vielleicht hat nur ein Schauspieler aus der Not eine Tugend gemacht. Und umgekehrt ist nicht jeder ein braver Bürger, der so aussieht. Gemeint ist hier etwas anderes: Der Verhaltensforscher und spätere Nobelpreisträger Konrad Lorenz wies 1943 darauf hin, dass wir auf gewisse Merkmale des Kleinkindes automatisch mit Betreuungshandlungen reagieren. Das *Kindchenschema*: Rundes Köpfchen, Pausbacken,

Wenn man sich die Welt putzig vorstellt, ist sie ungefährlich: Dumbo, der fliegende Elefant (Walt Disney, 1941).

große Augen – rührt jedermann an. In der Natur hat es den Sinn, Schutzbedürftigkeit anzuzeigen und entsprechende Zuwendung zu provozieren. In unserer Kultur heißt es: Mach dir die Welt putzig, dann ist sie ungefährlich. Das erfahren schon die Kinder. Ein wilder Bär ist gefährlich, ein Teddybär kuschelig. Walt Disney hat das mit seinen Figuren Mickey-Mouse und vielen anderen dem *Kindchenschema* nachempfundenen Tierchen erbarmungslos vorgemacht.

Der inzwischen weltweit dafür verwendete Begriff *Kitsch* ist übrigens gerade mal 130 Jahre alt und wurde in Bayern geprägt. Er tauchte – mundartlich von kitschen gleich streichen, schmieren abgeleitet – nach 1870 zuerst im Münchner Kunsthandel auf. Neue Techniken ermöglichten es, die seither beliebten frommen Bildchen billig und massenhaft herzustellen und gaben dem religiösen Kitsch Auftrieb.

Aber auch schon früher folgte man dem Bedürfnis, sich die bedrohliche Welt durch kuschelige, süße Bilder handlich zu machen. Während die Bibel Engel als machtvolle Gestalten darstellt – Michael, der mit dem Drachen kämpft oder der Cherub mit dem Flammenschwert, der den Menschen die Rückkehr ins verlorene Paradies verwehrt – hat man im Barock- und Rokoko-Zeitalter daraus Putten gemacht: Engelchen zum Anfassen. Man kann freilich auch den Kölner Dom aus Marzipan herstellen, dann wird er handlich und im doppelten Sinne süß. Ist doch ein Kennzeichen des Kitschigen, dass die Proportionen nicht stimmen. Der in der katholischen Kirche so beliebte Kitsch wird gerne auch als Ausdruck von ›Volksfrömmigkeit‹ gedeutet. »Kitsch ist das Lackmuspapier für aufgebauschte Gottesbilder«, schrieb das *Deutsche Allgemeine Sonntagsblatt* (7. 2. 1992) und kritisierte: »Der christliche Kitsch sitzt nicht so sehr in der Darstellung, in den formalen Momenten, sondern in der Theologie.« Der Straßburger Sozialpsychologe Abraham Moles erklärte das in den siebziger Jahren des letzten Jahrhunderts verständnisvoll so: »Niemand kann beständig auf Gipfeln leben. Die Ästhetik der Götter ist für Menschen nicht brauchbar.« Und so wurde nach und nach aus dem unbegreiflichen, die Sünden der Welt tragenden Gottessohn der »Herz-Jesu-Kitsch«.

Offensichtlich gibt es ein Bedürfnis nach Herzig-Süßem. Im Folgenden wird von einem anderen Bedürfnis des Bilder-Machens die Rede sein. Dieses Bedürfnis ist in seinen Konsequenzen alles andere als harmlos.

Echte und falsche Erinnerungen

Unser Gehirn hat die dumme Angewohnheit, beim wiederholten Durchspielen einer Erinnerung Details, die zum Beispiel der jeweilige Gesprächspartner beisteuert, konstruktiv in den Erinnerungsfilm einzubauen. In der Erinnerung können durchaus mehrere Ereignisse, die nichts miteinander zu tun haben, miteinander verknüpft werden. Die Tatsache, dass eine solche Erinnerung unter Umständen sehr detailgenau ist, beweist nicht, dass sie richtig ist. »Unser Gedächtnis ist formbar wie Knetmasse. Wir sind viel leichter zu beeinflussen, als wir glauben«, sagt Elisabeth Loftus (University of Washington). Das Protokoll der Befragung eines vierjährigen Jungen durch einen Psychologen in den USA (zitiert nach *Focus*, 26, 1993) ist ein Beispiel dafür. Der Psychologe stellte dem Kind immer wieder dieselbe Suggestivfrage: »Du bist ins Krankenhaus gegangen, weil dein Finger in eine Mausefalle geraten war. Ist das so geschehen?« Die erste – wahrheitsgemäße – Antwort: »Nein, ich bin nie im Krankenhaus gewesen.« Die dritte Antwort: »Ja, meine Mutter ist mit mir ins Krankenhaus gegangen.« Die elfte Antwort: »... Die Mausefalle ist in unserem Keller neben dem Kaminholz ... Mein Vater war auch im Keller und stapelte Holz.« Seit wenigen Jahren wissen wir aufgrund solcher und ähnlicher Experimente, dass Erinnerungen – etwa an eine Vergewaltigung in der Kindheit – falsch sein können, auch wenn sie leider bisweilen wahr sind.

Hypnose kann tatsächlich verschüttete Erinnerungen ins Gedächtnis zurückholen. Freilich »sind darunter wahrscheinlich ebenso viele falsche wie echte«, wie der Psychologe Henry Roedinger von der Washington University in St. Louis/USA vermutet (*Berliner Zeitung*, 19. 2. 97). Elisabeth Loftus resümiert ihre Erfahrungen: »Um unser Gedächtnis zu täuschen, genügt es in vielen Fällen, sich ein einziges Mal ein Ereignis vorzustellen, das niemals stattgefunden hat.« Roedinger erklärt das so: Diese Selbsttäuschungen sind eine unvermeidbare Folge der Arbeitsweise unseres Gehirns. »Wenn wir nur die Rohinformationen hätten, die unsere Sinnesorgane erreichen, könnten wir gar nichts verstehen.« Das heißt, aus vielen Details muss das Gehirn ein Bild komponieren – und es kann Erinnerung mit der Stimulation von Vorstellungskraft verwechseln.

Erinnerung entsteht also im Kopf und zwar nicht als Abbild der Geschichte, sondern in andauerndem Prozess als etwas Eigenständiges.

Diese Erkenntnis von Naturwissenschaftlern wird bisher noch kaum ernst genommen. Weder von der Justiz, noch von der Politik, noch in den Medien. Und natürlich auch nicht von denen, die von Berufs wegen Erinnerungen bewahren sollen – und eben nicht nur Bilder. Wolf Singer, Direktor des Max-Planck-Instituts für Hirnforschung in Frankfurt am Main, hat in seinem Eröffnungsvortrag beim 43. Deutschen Historikertag im September 2000 die eben geschilderten Zusammenhänge aufgegriffen und versucht, den Geschichtswissenschaftlern die biologisch-psychologischen Zusammenhänge zu erklären. Unsere Sinnessysteme, so Singer, wählen aus dem breiten Spektrum der Umweltsignale nur wenige aus und zwar solche, die für das Überleben in einer komplexen Welt besonders dienlich sind. »Aus diesen wenigen wird dann ein kohärentes Bild der Welt konstruiert, und unsere Primärwahrnehmung lässt uns glauben, dies sei alles, was da ist. Wir nehmen nicht wahr, wofür wir keine Sensoren haben, und ergänzen die Lücken durch Konstruktionen.« Dies kann man experimentell beweisen. Denn wenn man künstliche Sensoren verwendet, zeigt sich, dass es da weit mehr zu beobachten gäbe als wir tatsächlich wahrnehmen. Unsere Beobachtung bildet also die Welt nicht ab. Vielmehr stellt sich Wahrnehmung, wie Singer sagt, als »hypothesengesteuerter Interpretationsprozess dar, der das Wirrwarr der Sinnessignale nach ganz bestimmten Gesetzen ordnet und auf diese Weise die Objekte der Wahrnehmung definiert.«

Wahrnehmungen und Erinnerungen sind jeweils Gesamteindrücke dessen, was in zeitlicher Abfolge erfahren wurde. Dabei trachtet unser Gehirn immer danach, so Singer, »stimmige, in sich geschlossene und in allen Aspekten kohärente Interpretationen zu liefern und für alles, was ist, Ursachen und nachvollziehbare Begründungen zu suchen.« Beispiel: Unsere »fast zwanghafte Tendenz, die zeitliche Kontingenz von Ereignissen als Ausdruck einer Kausalbeziehung wahrzunehmen.« Dies sei biologisch durchaus sinnvoll, meint Singer, da in der Tat die Wahrscheinlichkeit groß sei, dass Gleichzeitiges miteinander zu tun hat, entweder die gleiche Ursache hat oder sich wechselseitig bedingt.

Manchmal aber eben auch nicht. Beim großen Stromausfall in New York am 9.11.1965 soll ein kleiner Junge einen Stein gegen eine Straßenlaterne geworfen – und die Leuchte auch getroffen haben, just in dem Moment, als überall die Lichter ausgingen. »Das wollte ich nicht, das wollte ich nicht«, schrie er entsetzt und lief weg.

Gedächtnisakrobaten können sich Sinnloses – etwa eine Folge von Zahlen – deshalb merken, weil sie jede dieser Ziffern mit einem sinnvollen Bild verknüpfen. Außerdem müssen sie die Bilder in die richtige Reihenfolge bringen; zum Beispiel, indem sie sie mit einem bestimmten Weg in Beziehung setzen, den sie im Geist ablaufen können. Solcherart ›Eselsbrücke‹ kannte angeblich bereits vor über 2000 Jahren der berühmteste Redner Roms, Marcus Tullius Cicero. Und auf seine Art Jaroslav Hajeks *Braver Soldat Schwejk:* »4268! So eine Nummer hat eine Lokomotive in Petschka auf der Bahn am 16. Gleis gehabt. Man hat sie wegziehen solln nach Lissa an der Elbe ins Depot, zur Reparatur, aber es ist nicht so leicht gegangen, Herr Feldwebel, weil der Lokomotivführer, was sie hat dort hinbringen solln, hat ein sehr schlechtes Gedächtnis auf Nummern gehabt. Da hat ihn der Streckenmeister in seine Kanzlei gerufen und sagt ihm: ›Aufm 16. Gleis is die Lokomotive 4268. Ich weiß, daß Sie ein schlechtes Gedächtnis auf Nummern ham, und wenn man Ihnen eine Nummer auf ein Papier aufschreibt, daß Sie dieses Papier verlieren ... Ich wer Ihnen zeigen, daß es sehr leicht is, sich jede Nummer immer zu merken. Schaun Sie. Die Lokomotiv, was Sie ins Depot nach Lissa an der Elbe ziehn solln, hat die Nummer 4268. Geben Sie also acht. Die erste Ziffer ist ein Vierer, die zweite ein Zweier. Merken Sie sich also schon 42, das is zweimal 2, das is der Reihe nach von vorn 4, dividiert durch 2 ... und wieder ham sie nebeneinander 4 und 2. Jetzt erschrecken Sie nicht. Wieviel ist zweimal 4, acht, nicht wahr! Also graben Sie sich ins Gedächtnis ein, daß der Achter, was in Nummer 4268 is, der letzte in der Reihe is, so brauchen Sie sich also nur noch zu merken, daß die erste Zahl eine 4 is, die zweite eine 2, die vierte eine 8, und jetzt merken Sie sich noch irgendwie gescheit die 6, was vor der 8 kommt. Das ist schrecklich einfach. Die erste Ziffer ist eine 4, die zweite eine 2, vier und zwei is sechs. Also da sind Sie schon sicher, die zweite vom Ende ist eine 6, und schon schwindet uns die Reihenfolge der Ziffern nie mehr ausm Gedächtnis.‹ ... Glauben Sie, Herr Feldwebel, daß sichs der Lokomotivführer gemerkt hat? Er hat sich geirrt und alles mit drei multipliziert, weil er sich an die Dreifaltigkeit Gottes erinnert hat, und hat die Lokomotive nicht gefunden, sie steht noch heute dort auf Strecke Nummer 16.«

Damit der Mensch sich noch nach geraumer Zeit an Erlebnisse erinnern kann, müssen sie in einen Langzeitspeicher des Gehirns, das so genannte episodische Gedächtnis, aufgenommen werden. Ein höchst fragiles System. Die jeweils jüngst abgespeicherten Erinnerungen lassen sich leicht modifizieren durch aktuelle Erlebnisse. Dafür gibt es nach Singer eine plausible biologische Erklärung: »Evolutionsgeschichtlich sind diese Strukturen des episodischen Gedächtnisses identisch mit denen, die es Tieren erlauben, sich in ihrem Habitat zurechtzufinden. Somit findet unser episodisches Gedächtnis eine evolutionäre Deutung: Es war primär ein Gedächtnis für Orte und deren Beziehung zueinander.« Und so beruhe die vermeintliche Wirklichkeit erinnerter Sachverhalte tatsächlich auf Rekonstruktionen von Beziehungen bruchstückhafter und voneinander getrennter Gedächtnisspuren.

Neurobiologen wissen aus Tierexperimenten, dass die Engramme der ursprünglichen Erfahrung nach wiederholtem Erinnern nicht mehr dieselben sind. Wenn sich die Beobachtungen am Tier auf den Menschen übertragen lassen, bedeutet dies, so Singer, dass »Erinnern immer auch einhergeht mit Neu-Einschreibungen« oder anders ausgedrückt, »Erinnern auch immer mit einer Aktualisierung der Perspektive verbunden« ist, aus der die erinnerten Inhalte wahrgenommen werden.

Unser Gedächtnis funktioniert im Prinzip so, dass die verschiedenen Komponenten assoziativ miteinander verknüpft sind. Ein solcher Gedächtnisspeicher ist sehr stabil. Das heißt, beim Gesunden kann einmal Gespeichertes nicht spurlos verschwinden. Wohl aber wird permanent im Gehirn Altes durch Neues überschrieben. Im Extremfall kann das dazu führen, dass das Engramm überhaupt nicht mehr im ursprünglichen Kontext aktivierbar ist. Singer: »Es scheint dann wie vergessen, kann aber dann dennoch – und dann meist zur Überraschung der Beteiligten – in einem veränderten Kontext über neue Assoziationen wieder aktiviert werden. Die Erinnerung lebt wieder auf, aber jetzt in einem anderen narrativen Kontext.«

So kommt Wolf Singer aufgrund der Studien seines Fachgebiets zu einer weiteren Deutung der Erfahrung, die schon Epiktet beschrieben hat: Nicht nur die Taten, sondern auch die Geschichten, die Menschen erfinden, machen Geschichte. Anders gesagt, nicht nur die Fakten selbst sind Wirklichkeit, sondern »auch die Phänomene, die erst durch die reflektierende und konstruktivistische Tätigkeit unserer Gehirne in die Welt kommen«. Erstaunlicherweise kommt Singer in seinem Arbeitsfeld zu ähnlichen Schlüssen wie sie auch die moderne Physik zieht. Singer beschreibt, die Funktionsweise des Gehirns sei ein Prozess, »in dem es keine sinnvolle Trennung zwischen Akteuren und

Beobachtern gibt, weil die Beobachtung den Prozess beeinflusst, selbst Teil des Prozesses wird.« Das gilt ebenso für das Studium der Welt der Elementarteilchen.

Was ich eben schilderte, hat auch im Alltag Konsequenzen. Es erklärt zum Beispiel die Logik von Geschichten, die verwirrte ältere Menschen erzählen, wenn in die aktuellen Begebenheiten der Lebenden ihnen nahe stehende, aber längst verstorbene Menschen mit einbezogen werden. Vielleicht gehen wir mit unseren eigenen Erinnerungen auch anders um, wenn wir wissen, dass sich Fakten und Bilder mischen können. Etwa Wunsch und Realität. Die folgende Anekdote deutet an, was ich meine: In Hollywoods goldenen Jahren sehen zwei junge Schauspieler Marilyn Monroe von Ferne. »Mit der möchte ich mal wieder was haben«, seufzt der eine. »Was, du hast mit der Monroe ...?« »Nein, natürlich nicht, aber *gemocht* habe ich schon ein paar Mal.« Im Laufe der Zeit sind die Fantasien des Mimen in seiner Erinnerung zu seiner subjektiven Realität geworden. Das ist die Kunst, sich Illusionen zu machen.

Beschränkte Weltbilder

Wir haben aus guten Gründen ein höchst subjektives Bild von unserer Umwelt. Bestimmte Signale überhören wir leicht, auf andere, die unter Umständen viel schwerer wahrzunehmen sind, reagieren wir heftig. Eine Mutter, wenn sie ein Baby im Hause hat, mag fest und tief schlafen, auch wenn es draußen laut zugeht; sobald ihr Baby leise weint, ist sie wach. Und Männer, dass haben Experimente in Schweden gezeigt, können den – gar nicht bewusst wahrnehmbaren – Geruch Neugeborener von dem älterer Kinder unterscheiden. Frauen gelingt dies nur sehr schwer, und unter Männern gelingt dies denen, die selbst Väter sind, am leichtesten (*Süddeutsche Zeitung*, 2. 1. 2001). Diese hochselektive Wahrnehmungsfähigkeit der Eltern hat sich während der Evolution entwickelt, weil sie offensichtlich für das Neugeborene lebenswichtig ist oder zumindest früher war.

Spezifische Reaktionsweisen, oder, anders gesagt, sehr beschränkte Welt-Bilder, sind in der Natur üblich: Die Zecke zum Beispiel kann nur Buttersäure riechen; im Schweiß aller Säugetiere. Wenn sie den wahrnimmt, lässt sich das begattete Zecken-Weibchen vom Baum oder Strauch fallen. Und wenn die Zecke Glück hat, fällt sie auf etwas Warmes, das sie erspüren kann und das ein Säugetier ist. An dessen Blut kann sie sich nun einmal im Leben so richtig satt saufen. Anschließend lässt sie sich wieder zu Boden fallen, legt noch schnell ein paar Eier und stirbt. Ist die Zecke daneben gefallen, muss sie erneut auf einen Baum klettern. Den findet sie, obgleich sie blind (und taub) ist, mittels eines allgemeinen Lichtsinnes ihrer Haut. Der in Estland geborene Verhaltensforscher Jakob von Uexküll – er starb 1944 mit achtzig Jahren – wusste von Beobachtungen am Zoologischen Institut in Rostock zu berichten, wonach eine Zecke problemlos achtzehn Jahre warten konnte, ehe sie an ihre Blutmahlzeit kam. »Wir können nur warten«, würde die Zecke sagen, wenn sie könnte. »Wir können nur billig« ist dagegen eine Werbeaussage im deutschen Fernsehen der Jahrtausendwende. Auch sie charakterisiert in gewisser Weise ein Weltbild.

Auf der Suche nach dem Sinn im Unsinn

Ein Schlager der Nachkriegszeit behauptete, ein gewisser Charly Brown habe »immer Unsinn im Sinn«. Das umgekehrte Bedürfnis, auch im Unsinn einen Sinn zu erblicken, ist dem Menschen seit Urzeiten eingeprägt. Es war lebenswichtig, dass unsere Urahnen nicht nur dunkle und helle Streifen im Gebüsch sahen, sondern daraus einen Tiger konstruierten und wegliefen – selbst wenn es manchmal tatsächlich nur dunkle und helle Streifen waren.

Das Gehirn hat, wie schon gesagt, die Fähigkeit, aus Details ein kohärentes Bild der Welt zu konstruieren. Dies geschieht bereits auf der Ebene des Sehens. »Helligkeitsgrenzen, also Linien beziehungsweise Konturen von Gegenständen (kommt dabei) besondere Reizwirksamkeit zu«, so schilderte es der Biologe Werner Rathmayer bei seiner öffentlichen Antrittsvorlesung 1975 an der Universität Konstanz. Wenn man zum Beispiel drei schwarze Plättchen nimmt, ihnen jeweils ein ›Tortenstück‹ ausschneidet und die schwarzen Plättchen nun so auf einer weißen Unterlage verteilt, dass die fehlenden ›Tortenstücke‹ gleichsam die Spitzen eines Dreiecks werden, dann sieht man das –

tatsächlich gar nicht vorhandene – weiße Dreieck. Oder wenn man nur die Schatten aufmalt, die die auf ein Stück weißes Papier gelegten erhabenen Buchstaben dort im Licht werfen würden, dann sieht man, auch wenn die Buchstaben entfernt worden sind, eben diese Buchstaben, obgleich nur die Schatten dargestellt worden sind. Das Auge lässt sich täuschen in dem Bemühen, etwas Sinnvolles zu erblicken. Und eben nicht nur das Auge, offensichtlich der Mensch selbst will (sogar im Unsinn) Sinn erfahren.

Das Märchen Johann Peter Hebels vom Herrn *Kann-nit-verstahn* beschreibt diesen Sachverhalt: Ein Handwerksbursche kommt nach Amsterdam, wo man seine Sprache nicht versteht. Er zieht Erkundigungen ein: »Wem gehört dieses Schloss, gehören diese Liegenschaften...?« Stets erhält er zur Antwort: »Kann-nit-verstahn«, ich kann Sie nicht verstehen. Der junge Mann interpretiert dies so: Was immer er bemerkenswert findet, gehört ein und demselben, nämlich dem Herrn Kann-nit-verstahn. Er ist hoch beeindruckt davon, wie reich und mächtig der Herr Kann-nit-verstahn sein muss. Schließlich begegnet der Mensch einem Trauerzug. Er bleibt andächtig stehen, wie andere Leute auch, und fragt seinen Nachbarn, wer denn der Verstorbene sei. »Kann-nit-verstahn« bekommt er wieder zur Antwort. Der Handwerksbursche zieht auch hieraus seinen Schluss: Da hat dem Herrn Kann-nit-verstahn sein ganzes Geld und all seine Macht nicht helfen können. Am Ende musste auch er sterben. Die Suche nach dem Sinn im Unsinn war für den jungen Mann sehr erfolgreich.

Wie gesagt, das Bedürfnis, auch dem Unsinn Sinn zu geben, ist angeboren. Viele Anekdoten zeugen davon; etwa die folgende: Ein Polterer und Streithansl, der noch mit jedermann Krach bekommen hat, ist gestorben und wird beerdigt. Während der Bestattung lässt ein Donnerschlag die am Grab versammelten Angehörigen zusammenfahren. »Er ist oben angekommen«, kommentiert der Pfarrer leise.

Auch sinnlose Sinnsprüche können deshalb ihre Wirkung entfalten. Mein Lateinlehrer auf dem humanistischen Kant-Gymnasium in Berlin-Spandau, Herr K., liebte es, während er Klassenarbeiten schreiben ließ, uns mit dem Satz zu demotivieren: »Der Mensch muss gequält werden, damit er Lust hat zu sterben.« Lateinarbeiten unter Qualen schreiben zu müssen, spielte selbst nach dem Abitur in meinen Träumen noch eine Zeit lang eine große Rolle. Jahre später traf ich den Herrn K. wieder und fragte ihn, woher sein – wie ich meinte klassisches – Zitat denn stamme. Es entstammte seiner sadistischen Fantasie.

Schließlich will ich noch von jenem Zeitungsausrufer erzählen, den ich in den fünfziger Jahren des letzten Jahrhunderts auf dem Kurfürstendamm in Westberlin häufig beobachtete. Er pries sein Blatt auf immer dieselbe Weise an: »Jetzt issoweit!« – was auch immer so weit sein mochte. Ein fast schon genialer Nonsenssatz, der, obwohl auf alles oder nichts zutreffend, trotzdem neugierig machte.

Die Erfindung des Vierecks

Es muss also mit den skizzierten neuronalen Bedingungen unserer Existenz zu tun haben, dass wir Menschen uns Bilderwelten schaffen. »Der Mensch ist das Maß aller Dinge, der seienden, dass sie sind, der nicht seienden, dass sie nicht sind.« Das lehrte der griechische Philosoph Protagoras (etwa 485 bis 415 vor Christus). Zitiert wird heute meist nur die Satzhälfte vor dem ersten Komma. Protagoras meinte, es gebe nur die dem Einzelnen erscheinenden Bilder, keine allgemein gültige Wahrheit. Der Philosoph wurde in Athen der Gottlosigkeit angeklagt und verurteilt. Er soll nämlich über die Götter gesagt haben, die Sache sei eine dunkle Angelegenheit. Er könne wegen der Kürze des Lebens nicht erkennen, ob sie seien oder nicht seien. Nach seiner Verurteilung entfloh der Philosoph zu Schiff und ertrank, als dieses unterging.

»Die Welt ist rund, alles andere steht in der BZ«, so lautete einst ein Werbespruch der Berliner Boulevardzeitung. Doch ist es durchaus erwähnenswert, dass die Welt rund ist, »rund und schön«, wie der von Matthias Claudius besungene Mond – denn es ist nicht selbstverständlich. Die von Menschen gestaltete Welt ist nämlich nicht rund wie die Natur, sondern kantig, eckig. Unser Haus, unsere Wohnung, Fenster und Türen, Stühle, Tische, die Bilder an den vier Wänden, die Schränke, Bücher, die Teppiche, alles dies hat seine vier Ecken. Wir leben in einer viereckigen Kulturwelt. Darin ist das Runde das Archaische – Urform von Teller, Becher, Brotkorb – aber auch das Bullauge des Schiffes.

Man stelle sich einmal eine Welt vor, in der das Viereck noch nicht erfunden worden ist. Wir fänden uns in ihr nicht leicht zurecht. Denn sich orientieren zu können, setzt Vorstellungen wie vorwärts und rückwärts, geradeaus, rechts und links voraus. Unsere Straßen sind lang gezogene Vierecke; gebaut wird mit viereckigen Steinen, obwohl die Steine der Natur ursprünglich nicht viereckig sind. Seit Jahrtausenden baut der Mensch sein Haus mit Ziegelsteinen, die aus dem Viereck entstanden sind, ohne dass es dafür ein Vorbild in der Natur gibt. Das Viereck ist eine Erfindung des Menschen, die bis heute ohne Alternative ist. Zwar gibt es viereckige Formen bei gewissen Kristallen. Aber es ist nicht anzunehmen, dass sich unsere Ahnen diese – oft nur unter dem Mikroskop erkennbaren, selten perfekt ausgebildeten Mineralstrukturen zum Vorbild nahmen. Sehr viel später wurde der Kristall ein Bild für Ordnung; für ›kristallklare Gedanken‹ etwa.

Die Mauer aus Ziegelsteinen hat Vorteile gegenüber der aus ›runden‹ Natursteinen. Denn sie hat keine ›Löcher‹, man kann sozusagen ein Kontinuum bauen. Aber die fertige Mauer, auch die aus Natursteinen, bildet selbst wiederum ein Viereck, viel älter als der Ziegelstein. Der viereckige Hausgrundriss und das viereckige Grab sind älteste Kulturleistungen des Menschen. Das erste Viereck ist nicht zufällig entstanden, und es hätte auch nicht stattdessen ein Fünfeck sein können oder das regelmäßige Siebzehneck, das mit Zirkel und Lineal zu konstruieren man sich im Altertum vergebens bemühte. Das gelang erst – als Student – dem deutschen Mathematiker Carl Friedrich Gauß Ende des 18. Jahrhunderts.

Wer das erste Viereck konstruierte, konnte vermutlich bis vier zählen. Das Projekt Viereck hat also wohl zu tun mit Zahlen, Ziffern, mit dem Zählen. Wurden die Zahlen entdeckt oder erfunden? Die Frage ist nicht trivial. Denn wenn der Mensch die Zahlen erfunden hat, wie kommt es dann, dass die Zahlen-Sprache so gut dazu geeignet ist, die Natur zu beschreiben? Wenn man annimmt, dass Zahlen Bilder sind, müssen sie doch dem, was sie abbilden, sehr ähnlich sein. Wenn es richtig ist, dass erst die Mitglieder hoch entwickelter Kulturen ein hohes Abstraktionsvermögen haben, was bedeuteten dann den Menschen in vorgeschichtlicher Zeit die Zahlen? Doch gewiss nicht nur Abstrakta, vermutlich eher etwas, das mit sinnlicher Erfahrung verbunden war und blieb.

Was können es für Erfahrungen gewesen sein, die mit Zahlen eine Verbindung eingingen? Anders formuliert, welche Erfahrungen haben Menschen in vorgeschichtlicher Zeit gemacht, die zum vieldeutigen Symbol Zahl wurden und damit zu Orientierungs-Bildern? Man kann dies nur indirekt erschließen, indem man Bilder ihre Geschichte erzählen lässt. Eine fundamentale Erfahrung ist die von Tag und Nacht, dem periodischen Wechsel von Licht und Dunkelheit, der alles Leben zwingt, diesem Rhythmus zu folgen. Heute, da der Mensch die Nacht zum Tag machen kann, ist es schwer, sich vorzustellen, was Leben in nächtlicher Finsternis heißt – und welche Großtat die Nutzbarmachung des Feuers bedeutete.

Als unsere Ahnen begannen, sich ihrer selbst bewusst zu werden – auf welcher Stufe der Menschwerdung dies immer geschehen sein mag – haben sie die fundamentale Erfahrung gemacht, dass die Welt zweigeteilt ist: In Tag und Nacht, oben und unten. Im Jahre 1964 fanden Archäologen bei der Stadt Tata in Ungarn ein von urzeitlichen Menschen bearbeitetes Gehäuse eines kalkschaligen Einzellers aus dem Tertiär, *Nummulites perforatus*, von zwei Zentimetern Durchmesser. Das Gehäuse ist leicht gerundet und die Oberfläche geschliffen worden. In dieses kreisförmige Plättchen hat man zwei gerade Linien, die sich fast im rechten Winkel schneiden, scharf eingeritzt. Der Fund stammt aus der Zeit des Moustérien, einer Epoche der Altsteinzeit, vor 100.000 bis 50.000 Jahren, während der letzten, der Würm-Eiszeit. Der Entdecker, L. Vertes, sieht darin einen Beleg dafür, dass der Mensch dieser Zeit bereits vier Himmelsrichtungen kannte. Die französische Erforscherin der frühen Höhlenmalerei, Marie E. P. König, interpretiert »die Zeichensprache des frühen Menschen« am Beispiel dieses Fundes so (Marie E. P. König, *Am Anfang der Kultur*, Gebr. Mann Verlag, 1973): Das Linienkreuz ist eine Chiffre. Sie setzt die Erkenntnis des Kosmos

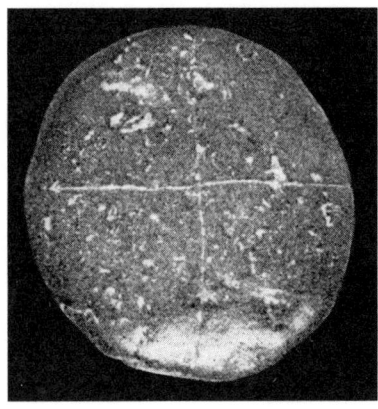 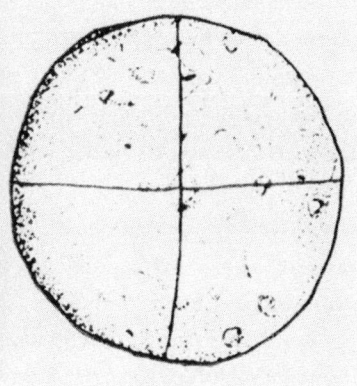

Sich kreuzende Weltachsen. Diese Vorstellung haben Menschen in der Altsteinzeit vor 100.000 bis vor 50.000 Jahren entwickelt. Ein Nummulites perforatus mit einer Gravour aus der Zeit des Moustérien, gefunden im ungarischen Tata.

voraus und seine Teilung durch eine »Weltachse«. Zugleich musste der graphische Ausdruck, also das Bild dafür, bekannt sein. »Die Ost-West-achse, welche die Welt halbierte, ergab sich aus der Beobachtung der Gestirne.« Gemeint sind die Punkte von Sonnenaufgang und Sonnenuntergang zur Zeit der Tag- und Nachtgleiche – Ost und West – und die diese Punkte verbindende Achse. König: »Es war dagegen ein reiner Denkakt, der den Menschen die prägnantere Weltordnung, die Teilung in Viertel finden ließ und ihren Ausdruck im Linienkreuz. Dieses so schlichte Zeichen ist nicht aus der allmählichen Ableitung von der Kugel zu erklären. Es setzt das Ordnungsschema der Linie voraus, nur daß nun zwei Linien senkrecht aufeinander gestellt wurden. Es war ein schöpferischer Einfall, der die für alle Zeiten bindende Grundstruktur der geordneten, kultivierten Welt finden ließ.«

Aus diesem Schema der senkrecht gekreuzten Linien ergab sich nach der Interpretation von König ganz zwanglos dies: »Die Welt erhielt einen Mittelpunkt. Es war der Schnittpunkt der beiden Weltachsen. Von ihm gingen die vier Himmelsrichtungen aus, die in den vier Kardinalpunkten endeten und am Schnittpunkt vier rechte Winkel bildeten; ganz allgemein gesehen, ergab sich das Strukturbild der Vier.« Das Bild der Vier, das Viereck, hatte also kein Vor-Bild in der Natur, sondern entsprang begrifflichem Denken. Bereits der damals lebende Neandertaler bestattete seine Toten in Gräbern mit viereckigem Grundriss. Marie König kommentiert: »Der bis dahin im Bewusstsein des Menschen unendliche Raum gewann zunehmend Maß und Grenze. Es waren aber nicht die Hochkulturen, denen wir diese Einsicht verdanken, auch dieser Plan stammt schon aus dem Paläolithikum.« Die viereckige

Bauweise blieb seither erhalten. Und es gibt zahllose Beispiele dafür, dass man sich dessen bewusst blieb: die Vier bildete ein kosmologisches Prinzip ab.

Das gilt etwa für die Erbauer der gewaltigen Pyramiden von Giseh mit quadratischem Grundriss, in Ägypten vor 4500 Jahren. Ohne Kompass konnten die Bauleute damals die Pyramiden nur nach Norden ausrichten, indem sie sich an den Sternen orientierten. Der Himmelspol wandert in einer Art Taumelbewegung der Erde in jeweils 26.000 Jahren einmal in einer Kreisbahn über den Himmel. Der Nordpol lag zur Zeit des Pyramidenbaus etwa auf einer Geraden zwischen den Sternen *Kochab* im *Kleinen* und *Mizar* im *Großen Wagen*. Wenn diese Sterne senkrecht übereinander standen – exakt war das anno 2467 vor Christus der Fall – dann zeigte die gedachte Verbindungslinie genau nach Norden. Früher oder später gebaute Pyramiden weichen entsprechend in ihrer Nordausrichtung voneinander ab. Der Vergleich der Abweichung mit der errechneten Lage des Pols erlaubt heute eine Datierung der Pyramiden auf zehn Jahre genau – während konventionelle Methoden lediglich auf hundert Jahre genau sind (*Nature*, Bd. 408, S. 320, 2000).

Descartes, die Fliege und die Koordination

Der Äquator ist, wie man weiß, eine gedachte Linie, Nord- und Südpol sind gedachte Punkte; Ideen also, Bilder mit sehr ausgeprägten Wirkungen. Wir wissen nicht, wer als erster die geniale Idee hatte, die Welt mit einem Raster gedachter Linien, von Längen- und Breitengraden, zu überziehen. Allerdings lassen sich, wie Marie E. P. König an vielen Beispielen belegt hat, bereits in den altsteinzeitlichen Höhlen nicht nur Kreuz und Viereck finden; vielmehr ein daraus abgeleitetes »Ordnungssystem«, wie sie es interpretiert: Gerade Linien folgen in regelmäßigen Abständen der senkrechten wie der waagerechten Achse. So entsteht ein Gitter oder Netz aus vielen kleinen Quadraten. Diese Ideogramme – Bildzeichen also – sind in zahlreichen, kultischen Zwecken dienenden Höhlen in Frankreich zu erkennen. Dieselben Ideogramme studierte König in den elftausend Jahre alten steinzeitlichen Kulturen

Ein Netz als Ordnungssystem. Goldstater der armorikanischen Kelten (circa 100 vor Christus).

von Catal Hüyük in der heutigen Türkei. Die Sumerer sahen das vor fünftausend Jahren ähnlich. »Die ältesten sumerischen Schriftdokumente«, so Marie König, »sprechen in Worten aus, was vorher das Zeichen sagte.« Die Forscherin zitiert einen sumerischen Text, in dem es heißt: »der Herr, in dessen Hand das Netz von Himmel und Erde liegt.« Schließlich finden sich Gitter-Quadrate auf keltischen Goldmünzen aus der Zeit um hundert vor Christus. Das Netz der Längen- und Breitengrade hat also eine lange Vorgeschichte.

Die Babylonier hatten den Kreis in 360 Grad eingeteilt und den Tag in 24 Stunden. Eine Einteilung, die bis heute geblieben ist. Zugleich sind das auch Bilder, die eine Voraussetzung dafür sind, sich in Zeit und Raum orientieren zu können. Der griechische Philosoph Anaximander (610 bis circa 542 vor Christus), Schüler des Thales von Milet, hat sich als erster daran versucht, eine Erdkarte zu zeichnen. Jahrhunderte später hat der griechische Astronom Hipparch (190 bis circa 125 vor Christus) richtig errechnet, dass der Abstand des Mondes von der Erde etwa dreißig mal dem Erddurchmesser entspricht. Hipparch hat die

Trigonometrie erfunden, die Lehre von den Beziehungen zwischen Seiten und Winkeln eines Dreiecks. Diese Kenntnisse benötigt man nämlich, um Entfernungen zu bestimmen. Und so hat der griechische Astronom und Geograph Claudius Ptolemäus (um 75 vor Christus geboren) – dessen Weltbild mit der Erde im Zentrum des Universums bis ins Mittelalter galt – eine Karte der bewohnten Welt geschaffen. Ptolemäus benutzte Hipparchs korrekte Abschätzung der Monddistanz, aber einen falschen Wert des Abstands der Erde von der Sonne, den er von dem Griechen Aristarch (circa 320 bis circa 250 vor Christus) übernommen hatte. Diese Falschmessung hat man bis zu den Zeiten von Johannes Kepler, also fast ein Jahrtausend lang als richtig angesehen. Ptolemäus also schuf Landkarten mit genau geführten Tabellen von Längen- und Breitengraden. Aber auch dabei hat er Ideen wie die Grad-Einteilung von seinem älteren Zeitgenossen Marinos von Tyros übernommen. Die Vorstellungen, wie sie Astronomie, Mathematik und Geographie entwickelten, waren aufs engste miteinander verbunden – und formten die Idee eines gedachten Netzes von Längen- und Breitengraden immer stärker aus. Die Geographie des Ptolemäus wurde dreizehn Jahrhunderte später ins Lateinische übersetzt; »gerade rechtzeitig, um Kolumbus zu überzeugen, dass es möglich sei, Asien auf dem Seeweg in westlicher Richtung zu erreichen«, wie der Wissenschaftshistoriker Isaac Asimov (*Biographische Enzyklopädie der Naturwissenschaften und der Technik*, Herder, 1973) anmerkt.

Den Griechisch- und Lateinlehrern verdankt die ge-bildete Menschheit seit Jahrhunderten die Tendenz, Namen mit einem Zitat zu verbinden. Mit dem Namen René Descartes (latinisiert Renatus Cartesius) zum Beispiel verbinden bis heute viele Menschen vor allem den Satz *Cogito, ergo sum* – ich denke, also bin ich. Dem französischen Philosophen und Mathematiker (1596 bis 1650), der das Denken (den Zweifel eingeschlossen) so wichtig nahm, verdanken wir jedoch noch etwas anderes, das in unserem Zusammenhang wichtig ist: Descartes erdachte ein die Welt überziehendes Koordinaten-Netz.

Der Gelehrte, von schwacher Gesundheit, hatte sein Lebtag die Gewohnheit, seine Arbeit großenteils im Bett zu verrichten. Anders als zum Beispiel einer ebenfalls auf das Bett als Arbeitsplatz angewiesenen Courtisane ging es dem Philosophen bei seiner Arbeit darum, in Ruhe nachzudenken. Wie Asimov erwähnt, machte der Gelehrte eine seiner wichtigsten Entdeckungen im Bett, als er eine umherschwirrende Fliege beobachtete. Ihm fiel auf, dass die momentane Position der Fliege im Raum durch drei zueinander senkrechte Ebenen, die den jeweiligen Ort der Fliege schnitten, beschrieben werden könnte; durch drei Koordinatenpunkte in einem rechtwinkligen Koordinatensystem. Dieses nennt man zu Ehren seines Erfinders Kartesisches Koordinatensystem, mit den Achsen x, y und z. Auf einer Fläche benötigt man entsprechend nur zwei Koordinaten – Abszisse und Ordinate, x- und y-Achse – um einen Punkt eindeutig festzulegen. Nach diesem System lässt sich auf einem Stadtplan mit zwei Ziffern oder Buchstaben jeder Ort beschreiben.

Sonnengott gegen Mondgöttin

Um nun wieder auf die Aufgaben der Geographie zurückzukommen: Weil Mond- oder Sonnenfinsternisse zu selten vorkommen, um sich daran zu orientieren, blieb ein Problem jahrhundertelang ungelöst. Wie kann man auf dem Meer die Längengrade sehen? Breitengrade lassen sich aufgrund der Höhe des Polarsterns oder der Sonne am Mittag ermitteln. Aber der Längengrad? Entfernungen hat man zum Beispiel bereits anno 331 vor Christus zu messen versucht, indem man an zwei Orten eine Mondfinsternis beobachtete und die Höhe des Polarsterns feststellte. Klar war den Alten Griechen auch, dass die geographischen Distanzen im Zusammenhang mit Längen- und Breitengrad stehen. Die Erde dreht sich um sich selbst, also um 360 Grad in 24 Stunden, macht ein Grad in vier Minuten. Aber auf dem Äquator, wo der Erdumfang am größten ist, entspricht ein Grad einer Strecke von 111,111 Kilometern. An den Polen dagegen schrumpft diese Distanz auf Null. Das heißt, Längen- und Breitengrad, einen geographischen Ort also zu bestimmen, gelingt, wenn man einerseits die Polhöhe misst, andererseits die Uhrzeit. Im Jahre 1714 schrieb das britische Parlament in einem »Longitude Act« einen hohen Preis demjenigen aus, der eine »praktikable und nützliche Methode« finden würde, den Längengrad zu bestimmen. 1773 gestand König George III. dem britischen Uhrmacher John Harrison nach einem über vierzig Jahre währenden Streit das Preisgeld zu. Harrison hatte Uhren gebaut, die auch auf schlingernden Schiffen für die damaligen Verhältnisse genau genug gingen, um eine Orientierung zu ermöglichen.

Mir geht es hier nicht um die Geschichte der Zeitmessung oder die der Geographie. Es geht mir vielmehr um die Bilder, die dem zugrunde liegen. »Das Bemühen um Messung der Zeit begann nicht mit Stunde, Minute oder Sekunde, sondern mit der Erfassung des Jahres und seiner Untergliederung im Kalender. Der Kalender ist dementsprechend älter als jede Art von Uhr zur Gliederung des Tages oder Messung von Zeitstrecken ›an sich‹.« Zu diesem Schluss kommt Rudolf Wendorff in seinem Buch *Zeit und Kultur, Geschichte des Zeitbewußtseins in Europa* (Westdeutscher Verlag, 1980). Dabei wiederum spielen religiöse Bilder die entscheidende Rolle. Zunächst die der Sumerer, die vor über fünftausend Jahren das Zweistromland zwischen Euphrat und Tigris besiedelten. Sie sahen den Sternenhimmel in Bildern strukturiert. Sie gaben diesen Sternbildern Namen und Symbole, die sich zum Teil bis heute erhalten haben. 12 Sternbilder im Bereich der Sonnenbahn. Die Hauptgottheit der Sumerer war der Mond. Ein *Monat*, das ist ursprünglich eine Mond-Periode, hat 29,53 Tage. Bereits Mitte des 4. Jahrtausends vor Christus wurde das Jahr als Summe von 12 Mondumläufen von rund dreißig Tagen festgelegt. 12 mal 30 ist gleich 360. Die 360 spielt in unserem Leben noch immer eine entscheidende Rolle. Und das haben wir den Babyloniern zu verdanken, die vor viertausend Jahren die Sumerer verdrängten. Der Hauptgott der Eroberer war die Sonne. Dadurch verschärften sich die Probleme, denn das Sonnenjahr mit 12,0 Monaten hat 12,368 Mondmonate. Damit begann der Ärger der Zeiteinteilung, der dreitausend Jahre andauern und zu immer neuen Kalenderreformen führen sollte. In Babylon übrigens hat man später, als die Chaldäer dort vor ungefähr 2600 Jahren herrschten, die Gliederung des Jahres in 360 Tage übertragen auf die Gliederung des Kreises in 360 Grad. Während das Jahr ein paar mehr Tage bekam, ist die Kreiseinteilung geblieben, und davon abgeleitet die Teilung des Tages in zweimal zwölf Stunden à 60 Minuten.

Bei dem Jahrtausende dauernden Bemühen um Präzision war, bis heute erkennbar, das Ziel entscheidend, den Lauf der Stunden, Tage und Jahre zu strukturieren. Die Kulturen des Zweistromlandes und, von daher kommend, auch die Griechenlands und Roms, kannten die Sonnen- und auch die Wasseruhr. Es dauerte allerdings noch sehr lange, bis – vor dem Jahr 1300 nach Christus – die mechanische Räderuhr erfunden wurde, man weiß bis heute nicht, ob in Italien oder in England. Schon allein die Tatsache, dass man solche Uhren bauen konnte, spielte eine ganz außergewöhnliche Rolle. In Deutschland gelang dies erstmals im Zeitraum zwischen 1550 und 1650. Und das hatte wiederum nicht primär damit zu tun, dass die Deutschen endlich besonders pünktlich sein wollten, sondern damit, dass die Uhr zu einem Bild wurde. Das Bayerische Nationalmuseum in München zeigte im Jahre 1980 eine Ausstellung *Die Welt als Uhr*. Darin wurde das Phänomen so gedeutet: Die Uhr bildete den denkbar stärksten Kontrast zur politischen Wirklichkeit der zusammenbrechenden Staats- und Gesellschaftsordnung des Mittelalters, zu den von der Reformation verursachten Religionskriegen, zu der Vielzahl aufrührerischer, neuer Ideen und den dadurch ausgelösten sozialen Unruhen.

Die Uhr verkörperte, was es in Wirklichkeit nicht gab; sie war Demonstration einer zentral organisierten, unabänderlich funktionierenden, rationalen Ordnung; ein Trugbild, eine Illusion. Man begann, das Weltbild nach dem Vorbild der Uhr zu formen und sich die drei wesentlichen Systeme, in denen der Mensch sein Leben verbringt, nämlich Kosmos, Körper und Staat, als Uhrwerke vorzustellen. Das Verhältnis zwischen Gott und Schöpfung entsprach dem zwischen Uhrmacher und Uhr. Der Körper wurde als ein von einem Uhrwerk getriebener Automat verstanden. Uhr und Automat waren Analogien der Medizin. »Die Uhr als Symbol für Ordnung, Autorität und Determinismus«, formulierte im Ausstellungskatalog Otto Mayr vom *National Museum of History and Technology* in Washington. Heute ist das Bild der Uhr übrigens zum Synonym für Zeit geworden. Fragen wir doch: »Wie viel Uhr ist es?« – wenn wir wissen wollen, wie spät es ist.

Im Herbst 2000 stellte die französische Ethno-Astronomin Chantal Jègues-Wolkiewiez auf einem Symposium in der Nähe von Mailand ihre Überlegungen vor, wonach auch die berühmten Bilder in den Höhlen von Lascaux in der französischen Dordogne mit den Vorstellungen von Raum und Zeit zu tun haben. Sie sind gewissermaßen Projektionen der himmlischen Sternbilder, gemalt vor 17.000 Jahren. Die Forscherin hat diese Himmelskonstellationen rekonstruiert und mit den Punkten und Strichen der Höhlenbilder verglichen. Auf die Idee kam sie, weil auch heute, jeweils am Abend der Sommersonnenwende, die Strahlen der untergehenden Sonne vom Eingang her die Höhlenbilder in der *Halle der Stiere* beleuchten. »Dieser Ort wurde nicht zufällig gewählt«, so Chantal Jègues-Wolkiewiez. »Die Maler von Lascaux machten die Tierkreise am Himmel ausfindig und ordneten

Tiere ihrer alltäglichen Umgebung den Sternengruppen der Tierkreiszeichen zu. Ihre Malereien lassen vermuten, dass sie hervorragende Himmelsbeobachter waren und dass sie ihre Beobachtungen festhielten, um sie anschließend in der Höhle nachzuvollziehen« (*Focus*, 50, 2000). Auf der Wand in der großen Halle der Stiere seien vor allem die Gestirne zu finden, welche die heute so genannten Sternbilder »des *Widders*, des *Stiers* und des *Skorpions* bilden«. Während Archäologen die Thesen anzweifeln, betont der Astronom Gérard Jasniewicz von der Universität von Montpellier: »Mehrere Elemente sind über jeden Zweifel erhaben. Die Ausrichtung der Höhle gemäß der Sonnenwende, die Positionierung von Steinbock, Skorpion und Stier in der Halle entsprechend dem damaligen Sternhimmel.«

Die Veränderungen des Mondes im Laufe eines Monats sind – noch dazu in einer Welt, die nachts ansonsten völlig dunkel war – gar nicht zu übersehen gewesen. Insofern kann es auch nicht verwundern, dass sich unsere Ahnen, die ja nicht dümmer waren, als wir es sind, bereits in der Frühzeit des Menschseins darüber Gedanken machten.

Im Jahre 1979 fand man in einer *Geißenklösterle* genannten Höhle im Achtal bei Blaubeuren ein knapp vier Zentimeter hohes und einen Zentimeter breites Plättchen aus Mammutelfenbein. Man hat sein Alter mit einer Methode feststellen können, die den Zerfall des radioaktiven Kohlenstoffs in organischer Substanz berücksichtigt. Das Plättchen ist etwa 30.000 Jahre alt. Auf seiner Vorderseite ist eine Figur mit erhobenen Armen dargestellt, »deren Gesamteindruck menschlich ist«, so der Tübinger Vorgeschichtler Hansjürgen Müller-Beck (*Jahrbuch des Bernischen Historischen Museums*, 63. bis 64. Jahrgang, 1985). Auf der Rückseite haben die eiszeitlichen Menschen eine Anzahl regelmäßig angeordneter Kerben angebracht. 49 Markierungen in drei Reihen zu je 13 und einer Reihe mit zehn Strichen. Müller-Beck interpretiert die 13er-Reihen so, dass damit die 13 Mondzyklen eines Jahres jeweils vom Neumond bis zum Vollmond dargestellt worden seien. Die Vierteilung der Reihen entspreche dann den vier Jahreszeiten in unseren Breiten. Warum eine Reihe mit zehn Zeichen unvollständig geblieben ist, ist nicht zu klären. Und natürlich weiß heute auch niemand, ob die altsteinzeitlichen Menschen tatsächlich vier Jahreszeiten identifiziert hatten. Bemerkenswert finde ich jedenfalls, dass bereits Jahrzehntausende vor Erfindung der Schrift so etwas wie Kalender-Notizen entstanden sind.

Der Mensch hat die Eigenart, in Muster, ja selbst irgendwelche Flecken Bilder hineinzusehen; eine Beobachtung, die der Schweizer Psychiater Hermann Rorschach um 1900 dazu nutzte, den nach ihm genannten Test zu entwickeln. Rorschach deutete die Persönlichkeit seiner Klienten danach, welche Bilder sie in einfarbigen und bunten Klecksen zu sehen meinten. Insofern ist es wohl ganz natürlich, dass unsere Ahnen schon in sehr früher Zeit, in die (jedenfalls bei Neumond) einzigen Lichter der Nacht, die Sterne, Bilder projizierten und sich damit am Nachthimmel orientieren konnten. Und natürlich waren Sonne und Mond noch ungleich wichtiger. Aber wer denkt heute noch daran, wenn er zum Beispiel ein Buch wie dieses aufschlägt, dass die Viereckigkeit der einzelnen Seiten etwas mit dem Stand der Sonne morgens, mittags, abends und – extrapoliert – um Mitternacht zu tun hat?

II. Logik des Aberglaubens

Die Zweiteilung der Welt

Indem sich der Mensch die Welt im Kopf neu schafft, entstehen, wie ich gezeigt habe, Sprache und Kunst, entstehen Ordnungssysteme. Von Sigmund Freud wissen wir, dass der Mensch seine Innenwelt nach außen projiziert, diese Projektionen aber als objektives Gegenüber erlebt. So hat er die Natur beseelt und sich damit ein Universum voller Götter, aber auch Geister und Dämonen erschaffen; eine Gegenwelt und zugleich ein Spiegelbild menschlicher Erfahrungen, Hoffnungen und Ängste.

Psychische Gegebenheiten führten also in sehr frühen Zeiten der Menschheitsgeschichte zu einer Zweiteilung der Welt in heilig und profan. Der Begriff profan stammt aus dem Lateinischen: *pro fanum*, damit ist das ›vor dem heiligen Bezirk Liegende‹ gemeint, das Nicht-Heilige. In dem Maße, wie sich der Mensch die Welt rational erklärt, emanzipiert er sich von den archaischen Bildern und lebt in der profanen Welt. Die Welt-Bilder, welche sich unsere Ahnen gemacht haben, sind damit aber nicht einfach verschwunden. Sie haben vielmehr bis heute ihre Spuren hinterlassen – in Mythen und Religionen, in Sitten und Gebräuchen. Relikte archaischer Weltbilder lassen sich bis in unseren Alltag hinein erkennen, sie bestimmen bis heute unser Handeln mit.

Adam und Eva müssen das Paradies verlassen und in die profane Welt ziehen. Der Cherub mit dem Schwert hindert sie an der Rückkehr (Holzschnitt aus der Kölner Bibel, Quentel, 1479?).

Logik des Aberglaubens **51**

In allen Religionen gilt der Ort, wo eine Gottheit sich manifestiert, als heilig. Das Wort heilig lässt sich auf einen Eigentumsbegriff zurückführen. Ausgangsbedeutung von heilig ist *eigen*: Heilig ist, was einer Gottheit eigen ist. Das lateinische *Sanctus* wiederum kommt von *sancire* gleich umzäunen. Der Begriff *Tempel* schließlich kommt von Templum – abgesonderter Raum. Es geht also immer um Abgrenzungen: Heiliger Raum, heilige Zeit, heiliger Gegenstand, heiliger Mensch. Abgrenzungen dessen, was einer Gottheit gehört von dem, was sie nicht in Anspruch nimmt.

Heilige Orte werden jeweils von den Siegern in Anspruch genommen, das heißt, von dem Gott, dem sie ihren Sieg zuschreiben. Das lässt sich schon im Alten Testament erkennen. Die heiligen Orte der Feinde Israels und seiner Götter wurden, wenn der Gott der Juden sich als der Mächtigere erwies, hinfort diesem geweiht. Nicht anders gingen später die Christen vor. Die Orte der frühen christlichen Kirchen waren zumeist vorher Plätze, an denen bereits die Götter der Heiden verehrt worden waren. Heilige Orte sind also auch Machtsymbole. Das hat sich bis heute nicht geändert, wie die Auseinandersetzungen zwischen Hindus und Moslems in Indien um ihre Heiligtümer beweisen, oder die zwischen Moslems und Christen in arabischen Ländern, oder zwischen Juden und Moslems um Jerusalem.

Auch in der profanen Welt gibt es Orte, die eine symbolische Bedeutung haben, die weit über ihren ›Gebrauchswert‹ hinausgeht. Denn die psychischen Bedürfnisse des Menschen haben sich durch die Profanisierung der Welt nicht geändert. So waren das *World Trade Center* in New York und das *Pentagon* in Washington auch ›Wahrzeichen‹ für den *American way of life*. Für die Feinde der USA waren es Machtsymbole, die sie sich bewusst für die terroristischen Anschläge am 11. September 2001 ausgesucht hatten.

Grenzspuk und Kinderspiel

Die von den Menschen geschaffenen Bilderwelten entfalten ein Eigenleben. Wir reflektieren diese inneren Bilder nicht anders, als wir die Außenwelt bedenken. Auch Aberglauben ist in sich logisch. Unsere Kultur ist noch heute geprägt von Relikten archaischer Weltbilder. Wenn wir etwas über die Vorstellungen wissen, die dazu geführt haben, lässt sich ihre Logik begreifen, die Logik des Aberglaubens.

Jeder Weg ist zum Beispiel eine Grenze zwischen Fluren. Unsere Ahnen haben sich sehr viele Gedanken darüber gemacht, was es damit auf sich hat. Die Grenzen von Häusern, besonders die Türschwellen, Grenzen von Grundstücken, Fluren, Gemarkungen, Städten, Ländern definieren bestimmte Ordnungen. Wer auf der Grenze steht, befindet sich, so meinte man, im *Niemandsland* – außerhalb der Ordnung.

Das gilt noch mehr für denjenigen, der am Kreuzweg steht, wo sich zwei Wege kreuzen oder ein Weg gabelt. Diese Orte werden seit Alters her als Singularitäten angesehen. Heute noch sind Kruzifixe, *Wegkreuze*, für diese Punkte typisch, die Traditionen reichen weit zurück. Im alten Griechenland waren auf den *Drei-Wegen* die Bilder von Hekate aufgestellt: drei hölzerne Masken an einem Pfahl oder eine dreifache Statue, in die drei Richtungen gewandt. Hekate, so schildert es der Mythenforscher Karl Kerenyi, »schwärmte als Herrin der Unterwelt nächtlicherweise mit den Totenseelen, von Hundegeheul begleitet, umher.«

Die Grenze, das Niemandsland, war nach den Vorstellungen unserer Ahnen der Ort der Geister, der *Wiedergänger* aus dem Jenseits, und der Hexe. Deren Name leitet sich ab vom althochdeutschen *hag* gleich Zaun. In Friedrich Kluges *Etymologischem Wörterbuch* (Walter de Gruyter) wird die Hexe als *Zaunreiterin* bezeichnet. Anscheinend ist von diesem Grenz-Spuk bis heute etwas in dem Kinder-Hüpf-Spiel *Himmel und Hölle* erhalten geblieben. Da werden mit Kreide aneinander hängende und ein Kreuz bildende Quadrate auf die Straße gemalt. Beim Hüpfen mit dem linken oder rechten Bein kommt es darauf an, nur ja nicht auf eine der gezeichneten Linien zu treten. Archaische Bilder, weiterhin lebendig.

Noch heute gibt es ein weites Feld des Aberglaubens oder ›magischen Denkens‹, in dem wir alle irgendwelche zwanghaften Rituale entwickeln, wie Jürgen Markgraf, Ordinarius für Klinische Psychologie und Psychotherapie an der Universität Basel, sagt: »Jeder, der schon mal auf dem Gehweg versucht hat, nicht auf den ›Rillen‹ zu laufen, ... handelt in gewisser Weise ›zwanghaft‹ – interessanterweise denkt aber jeder, davon frei oder nicht beeinflussbar zu sein« (*Psychologie heute*, Februar 2001). Solche »Zwangsrituale« seien ein in allen Gesellschaften oder Kulturen gültiges »Erbe der Evolution«.

Aber nicht nur räumliche sondern auch zeitliche Grenzen drückten in den Vorstellungen unserer Ahnen Singularitäten aus, und diese Vorstellungen sind ebenfalls nicht ganz vergessen. Der Neumond etwa und vor allem die Zeit »zwischen den Jahren«, wie wir noch heute sagen, zwischen Weihnachten und dem Dreikönigsfest. Der Heidelberger Forscher Jörg Kraus, der über *Grenzbereiche der verkehrten Welt* promovierte, beschrieb, welche Vorstellungen dahinter stehen: »Zwischen dem Ende eines abgelaufenen Jahres und dem Beginn des nächsten Zyklus klafft eine chaotische Lücke, gleichsam eine Zeit der Zeitlosigkeit. In der Zeitlosigkeit gibt es keinen Unterschied zwischen Vergangenheit, Gegenwart und Zukunft, und auch die Seelen bewegen sich ohne Unterschied, ob sie leben oder gelebt haben. Deutlich wird dies im Maskenbrauchtum, denn die Masken repräsentieren die Lebendigkeit und Macht der Ahnen.« Archaische Vorstellungen haben sich bis heute erhalten, ob wir sie nun als Aberglauben ansehen oder sie Teil unserer Glaubensvorstellungen geblieben sind. Manchmal ist der Unterschied gar nicht so groß.

Augen-Blicke

Der Mensch hat sich bereits vor Urzeiten vor den Raubtieren nicht etwa deshalb schützen können, weil er stärker war oder schneller laufen konnte als sie, sondern dank seiner Klugheit und List. Weil er aber in einer magischen Welt lebte, für ihn also die Welt voller Geister, Dämonen und Götter war, verhielt sich der Mensch dieser magischen Welt gegenüber nicht anders als gegenüber den mächtigen Tieren. Er entwickelte ein ganzes Arsenal Unheil abwehrender Waffen. Auch dabei vermischten sich genaue Beobachtungen der Welt mit Vorstellungen, mit inneren Bildern also.

Aus den Arbeiten der Verhaltensforscher im 20. Jahrhundert wissen wir, dass das Wegschauen im Tierreich, bei Füchsen und Schakalen, aber auch bei Lachmöwen eine soziale Beschwichtigungsgeste ist. Wenn ein Spitzhörnchen, *Tupaja glis*, von einem stärkeren und damit ranghöheren Artgenossen besiegt wurde und nun durch ein Gitter vor weiteren Angriffen durch den Sieger geschützt ist, genügt bereits der Blickkontakt mit dem Boss, um das schwächere Tier unter Stress zu

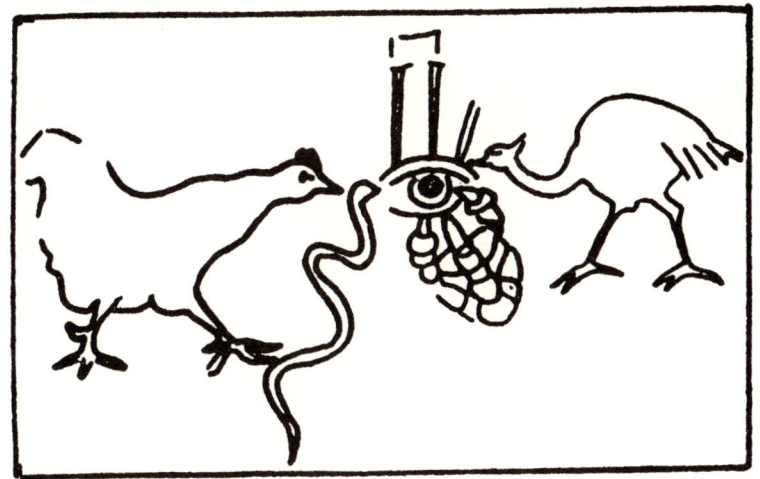

Der Glaube an den bösen Blick ist uralt: Das von Dolchen durchbohrte Auge wird von Tieren angegriffen. Wandmalerei in Dura-Europos am Euphrat (um 200 nach Christus).

setzen. Es kann dann mitunter an Nierenversagen sterben. Und das Kaninchen, heißt es, erstarrt im Angesicht der Schlange.

Auch unter Menschen löst das Angestarrt-Werden manchmal heftige negative Reaktionen aus. »Fixiert« worden zu sein, galt unter Verbindungsstudenten noch Anfang des 20. Jahrhunderts als Grund für ein Duell. Selbstverständlich wagte es der Mensch nicht, seine Götter anzuschauen. Zeus erschien den von ihm begehrten Frauen in unterschiedlichster Gestalt – vom Schwan bis zum Stier – nur nicht in seiner eigenen, weil sie seinen Anblick nicht ertragen hätten. »Und Mose verhüllte sein Angesicht; denn er fürchtete sich, Gott anzuschauen«, heißt es im Alten Testament (2. Mose 3, 6).

»Wenn Blicke töten könnten ...«, lautet ein sprichwörtlicher Halbsatz. In der Tat glaubte man lange Zeit, sie könnten nicht nur Tupajas, sondern auch Menschen töten. Hexen zum Beispiel hatten den »bösen Blick«. Und davor musste man sich unbedingt schützen. Zum Beispiel, indem man es gewissen Schmetterlingen gleichtat. Wenn man ein Abendpfauenauge *(Smerinthus ocellata L.)* leicht mit dem Finger berührt, klappt es seine Vorderflügel rasch nach vorne. Auf den Hinterflügeln werden plötzlich zwei große, starrende Augen sichtbar. Nachgewiesenermaßen lassen sich kleine Vögel davon abschrecken. Auch manche Fisch- und Vogelarten sind mit künstlichen Augen verziert – aber eben nicht nur zur Zierde, sondern aus Sicherheitsgründen.

Der Wiener Verhaltensforscher Otto Koenig hat 1975 ein umfangreiches Buch veröffentlicht, das sich der Kulturgeschichte des Auges

 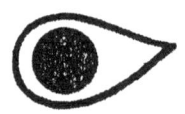  

Um den Blick des potentiellen Feindes von den eigenen Augen abzulenken, wurden Amulette als ›Blickableiter‹ eingeführt. Das Bild des Auges in stilisierter Form findet sich in allen möglichen Mustern. Das Herz ist zum Beispiel aus zwei Mandel-Augen zusammengesetzt.

widmet (*Urmotiv Auge*, Piper, 1975). Koenig hat an einer beeindruckenden Anzahl von Beispielen gezeigt, wo überall sich das Bild des Auges direkt und in allen möglichen Abwandlungen findet.

Es galt nämlich, den Blick des potentiellen Feindes von den eigenen Augen abzulenken und sich damit vor seinem Einfluss zu schützen. Das gelang, wenn man den Blick des Gegenübers auf Bilder lenkte und ihn auf diese Weise fixierte. Schließlich war es sehr wichtig, den Feind zuerst anzusehen. »Das Zuvorkommen mit dem Erstblick gilt nämlich als magisch überaus vorteilhaft«, weiß Koenig zu berichten. Und so wurden allerlei Amulette als »Blickableiter« eingeführt.

Wenn man weiß, dass die Mandel- beziehungsweise Tropfenform oder die Quaste (ein stilisiertes Auge mit buschiger Braue) Modifikationen des Augenmotivs sind, kann man an vielen Stellen beobachten, dass hier mit magischen Mitteln Schutz vor dem bösen Blick gesucht wurde. Manchmal erscheint das Augenmotiv sehr stilisiert. Wenn man will, kann man es sogar in einer Brezel erkennen oder in zwei Knöpfen. Die Menschen haben die angeborene Neigung, selbst in Flecken, die nur entfernte Ähnlichkeit haben, ein Auge zu erkennen.

Und so produzieren Menschen bis heute kulturübergreifend überall Augenmuster. Knöpfe an allerlei heiklen Stellen auf den Uniformen der Soldaten zeugen von eben demselben Bedürfnis. Und natürlich der Schmuck. Ja, selbst das stilisierte Herz ist, wie Koenig an vielen Beispielen nachgewiesen hat, als Augenmotiv zu verstehen. Es hat ja tatsächlich mit dem Herzmuskel kaum Ähnlichkeit. Aber wenn man das Bild in der Mitte teilt, dann entstehen zwei Mandelaugen. Manches Aborthäuschen in ländlichen Gegenden hat als Fenster für den Durchblick ein Herz eingeschnitten. Koenig sieht auch darin ein unheilabwehrendes Zeichen, denn natürlich ist der in einem solchen Häuschen Verweilende besonders hilflos. Dies aber in einem viel weiteren Sinne, als unmittelbar einsichtig. Exkremente, so Koenig, verkörpern in einem magischen Weltbild Lebenskraft. Deshalb »sind sie nicht nur magisch wirksam, sondern bedürfen auch magischer Absicherung, denn mit Hilfe des Kotes kann man zwar Böses bannen oder Krankheiten austreiben, genauso gut aber wider den Produzenten zaubern«. Im alten China, so zitiert Koenig eine einschlägige Publikation von 1973, gab es sogar »eine Abortgöttin namens San-ku«. Wer also künftig in ein mit einem Herzchen geschmücktes Örtchen eintritt, mag sich daran erinnern, welche kulturhistorischen Horizonte sich dort dem Wissenden auftun.

Nach der bei manchen heutigen Ärzten zu beobachtenden Methode »Viel hilft viel«, ist man offenbar auch schon in Zeiten vorgegangen, die von magischem Denken bestimmt waren. Koenig jedenfalls schreibt von »dem im Abwehrbereich oft begangenen Weg der Mehrfachanordnung eines Grundmotivs«. So kann man in ein vierblättriges Kleeblatt gleich vier Herzen oder acht Augenpaare hineinsehen. Überdies habe man gerne zu pflanzlichen Symbolen gegriffen, wenn man sich vor Ungemach schützen wollte, weil, wie man glaubte, eine Hexe diese Amulette in Pflanzenform nicht sogleich als solche erkennen würde. Das vierblättrige Kleeblatt gilt bis heute als »herziger« Glücksbringer.

Heilige Knochen

Wenn ein Mensch gestorben ist, bleiben seine Knochen noch lange Zeit erhalten. Kein Wunder, dass dies bereits in alter Zeit die Fantasie der Menschen angeregt hat. Im 2. Jahrhundert lässt sich im Christentum die bis heute andauernde Sitte nachweisen, die Knochen der »Heiligen« zu verehren. Auch hier hat man sehr viel ältere Vorstellungen übernommen. Die Menschen in Europa sind bereits in vorgeschichtlicher Zeit sehr sorgsam mit den Knochen ihrer Toten umgegangen. Wissenschaftler haben in den 70er Jahren des 20. Jahrhunderts zu ergründen versucht, was sich unsere Ahnen dabei gedacht – also wieder: welche Bilder sie sich dabei gemacht – haben könnten. Indem sie Märchen und prähistorische Bilder zueinander in Beziehung setzten, versuchten sie, auf die Denk- und Wahrnehmungsweisen derjenigen Menschen zu schließen, die diese Märchen zum ersten Mal erzählten. So untersuchte August Nitschke (*Soziale Ordnungen im Spiegel der Märchen*, problemata frommann-holzboog, 53, 1976) das Märchen *Von dem Machandelboom* der Gebrüder Grimm: Darin bringt die böse Stiefmutter den kleinen

Jungen ihres Mannes um. Sie hackt ihn in Stücke, kocht das Fleisch und bringt es dem Vater, der es nichts ahnend verzehrt. Die gute eigene Tochter der Kindsschlächterin, Marlene, sammelt die Knochen nach dem grausigen Mahl unter dem Tisch auf, wickelt sie in ein Tuch und legt sie unter den Machandelbaum (Wacholder). Von dort steigen Feuer und Rauch auf, und ein Vogel fliegt aus dem Feuer in die Lüfte. Als sich der Nebel lichtet, sind die Knochen verschwunden. Der Vogel singt überall sein (von den Gebrüdern Grimm plattdeutsch notiertes) Lied:

>»Mein Mutter, der mich schlacht, mein Vater, der mich aß.
>Mein Schwester, der Marlenichen, sucht alle meine Benichen,
>bind't sie in ein seiden Tuch, legts unter den Machandelbaum.
>Kywitt, kywitt, wat vörn schöön Vagel bün ik!«

Der Vogel lässt sich von den Nachbarn dafür beschenken, dass er ihnen seine Geschichte vorsingt. Mit den Gaben, die ihm zufallen, beschenkt er seinerseits Vater und Schwester. Auf die böse Schwiegermutter lässt er einen Mühlstein fallen, der diese erschlägt. Dann steigen wieder Feuer und Rauch auf, und an Stelle des Vogels erscheint der kleine Junge. Er nimmt Vater und Schwester bei der Hand und geht mit ihnen ins Haus zurück.

In dem Märchen verwandelt sich also ein ermordeter Mensch, dessen Knochen ›richtig‹ zusammengelegt worden sind, in einen Vogel. Der Vogel rächt die Untat und wird wieder zu dem – nun aber lebendigen – Menschen. Diese machtvolle Rolle des Tieres gegenüber dem Menschen zeigt sich in den Märchen verschiedener Kulturen. Sie ist für August Nitschke und andere Forscher der entscheidende Hinweis darauf, dass diese Märchen aus der letzten Eiszeit stammen; einer Zeit, als die Bilder in den Höhlen Spaniens und Südfrankreichs – so in Altamira und Lascaux – entstanden sind. Auch dort sind augenscheinlich mächtige Tiere allgegenwärtig, aber auch Menschen in Tierfellen oder mit Tiergeweih findet man. Damals herrschte offenbar die Vorstellung, Tiere aber auch Menschen könnten nach ihrem Tode wieder lebendig werden. Wichtig war allein, dass die Knochen noch vorhanden und zuvor besonders behandelt worden waren. Für eine solche Vorstellung spricht auch die Tatsache, dass an eiszeitlichen Bestattungsplätzen die Knochen eigens auseinander genommen und in der richtigen Form ins Grab gelegt worden sind. In unserem Märchen wurden die Knochen in ein Tuch eingewickelt und dann unter den Wacholder gelegt.

In den viel später entstandenen Sagen der alten Griechen ist ebenfalls wie im Märchen von dem Machandelboom davon die Rede, dass Menschen geschlachtet und verzehrt werden. Der sagenhafte König Tantalos hatte die Götter zu einem Essen eingeladen und gab ihnen das Beste, das er hatte. Er schlachtete sein eigenes Kind Pelops, ließ den Jungen in einem Kessel kochen und setzte ihn den Göttern vor – angeblich, um diese auf die Probe zu stellen. Sie hielten sich denn auch bei dem Mahl weise zurück. Die Göttin Rhea setzte später die Knochen wieder zusammen und ließ den Jungen lebendig aus dem Kessel auferstehen. Peinlicherweise hatte Demeter, die Göttin der Erde, ›geistesabwesend‹ zuvor bereits die Schulter des Pelops verzehrt. Daraufhin fertigten die Götter dem Knaben eine Schulter aus Elfenbein. Tantalos aber wurde mit »Tantalos-Qualen« bestraft: Unstillbarem Hunger und Durst. Immer kommt es also darauf an, dass die Knochen des Toten vollständig erhalten bleiben, damit er wieder lebendig werden kann.

Aus derselben Vorstellung heraus ist aber auch das Gegenteil wichtig: zu verhindern, dass die Knochen erhalten bleiben. Seit Urzeiten werden deshalb Knochen verbrannt. Die Hexe im Märchen von Hänsel und Gretel musste am Ende elendiglich im Backofen verbrennen. Und nicht nur im Märchen. In Deutschland wurden bis ins 19. Jahrhundert als »Hexen« identifizierte Frauen auf dem Scheiterhaufen verbrannt. Dieses Faktum, erklärt Herbert Freudenthal mit dem Bestreben, »dem Toten durch die Vernichtung seines Leibes eine Wiederkehr unmöglich zu machen.« Auch sollte dadurch bei den Hexen, ebenso wie im Christentum bei den »Ketzern« – Glaubensabweichlern –, »jedwede zauberische Nachwirkung« unterbunden werden (*Das Feuer im deutschen Glauben und Brauch*, Walter de Gruyter & Co., 1931). Umgekehrt wurde die im 19. Jahrhundert wieder aufkommende Feuerbestattung von den christlichen Kirchen, die diese als bewussten Widerspruch zum Auferstehungsglauben verstanden, ihren Gläubigen bis spät ins 20. Jahrhundert verboten.

Knochen werden auch heute noch in ungebrochener Tradition als lebenswichtig angesehen: Die frühen Christen feierten Gottesdienste über den Gräbern ihrer »Märtyrer«. Dabei setzte sich die Sitte durch, in jeden Altar ein *sepulcrum* einzusetzen, eine Grabkammer. In diese kamen die Reliquien, die heiligen Knochen. Man hatte nämlich die archaische Vorstellung übernommen, dass in den toten Knochen die Kraft des toten Heiligen stecke. Als Träger göttlicher Kräfte können sie deshalb Schutz gegen die Dämonen bieten, ja sogar Wunder bewirken. Die katholische Nachrichtenagentur *KNA* meldete am 22. 11. 2000, dass nunmehr die Reliquien der »seligen Gisela« (985 bis 1060 nach Christus) in der Parzkapelle im Passauer Kloster Niedernburg »wieder zur Verehrung zugänglich« seien. Jene Gisela, Tochter des bayerischen Herzogs Heinrich des Zänkers und seiner Frau Gisela von Burgund, heiratete den König Stephan von Ungarn, der später heilig gesprochen wurde. Beide bemühten sich um die Einbindung des Landes in die westliche Christenheit. Bald nach Stephans Tod trat Gisela in das Benediktinerkloster Niedernburg ein und starb als dessen Äbtissin. Nunmehr »zur frommen Verehrung« freigegeben sind der goldverzierte Schädel sowie »die Hauptgebeine der Seligen«. Soll heißen, die Knochen wurden zerteilt: 1996 hatte das Bistum Passau der ungarischen Kirche den rechten Oberarmknochen und zwei Knochen der Mittelhand als Reliquien vermacht. Das Bistum Regensburg erhielt die Elle des linken Armes der »Seligen«. Seit der Steinzeit hat sich im Umgang mit den Knochen also nur dies geändert: Anders als die »Benichen von Marlenichen« dürfen und müssen die Knochen der einstmals Frommen der großen Nachfrage wegen geteilt werden.

An vielen Beispielen lässt sich zeigen, dass die Interpretationsmuster der Frühgeschichte bis heute nachwirken, auch wenn sie noch so absonderlich erscheinen. Hans-Josef Klauck beschreibt dies in seinem Buch *Die religiöse Umwelt des Urchristentums* (Kohlhammer, 1995/96): Ein Schwerpunkt des antiken Vereinslebens bildeten Opferfeier und Gemeinschaftsmahl. Das heißt, zu Ehren eines Gottes haben die Teilnehmer fröhlich gefuttert und gebechert. Solche Vereine sind zum Beispiel in Athen bis ins 5. vorchristliche Jahrhundert nachweisbar. Es gab etwa einen Verein der Dionysosanhänger oder eine Gemeinschaft des Herkules. Zu Beginn der Mahlzeit wurde ein Trinkspruch auf den zu ehrenden Patron beziehungsweise die Gottheit gesprochen. Überdies wurde ein Tier als Vorbereitung zum gemeinsamen Mahl »geopfert«.

Historisch, besser gesagt prähistorisch gesehen, so Hans-Josef Klauck, stellte das Opfern eines Stieres »nichts anderes dar als ein ritualisiertes Schlachten, das als Überrest aus der vor- und frühgeschichtlichen Jägerzeit überkommen ist, mit einigen Modifikationen, die aus den Ackerkulturen stammen. Der Ritus des Opferns hat Entlastungsfunktion, er mildert die Schuldgefühle, die der Mensch beim Töten des Tieres empfindet.« Heute werden aus solchen Schuldgefühlen heraus Menschen zu Vegetariern.

Die Indianer im Nordwesten Amerikas haben – wie sich in ihren Märchen zeigt – die folgende Vorstellung entwickelt, um damit fertig zu werden, dass sie Büffel jagten, töteten und verzehrten: Die Büffel erlauben den Indianern danach, sich jagen zu lassen, so dass die Menschen sich vom Fleisch ernähren können. Sie fordern jedoch, dass ihre Knochen oder ihre Schädel bewahrt und verehrt werden müssen (August Nitschke).

Das ist nicht Psychologisierung im Nachhinein. Vielmehr hat das bereits in der Antike ein Zeitgenosse, der griechische Philosoph und Historiker Plutarch bemerkt. Er beschrieb seinerzeit, wie man trickreich die ›Zustimmung‹ der Rindviecher auf dem Wege zur Schlachtbank einholte: »Auch heute noch ist man sehr darauf bedacht, ein Tier nicht hinzuschlachten, bevor es nicht, mit einer Trankspende begossen, zustimmend nickt.«

Die ersten Christen versammelten sich nach eben diesem Vorbild zum gemeinsamen Mahl. Der Apostel Paulus schildert in einem Brief an die Korinther (1. Kor. 11, 23 – 25), was er selbst als Überlieferung charakterisiert, die er »empfangen« habe, und was bis heute die Einsetzungsworte des christlichen Abendmahls geblieben sind: »Der Herr Jesus, in der Nacht, da er verraten ward, nahm er das Brot, dankte und brach's und sprach: Das ist mein Leib, der für euch gegeben wird; das tut zu meinem Gedächtnis. Desgleichen nahm er auch den Kelch nach dem Mahl und sprach: Dieser Kelch ist der Neue Bund in meinem Blut; das tut, sooft ihr daraus trinkt, zu meinem Gedächtnis.«

Heiliges Blut

Burton L. Mack, Professor für Neues Testament am theologischen Forschungszentrum in Claremont (Kalifornien) kommentiert die Beschreibung des »letzten Abendmahls« Jesu in seinem Buch *Wer schrieb das Neue Testament?* so: »Jeder moderne Leser dieses Textes dürfte zunächst mit Erstaunen reagieren. Selbst nachdem man sich mit der grausigen Metaphorik und gequälten Logik des Christusmythos abgefunden hat, ist man kaum auf diese schockierende Darstellung Jesu vorbereitet, der ganz ruhig seine bevorstehende Opferung ankündigt. Und die Neutestamentler haben nicht viel dazu beigetragen, dem ganzen einen Sinn zu geben.« (Metaphorik und damit Metapher ist übrigens ein dem Griechischen entlehntes Wort, womit wörtlich das Weg- und Anderswohintragen gemeint ist.) Die Szene vom letzten Abendmahl gibt laut Mack als Geschichtsschreibung keinen Sinn. Sie setze voraus, dass man den Tod von Jesus als den eines Märtyrers verstanden habe, als das Symbol des Abendmahls aufkam. Für Mack ist klar, dass die nicht als historische Berichte zu verstehenden Abendmahlstexte im Brief an die Korinther auch »nicht als Regieanweisung für einen dramatischen Nachvollzug gedacht waren« (C. H. Beck, 2000).

Tatsächlich aber hat sich das Bild des Abendmahls verselbständigt und zweitausend Jahre lang für Kirchenspaltungen und Feindschaft unter den Christen gesorgt. Ich werde später noch einmal darauf eingehen, was das machtpolitisch bedeutet. Die Vorstellung, »ein Priester nehme beim Nachvollzug des ›letzten Abendmahls‹ den Platz Jesu ein, tauchte bis zu irgendeinem Zeitpunkt im 3. Jahrhundert nicht einmal in Ansätzen auf«, betont Mack. Erst der Bischof Caecilius Cyprianus von Karthago (geboren etwa um 210, enthauptet 258) hat die Idee formuliert, dass »in dem opfernden Handeln des Priesters das Opfer auf Golgatha nachgeahmt wird« (Kurt Dietrich Schmidt, *Grundriß der Kirchengeschichte*, Vandenhoeck & Ruprecht, 1990). Anno 1215 ist dann eine Fortentwicklung dieses Gedankens als *Transsubstantiationslehre* dogmatisiert worden: Brot und Wein werden beim Abendmahl durch den Priester in Leib und Blut Jesu umgewandelt; wobei man offensichtlich das Blut als einen besonderen Saft irgendwie neben dem Körper ansieht. Dieses Bild wiederum führte dazu, dass die Priester den Laien beim Abendmahl keinen Wein mehr einschenken, vielmehr diesen lieber selber trinken; er könnte ja sonst – als wahres Blut Jesu – wie auch immer verunreinigt werden.

Die seltsame Transsubstantiationslehre hat der deutsche Reformator Martin Luther abgelehnt. Stattdessen versuchte er es mit dem Bild der *Konsubstantiation*. »In, mit und unter« Brot und Wein, die Brot und Wein bleiben, verbinden sich Leib und Blut Christi mit dem Menschen; und zwar im Vertrauen auf die Einsetzungsworte, die Paulus, wie bereits erwähnt, notiert hat. Die Schweizer Reformatoren Ulrich Zwingli und Johann Calvin haben das Abendmahl dagegen mehr symbolisch verstanden: Zwingli vollends als sinnbildliche Handlung, Calvin als Ausdruck der Gnade Gottes, die allerdings auch nicht an das Abendmahl gebunden sei. Daraus hat sich vor allem im 16. Jahrhundert ein massiver Streit zwischen »Lutheranern« und »Reformierten« entwickelt, mit dem Ergebnis, das man die Kirchengemeinschaft auflöste und auch nicht bereit war, gemeinsam das Abendmahl zu nehmen. Das änderte sich erst 1973 bei den Protestanten in Europa.

»Wir lassen die Vorstellung, Fleisch zu essen und Blut zu trinken, endgültig hinter uns«, hieß es im Begleittext zum »Feierabendmahl« des Deutschen Evangelischen Kirchentags 2001 in Frankfurt, in einer neuen Deutung der seit 1979 praktizierten Variante des Abendmahls. Prompt verbot der katholische Bischof von Limburg, Franz Kamphaus, seinen Gläubigen die Teilnahme als Gäste der Evangelischen. Einer der Ratgeber des Bischofs, der Jesuit Werner Löser, begründete dies so: »Diese Form hat etwas Diffuses und ist von einer postmodernen Beliebigkeit geprägt.« Daraufhin distanzierten sich die Verantwortlichen des Kirchentags ihrerseits, noch bevor dieser begonnen hatte, eiligst von dieser Neuinterpretation des Abendmahls, die auf den Gedanken des Opfers verzichten wollte. Die alten Bilder müssen offenbar auf *Teufel komm raus* (um ein ganz altes Exorzisten-Bild zu verwenden) erhalten bleiben.

Heiliges Wasser

Voraussetzung dafür, Mitglied einer christlichen Kirche zu sein, ist bis heute die Taufe, ein Reinigungssymbol bereits im Judentum vorchristlicher Zeit, wenn man an Johannes den Täufer denkt. Man kann heute die Taufe so verstehen, dass man den Täufling der Gnade Gottes anvertraut. In frühchristlicher Zeit hat man sich dagegen komplizierte, gewissermaßen naturwissenschaftliche Bildkonstruktionen einfallen lassen, die in manchen Kirchen bis heute nachwirken – wiederum ein Beleg dafür, dass sich Bilder verselbständigen können.

Der Laien-Theologe Tertullianus (circa 150 bis 223), Schöpfer umfangreicher Traktate, stellte sich – wie das jahrhundertelang üblich war – Gott und auch den Heiligen Geist als aus allerfeinster Materie bestehend vor. Wenn das Taufwasser geweiht wurde, durchmischte sich, so nahm er an, der feinstoffliche Heilige Geist mit dem Wasser. Wenn nun der Täufling mit dem Taufwasser in Kontakt kommt – und nur dann – kann auch der Heilige Geist andocken. »Wird der Täufling nicht wirklich *körperlich* von dem Taufwasser berührt, etwa bei der Besprengungstaufe, die erlaubt ist, so ist die Taufe ungültig. Das ist noch heute in der katholischen Kirche so; die applicatio materiae ist ein unbedingt notwendiger Bestandteil des Sakraments« (Kurt Dietrich Schmidt).

Heiliges Holz

In den Gesteinsschichten aus Jura- und Kreidezeit (vor 190 bis vor 65 Millionen Jahren) finden sich Belemniten, kegelförmige Schalenspitzen, die Reste ausgestorbener Tintenfische. Natürlich haben die Menschen seit Urzeiten darüber nachgedacht, was es damit wohl auf sich habe. Es entwickelte sich die Vorstellung, dies seien mit dem Blitz auf die Erde fahrende Geschosse des Donnergottes, *Donnerkeile*. Als ›Donnerkeile‹ hat man aber auch versteinerte Seeigel oder prähistorische Steinbeile angesehen. Überall wo man solche Steinbeile fand, haben sich ähnliche Vorstellungen entwickelt, wie Herbert Freudenthal beschreibt. Freudenthal bekräftigt, dass »der Glaube an die himmlische Abkunft und zauberkräftige Wirkung der Steingeräte erst entstanden sein könne, als man sich ihrer nicht mehr bediente und sie bei gelegentlichen Funden als etwas Geheimnisvolles ansah.« Man glaubte also, der vom Blitz »sieben Klafter tief« in die Erde geschleuderte Donnerkeil steige bei jedem Gewitter ein bestimmtes Stück empor, bis er eines Tages, etwa beim Pflügen, ans Licht kommt, und nun, im Hause aufbewahrt, zur Blitzabwehr dient. Zum selben Zweck nagelte man auch ein Hufeisen an die Hauswand, das noch heute als Glücksbringer angesehen wird. Ein solches Hufeisen soll übrigens der Schöpfer der modernen Atomtheorie, der dänische Physiker Nils Bohr, Nobelpreisträger des Jahres 1922, zu Hause aufbewahrt haben. »Du glaubst daran?«, soll ihn einmal entsetzt ein aufgeklärter Kollege gefragt haben. »Natürlich nicht«, antwortete beschwichtigend der große Gelehrte, »aber ich habe gehört, es wirkt auch, wenn man nicht daran glaubt.«

Aberglauben kann, wie ich zu zeigen versuche, durchaus eine innere Logik besitzen. »Der Blitz fährt nicht zweimal in dasselbe Holz«, ist eine alte Weisheit. Und wenn man bedenkt, wie relativ selten ohnedies ein Blitzeinschlag ist, wird diese Erkenntnis aus Erfahrung gewonnen worden sein. Als Konsequenz daraus entstand, so Freudenthal, die weit verbreitete Sitte, Splitter oder verkohlte Reste eines vom Blitz getroffenen Hauses zu Hause aufzubewahren, als Schutzmittel gegen den (zweiten) Blitzschlag. In einigen Gegenden Deutschlands verfertigte man sogar ›Donnerkeile‹ aus Blitzholz und hielt diese gleichsam für doppelt wirksam.

Die Angst vor einer Feuersbrunst hat die Menschen seit Urzeiten sehr bizarre Vorstellungen entwickeln lassen, wie damit umzugehen sei. Dazu gehört nach Freudenthal die bis in die Neuzeit reichende Vorstellung, man müsse die Flammen füttern, damit sie nicht weiter ›gefräßig‹ um sich greifen. So stellte man bei einem Brand einen Backtrog auf oder fütterte die Flammen direkt mit Brot, warf auch Salz dazu ins Feuer. Freilich waren Lebensmittel zu wertvoll, um damit verschwenderisch umzugehen. Man hielt es deshalb für ausreichend, die Flammen mit den noch am Speiseteller klebenden Resten zu füttern, indem man bei einer Feuersbrunst diese Teller in die Glut warf.

Dies war nicht nur eine Vorstellung irgendwelcher Hinterwäldler. Die folgende Verordnung hat der Herzog Ernst August von Sachsen-Weimar am 24. 12. 1742 erlassen. Sie zeigt, in welcher Vorstellungswelt deutsche Herrscher noch fünfzig Jahre vor dem Ausbruch der französischen Revolution lebten:

> »*Von Gottes Gnaden wir Ernst August, Herzog zu Sachßen, Jülich, Cleve und Berg, auch Engern und Westphalen, Landgraf in Thüringen, Markgraf zu Meißen, gefürsteter Graf zu Henneberg, Graf zu der Marck und Ravensberg, Herr zu Ravenstein, der weyland Röm. Kayßerl. Mayt. würcklicher commandirender General von der Cavallerie und Obrister über zwey Regimenter zu Roß und Fuß; Fügen hiermit allen Unseren nachgesetzten Fürstl. Beamten, Adelichen, Gerichtshaltern und Räthen in Städten zu wissen, und ist denenselben vorhin schon bekannt, wasmaßen Wir aus Tragender Landesväterlicher Vorsorge alles, was nur zur Conßervation Unsrerer Lande und getreüen Unterthanen gereichen kann, sorgfältig vorkehren und verordnen.*
>
> *Wie nun durch Brandschaden viele in großes Armuth gerathen können; Dahero dergleichen Unglück zeitig zu steüren Wir in Gna-*

den befehlen, daß in einer jeden Stadt und Dorf verschiedene hölzerne Teller, worauf schon gegeßen gewesen, und mit der Figur und Buchstaben, wie der beygefügte Abriß besaget, des Freytags bey abnehmenden Monde Mittags zwischen 11. und 12. Uhr mit frischer Dinte und neüen Federn beschrieben, vorräthig seyn, sodann aber, wann eine Feüers-Brunst, wovor doch der große Gott hiesige Lande in Gnaden bewahren wolle! entstehen sollte, ein solcher nur bemeldtermaßen beschriebener Teller mit den Worten: In Nahmen Gottes! Ins Feuer geworfen, und wofern das Feuer dennoch weiter um sich greifen wollte, dreymahl solches wiederhohlet werden soll, dadurch dann die Gluth ohnfehlbar gedämpfet wird. Dergleichen Teller nun haben die regierende Bürgermeistern in denen Städten, auf dem Lande aber die Schultheiße und Gerichts-Schöppen in Verwahrung aufzubehalten und bey entstehender Noth, da Gott für sey, beschriebener maßen zu gebrauchen, hiernechst aber, weilen dieses jedem Bürger und Bauer zu wißen nicht nöthig ist, solches bey sich zu behalten. Hieran vollbringen dieselben Unsern resp. Gnädigsten Willen.

Geben in Unserer Reßidenz Weimar den 24. Decbr. 1742. (gez.) Ernst August Hzg.«

So ist aus der Vorstellung von Grenzen als Übergängen zwischen zwei Welten nicht anders als aus den Überlegungen, was es mit Feuer, Blitz und Donner auf sich habe, jeweils ein Bilderbogen entstanden, der ein Eigenleben entwickelt hat. Die Philosophie des »Konstruktivismus« geht übrigens davon aus, dass die Welt ein Ergebnis unserer Konstruktionen der Wirklichkeit ist. Danach sind nicht so sehr die objektiven Daten, sondern die subjektiven Reaktionen beim Empfänger der Daten entscheidend. Gewiss, an Hexen oder böse Geister am Scheideweg, die durch das christliche Kreuz erst gebannt werden müssen oder in der Silvesternacht durch Knaller verscheucht, glaubt in der aufgeklärten westlichen Welt kaum ein Mensch mehr. Das Hufeisen trägt man wie ein Herzchen oder ein vierblättriges Kleeblatt am Kettchen um den Hals, ohne groß darüber nachzudenken. So tragen wir viele Bilder mit uns herum, die einst eine große Kraft hatten und das Weltbild unserer Ahnen ausmachten. Die alten Symbole verschwinden nicht einfach, sondern sind als Randerscheinungen unseres Lebens weiterhin präsent. Offenbar entspricht dies unserer Natur. Junge Leute von heute sagen von bestimmten Filmen, die vielen von ihnen sehr wichtig sind, diese seien ›Kult‹ geworden; ›anbetungswürdig‹ könnte man das übersetzen. Darin schimmert noch eine Ahnung von der Transzendenz der Bilder selbst in einer profanen Welt.

Von Horoskopen und Außerirdischen

Die Macht der Bilder zeigt sich heute besonders in der Fernsehgeprägten Vorstellungswelt der jungen Generation. 85 Prozent von 1431 Kindern und Jugendlichen in Deutschland, welche die Zeitschrift *Eltern* im Frühsommer 2000 befragen ließ, glauben an »Außerirdische«. Jedes zweite Kind meint, dass diese Wesen schon einmal auf der Erde gewesen seien. Für eine 16 Jahre alte Gymnasiastin war klar, dass sich die Außerirdischen durch Küssen fortpflanzen. Zwar glaubt man nicht mehr an die Kindermärchen vom »Mann im Mond« – denn es hat sich herumgesprochen, dass es kein Leben auf dem Erdtrabanten gibt. Aber die Außerirdischen kennt man doch bereits aus dem Fernsehen.

In Westdeutschland glaubten 1991 28 Prozent der Menschen, dass das Sternzeichen, in dem sie geboren wurden, »wahrscheinlich Einfluss auf den Verlauf des Lebens« habe – 1998 waren es über 41 Prozent (in Ostdeutschland 1998 knapp 24 Prozent). Ein Horoskop für den Zeitungsleser erschien erstmals 1899 und zwar im *Sunday Express* in Großbritannien. Vor dem Ersten Weltkrieg kannte noch kaum ein Deutscher sein Tierkreiszeichen.

Immer wieder haben Wissenschaftler einen Einfluss der Gestirne auf den Menschen nachzuweisen versucht. Der französische Statistiker Michel Gauquelin war sich Ende der 50er Jahre des vorigen Jahrhunderts nach umfangreichen Untersuchungen der »Existenz einer Beziehung zwischen Mensch und Gestirnen« sicher (*Zeitschrift für Parapsychologie und Grenzgebiete der Psychologie*, Bd. I, Nr. 2/3, 1957/58). Inzwischen gelten die Studienergebnisse Gauquelins als statistisch nicht stichhaltig, ebenso wenig wie andere, spätere. Michel Gauquelin ersann freilich im Jahre 1979 noch ein anderes, überzeugenderes Experiment. Er inserierte damals in der Zeitschrift *Ici Paris* und bot eine kostenlose, angeblich persönliche astrologische Analyse an – schickte aber allen Interessenten das gleiche Horoskop – und zwar das des 1946 hingerichteten Massenmörders Marcel Petiot. 147 der 150 Teil-

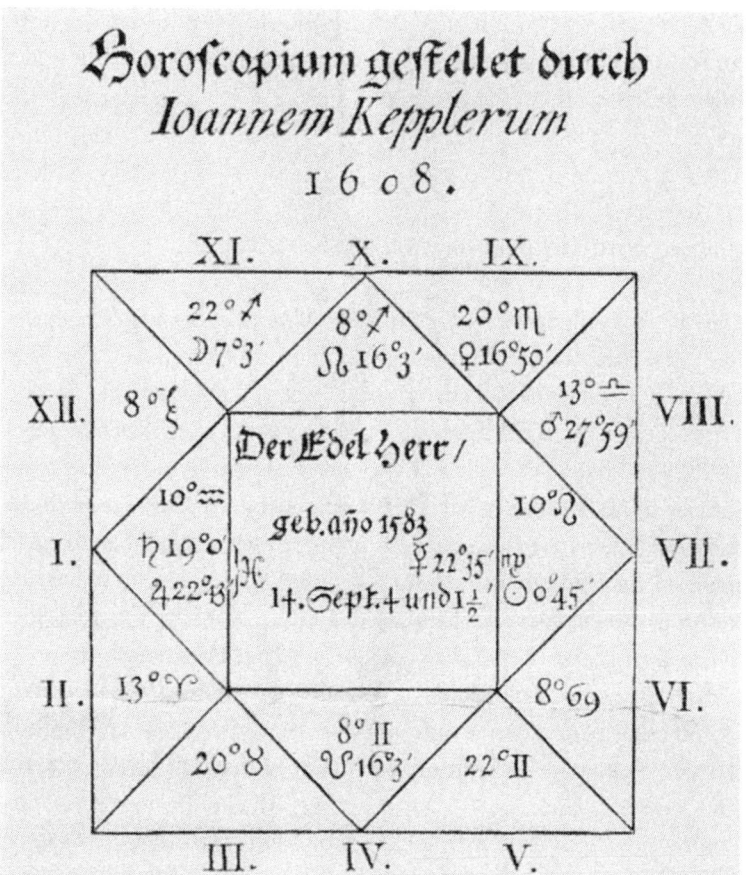

Dieses Horoskop erstellte Johannes Kepler 1608 für den kaiserlichen Feldherrn Albrecht von Wallenstein.

nehmer an dem Experiment fühlten sich in dem Horoskop in ihrer Persönlichkeit genau erkannt. Hanne Tüngel schilderte in einer *Geo*-Titelgeschichte (5, 2001) die Erfahrungen, die der WDR machte, als der das Experiment 1997 wiederholte: Als *Eclipse-Astro-Forschungsgruppe* getarnt, verschickte die Redaktion an über 200 Interessenten ein »persönliches Computer-Horoskop«: Drei Viertel der so Beschenkten fanden ihren Charakter »korrekt beschrieben«, 15 weitere Prozent fanden sogar: »Perfekt, es stimmt alles!« Doch welche Ironie! Es handelte sich in allen Fällen um das für den am 25.10.1879 um 18 Uhr in Hannover geborenen späteren Massenmörder Fritz Haarmann erstellte Horoskop. Ein Beispiel für die Kunst, sich Illusionen zu machen. Das Wort Illusion, Trugbild, kommt übrigens aus dem Lateinischen. *Illusio* bedeutet *Ironie*.

Ganz nebenbei lernt man hieraus auch etwas über den Stellenwert von Sekundärtugenden. Die Horoskop-Gläubigen fühlten sich nämlich auch von dem für Haarmann in besonderer Weise zutreffenden Satz angesprochen: »Sie arbeiten genau und gründlich und erledigen ihre Arbeit Stück für Stück.« Und man erfährt, wie leicht die subjektive Erfahrung von ›Stimmigkeit‹ zustande kommt. Das gilt nicht nur für Horoskope.

Die kosmische Dimension des Fußballspiels

Kalendergeschichten sind eine Fundgrube für die Logik des Aberglaubens. Scheinbar dreht sich die Sonne um die Erde. Dass es sich umgekehrt verhält, sich also die Erde um die Sonne dreht, hat der Astronom Nikolaus Kopernikus im 16. Jahrhundert erkannt. Aber der Augenschein erhält vielen Menschen immer noch das mittelalterliche Weltbild. Nach einer repräsentativen Umfrage des Instituts für Demoskopie in Allensbach unter 2150 Bundesbürgern glaubten im März 2000 elf Prozent der über 16 Jahre alten Deutschen, dass die Sonne sich um die Erde drehe, sechs Prozent gaben zu, es nicht genau zu wissen, nur 83 Prozent wussten es richtig. Die Erkenntnisse des Nikolaus Kopernikus haben sich, wie die Allensbacher Umfrage belegt, bei Männern und Frauen, Katholiken und Protestanten, im Norden und Süden der Republik bis zum Beginn des 21. Jahrhunderts erst unterschiedlich genau herumgesprochen. Der Meinung, dass die Sonne sich um die Erde drehe, oder zumindest unentschieden in dieser Sache waren 13 Prozent der Männer und 20 Prozent der Frauen, 16 Prozent der Protestanten und 19 Prozent der Katholiken, 12 Prozent der Berliner und 20 Prozent der Bayern.

Wie die genauen Bewegungen der Gestirne ablaufen, lässt sich nicht sehen, sondern nur indirekt erschließen. Und dann ist die Interpretation entscheidend. Die Menschen im alten Griechenland glaubten, der Himmel sei eine Kugelfläche (Sphäre), an der die Fixsterne befestigt seien, und die sich in 24 Stunden gleichmäßig um ihre Achse drehe. Die Sonne, der Mond und die Planeten waren ebenfalls an jeweils eigenen Sphären befestigt und bewegten sich mit diesen um die Erde.

Stellvertretend für die Götter mussten in Mexiko einst die Vorfahren der Fußballspieler von heute mit dem Ball die Sonne in ihrer Bahn halten und aus der Hüfte heraus ins Tor schießen (Montezuma forderte den Häuptling Nezupilli zu einem rituellen Ballspiel heraus).

Damals stand für die Menschen fest – und das galt auch noch für Nikolaus Kopernikus (1473 bis 1543): Die Gestirne rotieren auf Kreisen um die Erde.

Warum Kreisbahnen auf der »Himmelskugel«? Waren zuerst die Bilder da und dann die Beobachtungen, oder beides zusammen? Wir wissen es nicht. Sicher war für den Philosophen Plato (427 bis 348/7 vor Christus) die Kugel die vollkommenste Form. Kugel und Kreis entsprachen dem griechischen Verständnis von Einfachheit und Harmonie. Freilich sieht man auch mit eigenen Augen, wie sich die »Himmelskugel« dreht. Und so passte alles zusammen. Schwierigkeiten traten erst auf, als es galt, die scheinbaren Planetenbewegungen zu erklären.

Die mexikanischen Ureinwohner hatten einen Kalender eingeführt, der nicht wie die Systeme der Alten Welt die relativen Bewegungen von Sonne, Mond und Erde zueinander berücksichtigte. Vielmehr bezog sich der Kalender der Maya, den sie bereits mindestens 1500 Jahre vor unserer Zeitrechnung benutzten, auf die Bewegung der Venus um die Sonne mit einem Zyklus von 52 Jahren. Dieser Zyklus liegt auch dem aztekischen Kalender zugrunde.

Die Menschen im heutigen Mexiko hatten in präkolumbianischer Zeit große Angst vor dem womöglich katastrophalen Ende einer 52-Jahres-Periode, eines Weltzeitalters, wie sie das sahen. Um eine solche Katastrophe zu verhindern, ersannen sie ein Ritual. In abgewandelter Form entstand daraus das moderne Fußballspiel. Aber das Ballspiel der präkolumbianischen Menschen war für diese nun in der Tat keine Nebensächlichkeit, sondern die wichtigste Sache der Welt. Die Spieler waren nämlich dazu ausersehen, stellvertretend für die die Gestirne lenkenden Götter die Sonne in ihrer Bahn zu halten, indem sie den

Ball aus der Hüfte heraus – ohne Hände oder Füße zu gebrauchen – in Bewegung hielten. Wenn es gelang, den Ball durch einen über der Spielfläche angebrachten steinernen Ring – das Vorbild für unser Fußballtor – zu lenken, dann war dies das Zeichen dafür, dass die Gestirne nicht von ihrer vorgeschriebenen Bahn abweichen würden, das Ziel des Spiels war erreicht. Die Ballspieler standen im Dienst der Planeten-Kalender-Religion. Die Sitte, dass die Sieger-Mannschaft (manche Forscher meinen heute: die der Verlierer) anschließend geköpft und damit den Göttern geopfert wurde, hat man in der Bundesliga nicht übernommen, selbst wenn dort hie und da nach einem Spiel Kopflosigkeit zu beobachten ist.

Kurz-Schlüsse

In den Vorstellungen der Ureinwohner Mexikos steckt zweifellos eine ungeheuere Anmaßung: Vom Geschick der Ballspieler hängt es ab, ob Sonne und Venus sich weiter auf ihrer Bahn halten! Offensichtlich ist es immer wieder gelungen, den Ball durch den Ring zu schießen, denn Venus und Sonne bewegen sich immer noch nach alter Weise.

Das ist eine beliebte Art von Kurz-Schluss. Wir können Ähnliches bereits im Tierreich beobachten. Der US-Amerikaner Burrhus F. Skinner hat in den vierziger und fünfziger Jahren die bizarrsten menschlichen Rituale an Tauben und Ratten simuliert. Der in Villach / Kärnten geborene Psychotherapeut Paul Watzlawick beschreibt und deutet in seinem Bestseller *Wie wirklich ist die Wirklichkeit?* (Piper, 1976) entsprechende Experimente: Eine Ratte wird aus ihrem Käfig in einen etwa drei Meter langen und einen halben Meter breiten Raum gelassen, an dessen Ende ein Futternapf steht. Wenn die Ratte genau zehn Sekunden nach dem Öffnen des Käfigs vor dem Napf steht, fällt Futter hinein. Kommt sie zu früh oder zu spät, bleibt der Napf leer. Normalerweise braucht das Tier zwei Sekunden für die Strecke. Was immer nun die Ratte in der Zwischenzeit, zunächst ganz zufällig, anstellt – zum Beispiel eine Art Echternacher Springprozession auf den Napf zu oder eine bestimmte Anzahl von Pirouetten, die sie dreht – es wirkt selbstbestätigend und selbstverstärkend. Jedes Mal, wenn das Tier nach so verbrachter Zwischenzeit am Napf ankommt, füllt sich dieser. Für Paul

Watzlawick lässt sich »die frappierende Ähnlichkeit mit gewissen menschlichen Zwangshandlungen nicht übersehen, die auf dem Aberglauben beruhen, sie seien zur Beschwichtigung oder Günstigstimmung einer höheren Macht notwendig.«

Fußballspieler leben übrigens auch heute noch gefährlich, wenn sie dort auftreten, wo fromme Leute ihr Weltbild mit Gewalt durchsetzen. Die Taliban – moslemische Fundamentalisten – hatten nach ihrer Machtergreifung in Afghanistan unter Berufung auf den Islam Vorschriften erlassen, die zwar in erster Linie Frauen in Unmündigkeit und Abhängigkeit hielten; aber auch für Männer galten zum Beispiel besondere Kleidervorschriften. Sie durften nur Sport treiben, wenn sie auch in der sommerlichen Hitze die landesüblichen weiten Hosen und eine lange Tunika trugen.

Nun ergab es sich, dass eine Fußballmannschaft aus Pakistan zu einem Freundschaftsspiel nach Afghanistan reiste. Mitten im Finale eines Fußballturniers in der afghanischen Stadt Kandahar stürmte die Religionspolizei der Taliban das Feld, nahm die pakistanischen Spieler fest und scherte jedem eine Glatze, wie der Sprecher der Taliban, Maulvi Hamid Achund, am 17. Juli 2000 der Nachrichtenagentur AP berichtete. Dieser gastfreundliche Eingriff wurde damit begründet, dass die Fußballer »gegen die islamischen Kleidervorschriften« verstoßen hätten. Das ist zwar immer noch angenehmer, als geköpft zu werden wie im alten Mexiko, aber dennoch eine sehr archaische Sitte: Bereits im Alten Testament wird die Geschichte von Simson erzählt, der Israel von den Philistern befreite. Dummerweise verriet Simson seiner Geliebten Delila sein Geheimnis: »Es ist nie ein Schermesser auf mein Haupt gekommen; denn ich bin ein Geweihter Gottes von Mutterleib an. Wenn ich geschoren würde, so wiche meine Kraft von mir, so daß ich schwach würde und wie alle andern Menschen« (Richter 16, 17). Delila verriet das den Philistern, die Simson die »sieben Locken seines Hauptes« abschneiden und ihn damit überwältigen konnten. Archaische Bilder, heute ohne Bedeutung, wie man bereits hoffnungsfroh im Europa des 19. Jahrhunderts glaubte. Man hat ihre Macht unterschätzt und die intellektuelle Kraft der Aufklärung überschätzt.

Symbolische Handlungen – wie im fliegenden Ball den Sonnenlauf nachzubilden – waren auch in der Alten Welt selbstverständlich. Die alten Ägypter wollten unbedingt verhindern, dass tierische Schädlinge sich an die Verstorbenen und ihre Grabbeigaben machten. Dies stellte man im Bild so da, dass man Skorpione ohne Stachel zeichnete, geköpfte Wespen und Bienen oder vom Speer durchbohrte Würmer oder Larven. Um 3000 vor Christus erfanden die Ägypter die Hieroglyphen-Schrift. In der Denkweise dieser Menschen war das geschriebene Wort mit der vollzogenen Tat gleichzusetzen. Den Forschern Hermann und Anna Levinson vom Max-Planck-Institut für Verhaltensphysiologie im oberbayerischen Seewiesen verdanken wir die Beobachtung, dass die alten Ägypter statt der Schädlinge selbst oder wenigstens ihrer Bilder die entsprechenden Schrift-Zeichen für die Schädlinge, die Hieroglyphen, verstümmelten und dies als hilfreich ansahen. Geradezu rührend mutet uns heute an, dass die ägyptischen Priester selbst mit den Ameisen wie mit verständigen Menschen umgingen. Sie ermahnten die Schädlinge ernsthaft und schriftlich, sich nicht an den für die Menschen bestimmten Nahrungsvorräten gütlich zu tun.

Der Erbsenzähler von Brünn und seine Schüler

Auch Wissenschaftler machen sich Bilder. Und wenn sie nicht bemerken, dass es sich um Bilder handelt, entwickeln sie daraus eine Logik des Aberglaubens. Dies kann schreckliche Folgen haben. Im Jahre 1857 begann der Augustinermönch Johann »Gregor« Mendel (1822 bis 1884) im Klostergarten von Brünn Erbsen anzupflanzen. Er hatte zuvor Naturwissenschaften studiert, war aber dreimal durch die Prüfung für Gymnasiallehrer gefallen. Immerhin konnte er Realschullehrer werden. Erbsenzählen war buchstäblich sein Hobby. Acht Jahre lang kultivierte Mendel Erbsen. Was er entdeckte, war weltbewegend, auch wenn es zunächst nicht danach aussah: Wenn der Mönch sortenreine großwüchsige und zwergwüchsige Erbsen miteinander kreuzte, brachten sämtliche daraus entstehenden Samen großwüchsige Pflanzen hervor. Die Eigenschaft »Kleinwüchsigkeit« schien verschwunden. Wenn Mendel nun die Bastard-Pflanzen jeweils untereinander befruchtete, war auf einmal alles anders: Ein Viertel der Samen entwickelte sortenreine Zwergpflanzen, ein weiteres Viertel sortenreine großwüchsige Erbsen, und die Hälfte waren großwüchsige, nicht sortenreine Erbsenpflanzen. Der Mönch und spätere Abt von Brünn, ein Studienversager und eben mal bloß »Erbsenzähler«, hatte entdeckt, was wir heute die *mendelschen Gesetze der Vererbung* nennen. Seine Publikationen 1865 und 1869 blieben unbeachtet. Erst der niederländische Botaniker Hugo De Vries bemerkte im Jahre 1900, dass, was er selbst gerade als eigene Beobachtungen publizieren wollte, eine volle Generation vor ihm der Mönch in Brünn bereits beschrieben hatte.

Nun mag sich der Leser fragen, was das Ganze mit unserer Thematik zu tun hat. Kurz gesagt, von den Experimenten mit Erbsen eines Gregor Mendel in Brünn führte ein Weg zu jenen bestialischen Experimenten an menschlichen Zwillingen, die der Arzt Josef Mengele 80 Jahre später im Konzentrationslager Auschwitz vornahm. Eine ganze Generation von Wissenschaftlern hatte nämlich die Bilder verinnerlicht, die man im Erbsengarten sieht. Nach demselben Muster, wie man sich Tabellen machen kann, etwa von rot- und weißblühenden Erbsen, und was aus Kreuzungen daraus in den folgenden Generationen in weiß, rot und rosa heranwächst, wurden nun ganz andere Tabellen gefertigt. Zum Beispiel war auf der Internationalen Hygieneausstellung in Dresden anno 1911 das folgende Schema nach dem Vorbild der Erbsenzüchtung dargestellt: Die Tochter eines »Verbrechers« hat zwei Söhne, der eine wird ein normaler Pfarrer, der andere ein »Sonderling, tüchtiger Kaufmann, sehr eigensinnig«. Von dessen fünf Kindern ist ein Mädchen »normal«, zwei Jungen sind »geisteskrank«, ein anderer »sehr intelligent, Tyrann, Psychopath, hat es als Kaufmann weit gebracht, an der Grenze des Zuchthauses gestreift, jetzt dementia senilis«. Jener »normale« Pfarrer übrigens heiratete eine Frau mit »Defekt des Taktgefühls«. Von den acht aus dieser Ehe hervorgehenden Kindern wurde einem Jungen »moralische Idiotie« attestiert. Er heiratete prompt eine Frau, die als »sittlich zweifelhaft« beschrieben wurde. Deren Sohn wurde wiederum »moralische Idiotie« bescheinigt.

Man könnte heute darüber lachen, wenn es die Genetiker der ersten Hälfte des letzten Jahrhunderts nicht so blutig ernst gemeint hätten. Diese Herren Anthropologen oder »Rassenhygieniker«, wie sie sich nannten, wurden mächtige Leute. Sie wurden etwa Direktoren von Forschungsinstituten der Kaiser-Wilhelm-Gesellschaft, das war die Vorgängerinstitution der Max-Planck-Gesellschaft. Und sie konnten ihre Vorstellung ausleben. Die Vorstellung nämlich, die menschliche Rasse verhalte sich wie die Erbse, und es sei dasselbe, ob eine Blüte blau oder rot sei oder andererseits ein Mensch Trinker oder tuberkulosekrank

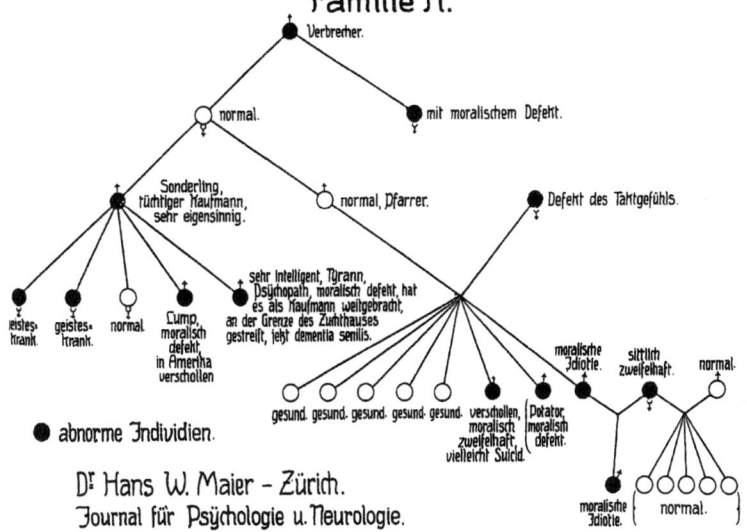

Von den abstrusen Vorstellungen der Rassenhygieniker – dokumentiert auf einer internationalen Hygieneausstellung 1911 in Dresden – führte ein direkter Weg in die Euthanasie.

oder schwarz oder blond. Das Erbsenbild entfaltete ein Eigenleben: Schlechte Anlagen kann und muss man ausrotten, wie die Zwergwüchsigkeit der Erbse, indem man die Träger solcher Anlagen mindestens sterilisiert, so dass sie sich nicht mehr vermehren können; am besten aber bringt man sie gleich um. Die Wahnvorstellungen der Biologie in der ersten Hälfte des 20. Jahrhunderts waren zunächst weltweit verbreitet. Spezifisch deutsch war dann die Idee von der »Höherwertigkeit« der »arischen« Rasse und der »Minderwertigkeit« aller anderen, vor allem aber der Juden.

Bleibt noch zu erwähnen, dass die wichtigsten dieser Wissenschaftler nach dem Zweiten Weltkrieg und dem Ende der NS-Herrschaft – zu deren ›wissenschaftlichen‹ Begründung sie so viel beigetragen hatten – ihre Arbeit fortsetzen konnten. Nur »Euthanasie« und das Vergasen der »minderwertigen Rassen« waren nicht mehr erlaubt. Am 7. Juni 2001 entschuldigte sich der Präsident der Max-Planck-Gesellschaft, Hubert Markl, in Berlin öffentlich bei den überlebenden Opfern für die Untaten von Wissenschaftlern der Kaiser-Wilhelm-Gesellschaft und auch dafür, dass es bis zu diesem Schuldbekenntnis so lange gedauert habe. Markl identifizierte dafür »mangelnden Willen mancher Mitwisser oder gar Mittäter innerhalb und außerhalb der Max-Planck-Gesellschaft, sich ihrer historischen Verantwortung zu stellen.«

III. Die ganze Welt ist eine Bühne

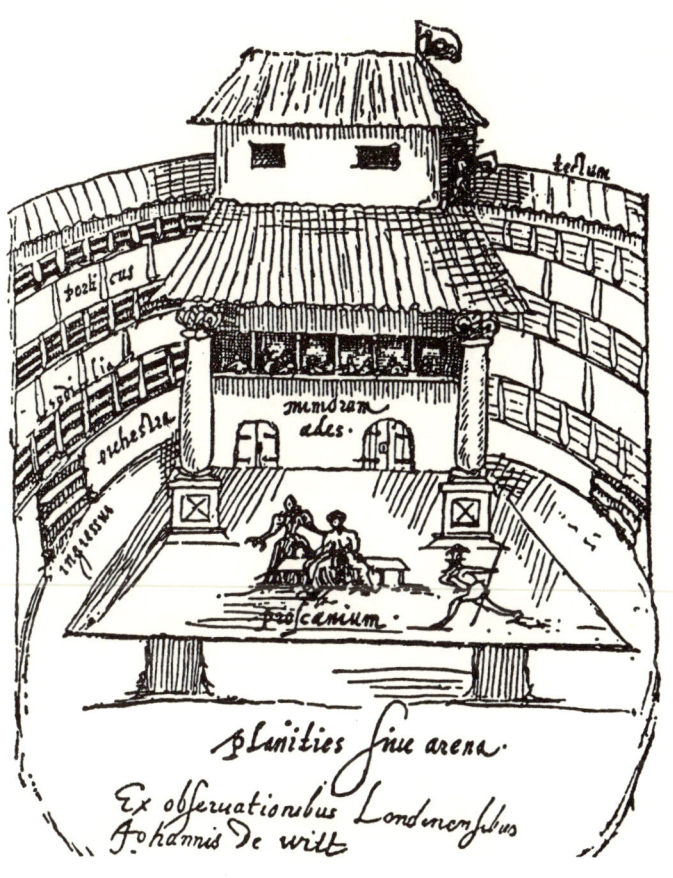

Nomen est omen

Der Name bedeutet etwas. Monogramme deutscher Kaiser des Mittelalters: Heinrich IV., Friedrich I. und Heinrich II. Urkunden galten damals als unterzeichnet, wenn der Kaiser die von seinen Schreibern begonnenen Zeichen durch bestimmte Striche ergänzt hatte.

Die Macht der Bilder drückt sich nicht nur im Aberglauben beziehungsweise, wie ich später zeigen werde, generell in Glaubensvorstellungen aus, sondern sie ist eine Erfahrung, die unseren Alltag bis hin zur Wahrnehmung der eigenen Person prägt.

Die biblische Schöpfungsgeschichte schildert, dass Gott die Tiere, die er gemacht hatte, dem von ihm gleichfalls geschaffenen ersten Menschen – Adam – brachte, »dass er sähe, wie er sie nennte; denn wie der Mensch jedes Tier nennen würde, so sollte es heißen.« (1. Mose 2, 19). Bereits im neunten vorchristlichen Jahrhundert hatten die alten Assyrer 407 Tiernamen in ihre Tontafeln (HAR-RA-HUBULLU) geritzt, wie Hermann und Anna Levinson vom Max-Planck-Institut für Verhaltensphysiologie berichten. »Sie kannten insgesamt 121 wirbellose Tierarten, wovon 33 Insekten waren, die sie in Schädlinge der Feldfrüchte sowie Schädlinge der gespeicherten Nahrungsmittel einteilten.« Nur was der Mensch benennen kann, existiert für ihn. Das Kleinkind beschreibt mit ganz wenigen Worten seine Welt; alles, was ist, ist ein »da« oder »da-da«. Langsam wird die Welt differenzierter, mehr und mehr Worte gehören zum kindlichen Weltbild.

Das vornehmste Recht des Entdeckers in der wissenschaftlichen Welt ist, der Entdeckung einen Namen zu geben – einem Kometen, einer Pflanze, einem Bakterium, was auch immer, der Entdecker darf es benennen. Ich kenne einen Forstpathologen, der von seinem Recht Gebrauch machte, die von ihm entdeckten mikroskopischen Pilze zu benennen. Neben den eigentlichen von ihm gewählten Namen setzte er zusätzlich ein L. – zu Ehren seiner Frau Lioba.

Wir versuchen, unsere Kinder nach unserem Bild zu formen, nicht nur indem wir sie bewusst erziehen. Das fängt bereits damit an, dass man dem Kind einen Namen gibt. Nomen est omen, der Name bedeutet etwas, bemerkte schon der römische Lustspieldichter Plautus (254 bis 184 vor Christus). Der Held seines Stückes *Bramarbas* gab ein neues Wort her für »Angeben«: *Bramarbasieren*. So werden sich die Eltern des späteren deutschen Großverlegers Springer etwas dabei gedacht haben, als sie ihren Sohn Axel *Cäsar* nannten; vielleicht spielte der Name in der Familie bereits eine Rolle, vermutlich erinnerten sie sich aber auch an jenes bis heute »geflügelte« Wort *veni, vidi, vici* (ich kam, sah und siegte) des römischen Feldherren und Staatsmannes Gajus Julius Cäsar in der Schlacht bei Zela, anno 47 vor Christus. Offensichtlich gestört müssen jene Eltern sein, die ihr Kind im Jahre 1999 »Störenfried« nennen wollten; ein Ansinnen, das das deutsche Standesamt, zum Glück für das Kind, nicht akzeptierte, wie die Gesellschaft für deutsche Sprache (GfdS) in Wiesbaden notierte.

Gestattet wurde als Vorname neben »Napoleon« auch »Waterloo«. Der Name jenes kleinen Ortes bei Brüssel in Belgien wurde zum Schicksal für den französischen Kaiser Napoleon I. Am 18. Juni 1815 wurde er in der Schlacht bei Waterloo von dem preußischen Generalfeldmarschall Gebhard Leberecht Blücher (»Marschall Vorwärts«) und dem britischen General Herzog Arthur Wellesley von Wellington vernichtend geschlagen. Seither ist »Waterloo« Synonym für eine Niederlage. Mit dem Namen wird ein Kind also als »Loser« ins Leben geschickt. Ob die Eltern das wussten?

Ein Paar in den USA wollte im Sommer 2001 den Namen seines dritten Kindes meistbietend an Firmen versteigern. Die Kleidung von Sportlern dient diesen schließlich auch als Werbefläche. Warum nicht gleich der Vorname? Der Vater, Jack Black, dachte an einen »Markennamen« wie *Microsoft* oder *Coke* für sein Kind. Mindestens 1,1 Millionen Mark wollte Mr. Black haben – und sich ein Haus dafür kaufen (*SZ*, 28./29. 7. 2001).

Den Leipziger Kulturwissenschaftlern Jürgen Gerhards und Ralf Hackenbroch (*FAZ*, 3. 12. 1997) verdanken wir den Nachweis, dass sich Säkularisierung, Globalisierung und Individualisierung an den Vornamen ablesen lassen. Die beiden Forscher analysierten das Geburtsregister des Standesamts in Gerolstein, westlich von Wiesbaden, im Zeitraum 1890 bis 1984. Säkularisierung, also Verweltlichung, heißt: Der Anteil der mit Bezug auf einen katholischen Heiligen vergebenen Namen fiel in hundert Jahren von 69 auf 28 Prozent. 1894 waren Johann, Mathias, Peter und Joseph die beliebtesten Vornamen – 1995

Daniel, David, Lukas und René; wobei zwar die ersten drei biblischen Ursprungs sind, aber aus ›weltlichen‹ Gründen vergeben werden.

Der Anteil der Namen aus nicht-christlichen und nicht-deutschen Kulturkreisen ist im selben Zeitraum von 20 Prozent auf über 60 gestiegen, was die Forscher Globalisierung nennen. Gleichzeitig wuchs die Vielfalt der möglichen Namen. Im 15. Jahrhundert hieß ein Drittel aller Männer mit Vornamen Johann, jeder Siebente hieß Heinrich und jeder zwölfte Wilhelm.

Dreimal hoch leben lassen durften Eltern aus Westfrankreich Anfang 1993 ihre damals sechs Monate alte Tochter. Nach höchstrichterlichem Urteil, gesprochen in La Rochelle, darf das Kind mit Vornamen *Maria Maria Maria* heißen. Begründung: Das Mädchen wog bei seiner Geburt 3,33 Kilogramm, hatte Kopf- und Brustumfang von jeweils 33 Zentimetern, war dreimal 17 Zentimeter groß, wurde im Département Gironde mit dem Autokennzeichen 33 geboren, und seine Mutter war damals 33 Jahre alt. Dreimal kurz gelacht!

Selbst der Begründer der Psychoanalyse, Sigmund Freud, war von der sich hier manifestierenden zwanghaften Neigung zu Zahlenspielen nicht frei. Er wollte seinen Todestag im Voraus wissen. »Mein eigener Aberglaube hat seine Quelle in unterdrücktem Ehrgeiz (Unsterblichkeit)«, analysierte er das Phänomen. Seit der Mensch zählen kann, sind Ziffern mehr als nur Rechengrößen. Die Tatsache, dass Zahlenverhältnisse hörbar sind (die Oktave entspricht der Verdoppelung einer Frequenz beziehungsweise entsteht, wenn der Finger des Musikers die Geigensaite genau in der Mitte niederdrückt), hat schon den griechischen Mathematiker Pythagoras vor zweieinhalb Jahrtausenden tief bewegt. Den Pythagoräern galten bestimmte Zahlen als heilig. Und noch zweitausend Jahre später sah der Astronom Johannes Kepler in der Dreidimensionalität der Welt ein Bild der Dreieinigkeit Gottes.

Wenn Eltern heutzutage ihren Kindern mit der Namensgebung keinen Tort antun, dann suchen sie nach Wohlklang und Gleichklang, aber auch das sind Modeerscheinungen. So hat Wilfried Seibicke von der Gesellschaft für deutsche Sprache festgestellt, dass die Namen mit den Endbuchstaben *ian* wie Christian, Maximilian, Florian gegen Ende des letzten Jahrtausends abgelöst wurden von as-Namen wie Lukas, Tobias, Jonas, Niklas. Ferner sieht der Namensforscher *J-* und *L*-Vorlieben: Jonas, Justus, Leon oder andererseits Laura, Lisa, Lea (*FAZ*, 20.2.1999).

Allerdings muss man sich hüten, Beobachtungen in westlichen Kulturen auf andere zu übertragen. Die neuseeländischen Ureinwohner, die Maori, nehmen sich die Freiheit, ihre Kinder »nach eigentlich allem« zu benennen, wie die Anthropologen Jane und James Ritchie beobachteten (*SZ*, 22. 2. 2001). Auf den Cook-Inseln fanden die beiden Forscher ebenfalls die völlige Beliebigkeit, zum Beispiel den Namen *Aka-taka-te-motoka*, zu Deutsch »Wirf-den-Motor-an«. Samoanische Eltern wiederum nannten ihr Kind, das auf dem Weg ins Krankenhaus im Taxi zur Welt kam, *Asoleaga*, »Schlechter Tag«. In der parlamentarischen Monarchie Samoa spielt, wie Jane und James Ritchie feststellten, die Länge des Namens eine entscheidende Rolle: Je länger, desto angesehener. Der Oppositionsführer des Inselreichs fing seine Karriere 1970 als *Tupuola Efi* an. Bis zum Jahre 2001 wurde daraus *Tuiatua Tuiaana Tupua Tamasese Efi*. Was das heißt, haben die Anthropologen nicht verraten. Wohl aber erklären sie eine andere samoanische Namensgebung: *Papa Mama Pokino*, auf Deutsch »Papa und Mama hatten eine schlechte Nacht«, was andeuten soll, dass es eine schwere Geburt war.

Aus Opportunismus oder Verehrung des »Führers« ist einst, als die braunen Horden sich zu formieren begannen, der Name Adolf in Mode gekommen, wie der Münchner Historiker Michael Wolffsohn analysierte (*Die Welt*, 20. 3. 1999). Münchner Eltern nannten danach 1932 etwa 0,5 Prozent ihrer Buben Adolf, 1933 etwas mehr als zwei, 1934 knapp 2,5 Prozent. Die Beliebtheit des Namens hielt sich bis zum Kriegsausbruch 1939 bei 1,2 Prozent – dann ging es auch damit abwärts. In Bayern, aber auch in Südtirol, fanden sich übrigens in der Zeit des Nationalsozialismus mehr Adolfs als in Berlin. Weil Adolf Hitler auch das mit seinem Namen verbundene Bild in seiner Einzigartigkeit erhalten wollte, ließ er in einem Runderlass vom 3. Juli 1933 die deutschen Standesbeamten anweisen, Hitler als Vornamen wie auch in der weiblichen Form Hitlerine oder Hitlerike abzulehnen. Mittlerweile weist die Rechtschreibhilfe moderner Computersysteme den Autor sofort darauf hin, dass mit Namen wie Hitlerine oder Hitlerike irgendetwas nicht stimmen kann.

Gerichte können heutzutage nur in Maßen eingreifen, wenn Eltern im Begriff stehen, ihrem Kinde Übles anzutun. Das Oberlandesgericht Düsseldorf (*FAZ*, 24. 11. 1998) begrenzte die Zahl der Vornamen für ein Kind auf die folgenden fünf: Chenekwashow Tecumseh Migiskau

Ernesto Kioma. Abgelehnt wurden die weiteren Namen für dasselbe Kind: Nikapi-Hun-Nizeo Alessandro Majim Chayara Prithibi Pathar Inti Hendriko. Die Mutter wollte mit so vielen Vornamen ausdrücken, dass es keine Grenzen im Herzen der Menschen geben solle. Das Gericht hatte die grenzenlose Rücksichtslosigkeit, mit Rücksicht auf das wehrlose Kind solche Ideologie ein wenig einzugrenzen.

Bereits das bloße Hören eines Namens weckt Assoziationen. Der Psychologe Udo Rudolph ließ an der Universität München Ende der neunziger Jahre Versuchspersonen 80 Vornamen danach beurteilen, für wie alt, attraktiv und intelligent sie den jeweiligen Namensträger hielten. 18- bis 28-Jährige fanden die Menschen mit den Modenamen ihrer Generation: Laura, Julia, Lukas und Sebastian grundsätzlich attraktiver, jünger und intelligenter als Klaus und Robert, Uta und Lydia – beliebte Namen von 1958. Die über 55-Jährigen schätzten das eher umgekehrt ein. Ein Stereotyp also, man geht eben mit der Mode; und da galten zum Zeitpunkt der Befragung Personen mit Namen wie Dieter und besonders Erwin als ausgesprochen unintelligent. Für Udo Rudolph ist das kein Vorurteil, sondern ein Ergebnis von Erfahrungen: »Erwin heißt nun mal tatsächlich eher ein Malocher aus dem Kohlenpott als der Sohn einer Münchner Opernsängerin« (*Die Woche*, 2.1.1998). Freilich – so die Erkenntnis des Duisburger Sozialpsychologen Manfred Hassebrauck: »Sobald man die dazugehörige Person sieht, zählt nur noch das Aussehen.«

Auch Familiennamen können ein Schicksal sein, allein weil sie Assoziationen wecken, andere Bilder damit verknüpft werden. Viele Kinder haben darunter zu leiden. Wenn man zum Beispiel Joseph Schoiswohl heißt, lässt sich das womöglich mit der Berufsbezeichnung oder einer mit dem Beruf traditionell verbundenen Anrede wie »Hochwürden« ausgleichen. Bischof Schoiswohl (1901 bis 1991) amtierte fünfzehn Jahre lang in Graz. Die Alternative, zu heiraten und den Namen der Ehefrau anzunehmen, ist für katholische Priester bis heute nur ein Wunschtraum.

Am 17. Juli 2000 meldete die Nachrichtenagentur dpa: »Fabrizio Spaghetti (38) aus Bologna hat kein Glück mit Nudeln. Spaghetti wurde ausgerechnet beim Einbruch in ein Tortellini-Fachgeschäft ertappt.«

Genialerweise haben Mönche, die im frühen Mittelalter die Menschen in Niederdeutschland missionierten, für Jesus Christus einen neuen Namen gefunden. Aus dem kirchenlateinischen *Salvator*, heute in Süddeutschland zur Biermarke verfremdet, wurde der Heiland, angelsächsisch Heliand. Für die Germanen war heil ein dringend notwendiger persönlicher Besitz, schreibt Klaus Schulte (*Von frommen Wörtern und frühen Göttern*, Quell Verlag, 1993). »Die Bauern brauchten heil, wenn sie gute Ernten einbringen wollten, die Fischer und Jäger brauchten es, um Beute zu machen. Das stärkste heil benötigte der König: ›Königsheil‹ entschied nicht nur über Sieg und Niederlage, es entschied auch über Erfolg und Misserfolg in der Politik, über Machtzuwachs oder Untergang des Stammes.« Am Königsheil konnte man teilhaben, wenn man sich dem Herrscher in Treue verpflichtete. Heil hatte mit Gesundheit zu tun, mit Glück, mit Ganz-Sein. Und eben dieses Attribut wurde Jesus zugeschrieben: Der *Heliand*, ein um 830 in altsächsischer Sprache verfasstes Epos, schildert eine Zusammenfassung der Evangelien in Form eines Stabreim-Gedichtes. Dabei wurde die Bilderwelt der Germanen adaptiert. Jesus wurde zum Gefolgsherren, seine Jünger wurden zu Mannen, die Hirten auf dem Felde aus der Weihnachtsgeschichte zu Rossknechten, die Versammlung der die Bergpredigt Hörenden zum Thing. »Das alles ist Bühnenbild«, schreibt Schulte, »Staffage für ›Nordlichter‹, die noch stärker in ihren eigenen Traditionen lebten als die Stämme des Südens und Westens, die, wenn nicht mit dem Christentum, so doch mit römischer Zivilisation schon lange Berührung hatten.« Dieses Bühnenbild wird jetzt nicht mehr benötigt. Der Name Heiland allerdings hat sich, wie man weiß, bis heute erhalten.

Zu den Moden unserer Zeit, die Konsequenzen haben, gehört auch dies: Menschen heiraten zumindest in den USA häufiger einen Partner, dessen Vorname mit demselben Buchstaben beginnt wie ihr eigener. Und natürlich sind die Namen populärer Schauspieler oder Sängerinnen sowie ihrer Lieder besonders beliebt: Der ehemalige US-Präsident Bill Clinton und seine Frau Hillary nannten ihre Tochter Chelsea nach dem in den siebziger Jahren populären Song »Chelsea Morning«. Der Titel des Schlagers bezieht sich auf eine amerikanische Kleinstadt. Im US-Bundesstaat Michigan liegt das Örtchen Chelsea (es gibt noch zwei weitere so genannte Ortschaften in den USA, sowie auch ein Viertel dieses Namens in Manhattan, New York) etwas nördlich der etwas größeren Ortschaft Clinton.

Dass heute der Name Lukas in Deutschland so populär ist, hat nicht mit dem Evangelisten zu tun, wohl aber vermutlich damit, dass die Elterngeneration der Jahrtausendwende sich in ihrer Jugend für Michael

Endes fantastische Erzählung »Jim Knopf und Lukas der Lokomotivführer« begeisterte (erstmals 1960 erschienen), und sich nun an Lukas erinnert, den beliebtesten Namen des Jahres 1999 und dritthäufigsten anno 2000.

Alles Theater

Mit der Namensgebung beginnt es, aber dabei bleibt es natürlich nicht. Die Mutter oder der Vater definieren sich – und manchmal damit auch schon ihren Sprössling – nach ihren Sehnsüchten: Tapfer, sportlich, verschmust ... Und das Kind selbst bekommt so ein Bild von sich, indem es das der Eltern übernimmt oder sich zumindest daran misst. Es gilt ganz allgemein: Im Familien-, im Freundeskreis, in der Schule, im Studium, im Beruf ›gibt‹ man sich, stilisiert sich – etwa in den Erzählungen von den Taten, die man begangen hat. Dies geschieht so ein Leben lang. Man will irgendwie in seinen Worten oder Taten auf ewig unvergessen bleiben. Ein Wissenschaftler ist glücklich, wenn er mit einer Fußnote in die Geschichtsbücher eingeht. Und das Motiv für so manchen schweißtreibenden Rekordversuch eines Sportlers ist ebenfalls das, in die Geschichte einzugehen. Nichts anderes treibt all jene, die mit allerlei Blödsinn erhoffen, irgendwann im *Guinness-Buch der Rekorde* zu stehen. Die Motive von Publizisten oder von Politikern, die an ihrem Bild für die Nachwelt arbeiten, sind die gleichen. Es ist ja auch etwas traurig, wenn der Nachruf ausreicht: »Die Lücke, die er hinterlässt, ersetzt ihn vollständig.« Nicht um Sachverhalte geht es, sondern um Bilder und die Kunst, Illusionen zu schaffen.

Jeder erfindet sich irgendwann »eine Geschichte, die er für sein Leben hält«, sagt der Schweizer Dichter Max Frisch (Brigitte Kronauer, *FAZ*, 19.8.2000). Das gilt besonders für Personen des öffentlichen Lebens, Medien-Stars. Noch im Versagen ist es wichtig, selbst das Bild zu bestimmen, die Interpretation zu geben, zum Beispiel für den Politiker am Wahlabend. »Nicht nur im Theater wissen wir, dass Sprache, dass Gesten Wirklichkeiten schaffen«, sagt Klaus Bachler, Direktor des Wiener Burgtheaters (*SZ*, 4.2.2000). Vor vierhundert Jahren hat das William Shakespeare so beschrieben (*Wie es Euch gefällt*, 2. Aufzug, 7. Auftritt):

> *Die ganze Welt ist Bühne,*
> *Und alle Fraun und Männer bloße Spieler,*
> *Sie treten auf und gehen wieder ab,*
> *Und jeder spielt im Leben viele Rollen.*

Diesen Gedanken hat der US-amerikanische Wissenschaftler E. Goffman 1959 in seinem Buch *The presentation of self in everyday life* aufgegriffen und radikalisiert. Goffman meint, der Mensch sei die Summe seiner zahlreichen Aufführungen. Er sei nichts anderes als das Bild, das er von sich gibt – sich selbst und anderen gegenüber. William Shakespeare hätte diese Zuspitzung wohl gefallen.

Nach Goffman betreten wir als »selbst«-lose Wesen die Szene, und erst in der Interaktion mit anderen entsteht unser (öffentliches) Selbst. »Selbst-Darstellung« verstehen die Psychologen als das Bemühen, anderen Menschen ein bestimmtes Bild der eigenen Person zu vermitteln.

Psychologen in Deutschland haben die Grundidee von Goffman übernommen, befassten sich dabei aber verstärkt mit dem von Goffman vernachlässigten privaten Selbst. Die *Deutsche Forschungsgemeinschaft* förderte in den letzten fünf Jahren (1997 bis 2001) als ein wissenschaftliches Schwerpunktprogramm das Projekt *Theatralität und Persönlichkeit*; ein psychologisches Forschungsprojekt an der Universität Bamberg.

Um die Menschen auf der Bühne ihres Lebens besser zu verstehen, ist eine Typisierung der Akteure auf den »Brettern, die die Welt bedeuten« hilfreich. Der *Charakterschauspieler* bleibt trotz Maske in den unterschiedlichen Rollen immer als Person spürbar. Der *Verwandlungskünstler* dagegen kann sich vollkommen unterschiedlich darstellen. Seine Person verschwindet völlig hinter der jeweiligen Figur, die er spielt.

Die Gruppe um Lothar Laux experimentierte mit einem exzellenten ›Schauspieler‹, der sich in der Rolle des Entertainers – als Trainer für Führungskräfte – vor Publikum einen hohen Ruf erworben hatte. Tim Tusch nennen sie ihn in ihren Publikationen. Tim Tuschs Vorträge »sind nicht nur dramaturgisch gut inszeniert, sondern auch unterhaltsam präsentiert.« Und vor allem wirkt Tusch höchst glaubhaft. Er ist ein großartiger Verwandlungskünstler. Doch genau bei diesem geht etwas völlig schief. Tim Tusch sollte sich in verschiedenen simulierten Bewerbungssituationen, zum Beispiel bei der Bewerbung um eine Mietwohnung, »beliebt machen« oder »vorbildlich verhalten« oder »als kompetent darstellen«. Videoaufnahmen dieser Rollenspiele sollten dann von anderen bewertet werden. Und hier nun fiel Tim Tusch durch. Was als Präsentation im Vortrag besonders gut ankommt, wird ihm hier zum Verhängnis: Er solle »weniger labern, weniger schleimen, sich nicht so sehr loben«, gaben die Betrachter der Videoaufnahmen ihm mit auf den Weg. Fazit der Psychologen: Eine wirkungsvolle Selbstdarstellung kann unter bestimmten Bedingungen in eine misslungene Selbstinszenierung umkippen. Wer wir sind und welches Bild wir anderen (und auch uns selbst) von uns machen – ist eben doch nicht ein und dasselbe. Hier zeigen sich übrigens auch die Grenzen der politischen ›Selbstdarsteller‹ auf der Bühne der Medien.

Der Gegentypus zu einem Tim Tusch agiert nicht situationsangepasst, sondern ›mit Charakter‹, seinen Prinzipien entsprechend. Ein solcher Mensch benötigt, wie die Bamberger Forscher feststellten, »nur eine Kümmerform der Selbstdarstellungskompetenz«. Doch auch Menschen dieses Typs geht es, wie Laux und Kollegen beobachteten, um »Theatralik«; nämlich darum, »sich so darzustellen, wie sie sich selber sehen«. Bei dieser »Selbstinterpretation« handele es sich also in Wahrheit »ebenfalls um einen dramaturgischen Vorgang«. Dabei erinnert Laux an eine alte Psychologen-Weisheit, wonach selbst »das Echte theatralischer Hilfen bedarf, um zur Geltung zu kommen.«

Auch in der Wissenschaft galt im Grunde niemals, was Goethes Dr. Faustus seinen Famulus Wagner lehrte: »Es trägt Verstand und rechter Sinn mit wenig Kunst sich selber vor.« Vielmehr gehörte auch hier schon immer das Klappern zum Handwerk. Ein Konrad Lorenz zum Beispiel *redete mit dem Vieh, den Vögeln und den Fischen* (dtv). Und weil er das so fantastisch gut konnte, erreichte er in den sechziger und siebziger Jahren des 20. Jahrhunderts durch seine Bücher eine ungeahnte Popularität. Sehr viele junge Leute wollten »Verhaltensforscher« werden wie der spätere Nobelpreisträger, der sich so perfekt zu inszenieren wusste. Übrigens nicht nur in seinen Büchern, sondern auch in seinem Outfit, mit grauer Mähne. Er hat sie im Tierreich als das männliche »Altersprachtkleid« beschrieben. Ein Körpermerkmal, das der Verhaltensforscher selbst mit dem Physiker Albert Einstein teilte: Auch dieser ein Meister der populären Darstellung seines schwierigen Fachgebietes. Natürlich sagt Popularität eines Forschers unter seinen Zeitgenossen nichts darüber aus, welchen Wert dessen wissenschaftliche Tätigkeit hat oder gar behält.

Die Psychologin Astrid Schütz, Professorin für Differentielle Psychologie an der Technischen Universität Chemnitz, hat das Problem der Selbstdarstellung unter einem anderen Aspekt untersucht: Was hat Selbstdarstellung mit dem Selbstwertgefühl zu tun? (*Psychologie des Selbstwertgefühls*, Kohlhammer, 2000). Menschen mit relativ niedrigem Selbstwertgefühl bemühen sich danach in ihren Inszenierungen vor allem darum, Missbilligung oder Blamage zu vermeiden. Personen mit hohem Selbstwertgefühl versuchen dagegen, positive Eindrücke zu hinterlassen, selbst wenn sie dadurch riskieren, Kritik auf sich zu ziehen oder sich zu blamieren.

Astrid Schütz hat auch beobachtet, dass unterschiedliche Selbstdarstellungsziele sich gegenseitig ausschließen. Wer sich gerne als Kritiker präsentiert, hat die größere Chance, als kompetent, die weniger große, als sympathisch eingeschätzt zu werden. Wer sich gerne über alles positiv äußert, gewinnt dagegen zwar leichter Sympathien. Er erwirbt aber ebenso leicht den Ruf der Inkompetenz. Zum Beispiel, wenn er jeden Wein lobt. Und auch darin unterscheiden sich Menschen mit unterschiedlichem Selbstwertgefühl: Personen, bei denen das Gefühl für den eigenen Selbstwert schwach entwickelt ist, sind doch sehr häufig stolz auf ihre sozialen beziehungsweise altruistischen Verhaltensweisen; ihre Bemühungen also, Sympathien zu gewinnen. Unterschiede zwischen den Geschlechtern hat Astrid Schütz ebenfalls identifiziert: Männer fühlen sich, kaum abhängig von ihrem Selbstwertgefühl, generell leicht von ihren Partnerinnen nicht verstanden und leiden darunter. Frauen dagegen empfinden sich von den Männern eher leicht abgewertet; vor allem, wenn sie selbst ein niedriges Selbstwertgefühl haben, aber auch deutlich bei hohem eigenen Selbstwertgefühl. Unverstanden fühlen sich die Frauen eher weniger, allenfalls noch, wenn sie ein hohes Selbstwertgefühl haben. Abgewertet durch die Partnerin dagegen erfahren sich die Männer kaum, am ehesten noch, wenn sie selbst ein geringes Selbstwertgefühl haben. Auch leiden Männer mehr als Frauen unter ungerechter Kritik des Partners.

Manche Menschen haben ein besonders großartiges und mit der Realität nicht übereinstimmendes Bild von sich. Diesen Typus kannte bereits die Antike. Die Griechen haben das in Form einer Sage dargestellt. Narkissos hat, so lautet die Geschichte, sein Spiegelbild erstmals im Alter von 15 Jahren erblickt, und zwar im Wasser, als er sich über eine Quelle neigte. Dies soll in der Gegend von Thespiai in Böotien passiert sein, wo Eros, der Gott der Liebe, besonders verehrt wurde. Narkissos verliebte sich in sein Spiegelbild und verschmachtete oder tötete sich aus unerfüllter Liebe. Er wurde daraufhin in eine Blume verwandelt, die duftende Narzisse. Daher kommt auch das Wort *narke* (Betäubung) und davon abgeleitet die *Narkose*. Die Psychologen nennen einen extrem selbstverliebten Menschen Narziss. Die narzisstische Störung ist nach den Beobachtungen der Sozialpsychologen nicht auf einzelne Menschen beschränkt. So zitiert zum Beispiel Astrid Schütz US-amerikanische Forscher, welche die USA als narzisstische Gesellschaft charakterisieren. In dem Zusammenhang ist interessant, dass es für US-Forscher den Begriff »narzisstische Persönlichkeitsstörung« nicht gibt, weshalb er auch nicht in die weltweit gültige Liste *International Classification of Diseases* (ICD) als psychische Störung aufgenommen wurde. Deutsche Psychotherapeuten müssen dieses Phänomen für die Abrechnung mit den Krankenkassen daher unter »sonstige Störungen« verbuchen.

Wie man sein Leben zurecht erzählt

Die ganze Welt ist Bühne – um nochmals Shakespeare zu zitieren. Wir können ein ehrlicheres Bild von uns bekommen, wenn wir das ganze Ausmaß unserer Selbstinszenierungen erkennen. Mit dem Theater beginnen wir nämlich bereits in der Kindheit. Kinder auf dem Schulweg – etwa in der Bahn – entwickeln ihre Weise der Kommunikation. Da werden nicht nur Fakten ausgetauscht, sondern – vor allem wenn man in einer Gruppe zusammen ist – Geschichten erzählt. Wer erzählen kann, kommt an in der Gruppe – in jedem Alter.

Die Geschichten haben eine bestimmte Struktur. Sie sind so aufgebaut, dass der Erzähler jeweils auf einen emotionalen Höhepunkt zusteuert – erkennbar an der Reaktion der Gruppe: Sie lacht oder drückt ihr Mitgefühl aus, indem sie zusammen mit dem Erzähler »unerhört« findet, wie sich zum Beispiel der Lehrer gerade verhalten hat. Oder man erkennt an, dass der Erzähler, also der Held seiner Geschichtchen, »echt cool«, also überlegen geblieben ist.

»Nicht das Leben selbst erzwingt eine bestimmte Darstellungsweise, sondern die gewählte Form bestimmt darüber, wie wir Ereignisse und

Erfahrungen bewerten«, heißt es in einer Analyse von *Psychologie heute* (März 2000). Chefredakteur Heiko Ernst fasst das Wissen seiner Zunft in der Schlagzeile zusammen: »Unsere Lebensgeschichte ist eine Konstruktion«. Dabei unterscheiden sich die Erzählweisen altersbedingt, wenn Menschen ihre jeweilige Biographie darstellen.

Die Zwanzigjährigen sehen ihr Leben etwa so: Nach glücklichen Kindheitsjahren folgt eine Zeit der Probleme und Krisen, die Pubertät. Danach fangen sich die jungen Leute wieder, die Turbulenzen der Adoleszenz werden gemeistert, und der Lebenspfeil weist nach oben in eine bessere Zukunft. Ganz anders sehen die Senioren – wieder im Durchschnitt eines Testkollektivs – ihr Leben: Die Lebenskurve gleicht einem Regenbogen. Schwierige Kindheits- und Jugendjahre, gefolgt von einem erfolgreichen und relativ glücklichen erwachsenen Leben. Doch etwa ab 60 fällt die Kurve wieder ab. Das Alter wird übereinstimmend als Regressionskurve gezeichnet. Dabei weisen die Forscher selbst darauf hin, dass die Aussage »Alter bedeutet Abstieg« einem der westlichen Kultur entspringenden Klischee entspricht. In fernöstlichen Ländern wie China sieht man das völlig anders. Ebenso typisch für die westliche Welt ist das Bild der »vorwärts und aufwärts stürmenden Jugend«.

Vielleicht kann man sagen: Wir sind, woran wir uns erinnern können. Wir formen aus Erinnerungen unser Selbstbild, und das ist ein sich permanent wandelndes Konstrukt; nicht wahr oder unwahr, sondern eine Lebens-›Geschichte‹. Sie verändert sich, was auch eine Anpassungsleistung an die sich verändernde Umwelt darstellt. Aber sie dient ebenfalls dazu, dass wir unser Gesicht wahren können, auch vor uns selbst. Und indem wir unsere Lebensgeschichte erzählen, erklären, rechtfertigen, entschuldigen wir unser Verhalten in der Vergangenheit – und, so Heiko Ernst – begründen und rechtfertigen unser zukünftiges Verhalten.

Die Inszenierung solcher Geschichten folgt bestimmten Regeln, auch wenn sie nicht besonders kunstvoll ist. Jede Geschichte hat einen Anfang und einen Schluss, etwa: »Stell dir vor ...« und: »So, nun weißt du's.« Eine Geschichte ohne Anfang und ohne Ende eignet sich nicht zum Erzählen, weil niemand zuhört. Aber der Erzähler seiner Lebensgeschichte verfolgt ja das Ziel, verstanden zu werden, er will also, dass man ihm zuhört.

Dabei unterscheiden sich laut Ernst – und wie im übrigen auch jedermann selbst beobachten kann – Männer- von Frauen-Geschichten:

»Weibliche Erzählungen haben oft mehrere Pointen, und sie enthalten mehr ›nichtzielführendes‹ Detailmaterial als die Geschichten, die Männer erzählen.«

Die Geschichten, von denen die Rede ist, haben Formen, die wir auch von Märchen kennen. Die Bilderfolgen in den Volksmärchen haben überdies gewisse Ähnlichkeiten mit denen in den Träumen. Sie sind aus einer langen Tradition des Immer-weiter-Erzählens entstanden. Freilich haben die Menschen, welche die Märchen schließlich aufzeichneten, wie die Brüder Grimm, auch etwas von ihrem Weltbild hineingepackt. Aber das lässt sich textkritisch identifizieren. Wegen der vielen Gemeinsamkeiten interpretieren Psychologen Märchen so, wie sie Träume interpretieren. Eine dieser Interpretinnen von Märchen ist die Schweizer Psychotherapeutin Verena Kast in Zürich aus der analytischen Schule von Carl Gustav Jung. Sie schreibt: »Das Märchen spricht zu uns in Symbolen, in Bildern, die in ganze Prozesse eingebunden sind. Insofern haben Märchen eine Nähe zum Traum« (*Märchen als Therapie*, Walter, 1986).

Märchen beginnen – und das haben sie mit therapeutisch interpretierbaren Träumen gemeinsam – immer mit einer problematischen Situation und zeigen dann, wie damit umgegangen werden kann, welche Prozesse durchlaufen werden müssen, damit das Problem gelöst wird. Der Held oder die Heldin im Märchen stehen als Symbol für eine menschliche Haltung, die in dieser Situation angemessen wäre. Die Schwierigkeiten, denen die Märchenfiguren begegnen und die sie bewältigen, sind Schwierigkeiten, die auch wir zu bewältigen haben, wenn das Problem, welches das Märchen anspricht, auch unser Problem ist. Um Märchen therapeutisch nutzen zu können, so die Erfahrung von Verena Kast, »ist vor allem wichtig, daß sie uns auch auf der imaginativen Ebene ansprechen, daß sie auch unsere eigenen Bilder ansprechen; oft auch fixierte Bilder – und diese entsprechen fixierten Vorstellungen, Vorurteilen – in Bewegung bringen, damit aber unsere Phantasie, aber auch unsere emotionellen Prozesse ganz allgemein beeinflussen.«

Unter den Psychologen gibt es neuerdings den Gedankenansatz, sich nicht so sehr dafür zu interessieren, warum ein Mensch seelisch krank ist und wie er eventuell wieder geheilt werden könnte. Vielmehr wollen diese Wissenschaftler wissen, *warum* Menschen *glücklich* sind. Auch sie setzen sich mit Märchenbildern auseinander. *Hans im Glück*, die Gestalt aus Grimms Märchen, ist für sie ein starkes Bild. Hans bekam nach siebenjähriger Arbeit einen Klumpen Gold als Lohn, tauschte ihn auf Wanderschaft gegen ein Pferd, das Pferd gegen eine Kuh, die Kuh gegen ein Schwein, das Schwein gegen eine Gans, die Gans gegen einen Schleifstein – und der plumpst ihm am Ende in einen Brunnen. Ein Glückspilz? Frei von aller Last sagt Hans am Ende von sich selbst: »So glücklich wie ich gibt es keinen Menschen unter der Sonne.« Hans fand sein Glück, indem er dem Augenblick lebte; oder, wie es im Märchen heißt: Er »überdachte, wie ihm doch alles nach Wunsch ginge, begegnete ihm je eine Verdrießlichkeit, so würde sie doch gleich wieder gutgemacht.«

Die Fähigkeiten des Schwarzsehens sind allerdings viel bekannter als die des Glücklichseins. Sich jeweils das Schlimmste auszumalen, ist eine zuverlässige Methode, nachts im Bett lange wach bleiben zu können. Früher schickte so ein Schwarzseher bei passender Gelegenheit schon mal ein Telegramm an seine Lieben mit der Nachricht: »Seid besorgt, Brief folgt.« Der Glückspilz dagegen kann nicht nur ganz da sein, sondern auch abschalten. Wenn er beim Nachhausekommen, kurz vor dem Zu-Bett-Gehen auf dem Anrufbeantworter noch eine traurige Nachricht hört, schaltet er ab, seufzt: »Wird das ein Schmerz sein – morgen früh«, und schläft ruhig ein.

Helden

Kinder erleben bisweilen, dass der früh verstorbene Vater von der Mutter auf ein Podest gestellt wird und sie sich als die Söhne eines Helden erleben müssen, dem sie niemals das Wasser reichen können. Bisweilen passiert dann eine Panne, und ein lieber Verwandter oder Freund der Familie verrät, wie wenig heldenhaft der Held wirklich war. Bernhard Shaw hat das in seiner (auch verfilmten) Komödie *Helden* meisterhaft dargestellt. Der Held, der todesmutig zu Pferde eine Kanonenstellung überrannte, war ein grunddummer Mensch. Er hatte sich nicht vorstellen können, dass eine einzige Kanonenkugel ihn und seine Leute zerfetzen würde – und nicht wissen können, dass den von ihm überwältigten Kanonieren nur die richtige Munition fehlte, um sich zur Wehr zu setzen. Mut ist ja nicht selten nur Mangel an Vorstel-

Helden

lungsvermögen. Der Kavallerist verwechselte offenbar die sichtbare Stärke seines Pferdes – darin nicht unähnlich den heute auf ihre PS Setzenden – mit der eigenen.

Viele Menschen in unserer Zeit haben in ihren Familien ganz besondere Erfahrungen gemacht. Notgedrungen mussten sich die Männer nach dem Ende des Zweiten Weltkrieges und der Nazi-Zeit gegenüber ihren Familien rechtfertigen. Sie taten dies, indem sie ein Bild von sich und ihrem Handeln oder Nicht-Handeln vermittelten, ob sie nun Verbrecher waren oder als Opfer überlebt hatten. In diesem Bild zeichneten sie nicht unbedingt die lautere Wahrheit. Wenn nun die Kinder die Wahrheit hinter den Selbststilisierungen des Vaters, der Eltern suchen, aber nicht finden, bekommen sie nicht selten die gleichen Probleme, ob sie nun Angehörige von Tätern oder von Opfern sind. Dafür gibt es mittlerweile zahlreiche Selbstzeugnisse. Zum Beispiel von den Kindern der NS-Verbrecher: Wolfram Sievers wurde in Nürnberg als Kriegsverbrecher hingerichtet, weil er unter anderem für bestialische ›wissenschaftliche‹ Experimente an Häftlingen verantwortlich war. Seine Tochter berichtete 1987 im WDR (Eine Dokumentation von Heribert Schwan: *Zwischen Haß und Liebe, Kinder von NS-Tätern*), dass die

Familie ihren Vater nach dem Kriege stilisierte als »der liebevolle Vater, der fürsorgliche Vater, der sich um alle Familienangehörigen intensiv und hilfreich gekümmert« habe. Je mehr sie dann über die Untaten des Vaters erfahren habe, so die Tochter, desto mehr habe sie sich geschämt. »Ein Teil der Schuld überträgt sich auf mich«, sagt sie und macht damit ähnliche Erfahrungen, wie etwa der Sohn Niklas des ebenfalls als Kriegsverbrecher hingerichteten Generalgouverneurs im besetzten Polen, Hans Frank, oder die Tochter von Viktor Brack. Dieser hatte die Vergasung der Juden geplant.

Freilich gibt es auch in den Familien der Verbrecher die völlig unreflektierte Identifikation mit dem Vater. Zum Beispiel konnte die Tochter von Adolf Hitlers mächtigem Parteisekretär Martin Bormann vor der Fernsehkamera sagen: »Ich habe mir immer einen Mann gewünscht, der wäre wie mein Vater.« Manche Kinder werden auch wie der Vater. Gudrun Burwitz, geborene Himmler, die Tochter des »Reichsführers SS«, Heinrich Himmler, beschreiben Norbert und Stephan Lebert in ihrem anno 2000 erschienenen Buch *Denn Du trägst meinen Namen, Das schwere Erbe der prominenten Nazi-Kinder* (Karl Blessing Verlag) so: Es existieren keinerlei Hinweise, dass sie sich von ihrem Vater distanziert hat. Verbittert, böse, herrisch sei sie. »Ich kenne niemanden, der jemals ein gutes Wort über sie gesagt hat«, berichtet einer aus der Gruppe der prominenten Nazi-Kinder, die sich immer mal wieder treffen.

Martin Bormanns Sohn Martin ist zunächst in einen katholischen Orden eingetreten, später Religionslehrer geworden. Er versucht nicht, die Schuld seines Vaters zu relativieren. Und trotzdem trägt er noch mit siebzig Jahren eine vergilbte Postkarte aus dem Jahre 1942 bei sich. Darin schreibt Hitlers Sekretär und einer der übelsten Charaktere des NS-Systems: »Mein Herzensjunge ... Hoffentlich kann ich dich bald wiedersehen. Dein Vati.« Für den Sohn ist dies immer noch »das Bild, was ich habe, als sein Kind, das lasse ich mir nicht nehmen. Das stelle ich dagegen.« Auch in normalen Verhältnissen gibt es natürlich die Identifikation der Kinder mit Vater oder Mutter. Es gehört zum Prozess des Erwachsenwerdens, sich aus dieser Identifikation zu lösen, um eine eigenständige Persönlichkeit werden zu können. Ein Mensch mit den extremen seelischen Belastungen wie Martin Bormann jr. darf aber sicher nicht mit dem Maßstab des Normalen gemessen werden.

Lea Baider, die als Psychoonkologin in Jerusalem und in New York arbeitet, interessiert sich besonders für die Frage, wie Kinder, deren

Eltern den Holocaust an den Juden überlebt haben, mit einem schweren Schicksalsschlag wie der Diagnose Brustkrebs zurechtkommen. Diese Kinder »wurden gewissermaßen geboren, um den Traum ihrer Eltern zu erfüllen.« Den Traum, dass das Leben weitergeht, dass das Überleben der Eltern einen Sinn hatte. Denn die Holocaust-Überlebenden sind oft von Schuldgefühlen geplagt, die sich auf die Frage konzentrieren: Warum habe ausgerechnet ich überlebt? Und die Antwort ist dann nicht selten die Geburt und Existenz eines Kindes. Die Frauen von Holocaust-Überlebenden reagieren nun auf die Diagnose Brustkrebs mit viel größerer Verzweiflung als diejenigen Patientinnen, deren Familien nicht die furchtbare Vergangenheit hatten. Warum?

Auf den Kindern von Holocaust-Überlebenden ruhen unendlich große Erwartungen. Gleichzeitig sind die Eltern oft unfähig, über ihr Trauma zu sprechen. »Die Kinder stoßen immer wieder auf Geheimnisse in ihrem Elternhaus. Auf Dinge, über die nicht gesprochen werden darf, wie zum Beispiel die Nummer auf dem Arm eines Elternteils. Auf dieser emotionalen Atmosphäre beruht die Stressanfälligkeit. Die Angst, das Schweigen, die Tabus – das ist es, was weitergegeben wird.« So Lea Baider in einem Gespräch mit Christina Berndt (*Süddeutsche Zeitung*, 25. 9. 2000). Ein kleiner Trost: »Der größere Stress führte offenbar nicht zu einem schlechteren körperlichen Zustand.« Die Beobachtungen Lea Baiders lassen sich auf andere Opfer von Gewalt übertragen. Sie machen deutlich, was die Bilder der Eltern, ungewollt natürlich, anrichten können.

Buhlen um Aufmerksamkeit

Über sechs Milliarden Individuen auf der Welt konkurrieren miteinander – um Aufmerksamkeit. Wenn Menschen bei Überschwemmungen zu ertrinken drohen oder in Dürrezeiten zu verdursten und zu verhungern, wenn die Helfer gar nicht wissen, wo sie zuerst anfangen sollen, muss selbst ein Kind, das von Natur aus Beschützerinstinkte weckt, in der Masse vieler Kinder Aufmerksamkeit erregen, um vielleicht lebensrettende Minuten früher als ein anderes beachtet zu werden.

Wenn sich in Deutschland zu Semesteranfang Studenten um die wenigen preiswerten Zimmer bemühen, kommt es darauf an, die Aufmerksamkeit und das Wohlwollen des Vermieters vor allen anderen zu gewinnen. Auch in der Masse im Hörsaal sind keineswegs alle gleich. Dem einen oder anderen gelingt es immer, sich dem Professor gegenüber bemerkbar zu machen – ihm das Bild zu vermitteln: Da ist jemand.

Das beginnt bereits mit der Geburt. Anders als Sigmund Freud seinerzeit glaubte – die Möglichkeit, dies genau zu beobachten, hatte er noch nicht – kommuniziert das Neugeborene selbst aktiv mit der Mutter, ringt um deren Aufmerksamkeit. Der Säuglingsforscher Daniel Stern, Direktor des *Laboratory of Development Processes* am *Cornell University Medical Center* (New York Hospital) ist Arzt und Psychoanalytiker, überdies Professor für Psychologie an der Universität Genf. Stern hat das Wechselspiel zwischen Mutter und Kind genau beobachtet. Seine Schlussfolgerung: »Säuglinge erleben niemals eine Phase völliger Undifferenziertheit zwischen dem Selbst und den Anderen.« Das heißt, es gibt die von den Psychoanalytikern postulierte Phase einer Symbiose von Mutter und Kind gar nicht. Im Alter von ungefähr 15 bis 18 Monaten beginnt das Kind zu sprechen und damit, sich Bilder zu machen. Wer Familien mit mehreren Kindern kennen lernt, kann beobachten, wie jedes von ihnen eine besondere Rolle spielt; Papas oder Mamas Liebling oder die Stütze der Eltern oder der Familienkasper oder auch das Schwarze Schaf.

Die Rollen sind insofern verteilt, als in einem Machtgefüge der eine Aufmerksamkeit suchen muss und der andere Aufmerksamkeit schenkt. In Deutschland ist – aus gutem Grund – ein Richter unabhängig. Das heißt, er hat die große Freiheit, Aufmerksamkeit zu schenken – oder auch nicht. »Der Gipfel richterlicher Würde ist die Fähigkeit, einem Anwalt zwei Stunden lang unverwandt in die Augen zu sehen und dabei nicht ein Wort von dem zu hören, was er sagt« – beschreibt dies etwas bösartig ein alter Richter (*Da trat der Staatsanwalt ins Protokoll*, dtv, 1984). In der Tat hat er die Macht, dem Angeklagten, seinem Anwalt, dem Staatsanwalt, den Zeugen das Wort abzuschneiden; wie eben jeder Chef seinen Mitarbeitern volle Aufmerksamkeit schenken, diese dosieren oder aber verweigern kann.

Selbstwertgefühl entwickelt sich. Es hängt weniger davon ab, wie wir uns selbst einschätzen, sondern wie andere uns bewerten. Die Psychologinnen Darcy A. Santor und Jennifer Walker von der Universität Dalhousie haben das in Kanada getestet (*British Journal of Social Psychology*, 4, 1999). Nach ihren Beobachtungen hängt unser Selbstwertgefühl entscheidend davon ab, wie viel Aufmerksamkeit uns andere entgegenbringen. Wer bei anderen als ›schön‹ gilt, schätzt auch seine sozialen Fähigkeiten und Führungsqualitäten deutlich höher ein als derjenige, der als weniger attraktiv gilt. Natürlich lassen solche Studien, die sich auf das Auswerten von Fragebögen beschränken, die üblicherweise Psychologiestudenten ausfüllen, viele Fragen offen. Berufliche Erfolge und Misserfolge, glückliche oder unglückliche Beziehungen sind zum Beispiel für das Gesamtbild nicht minder wichtig. Und es spielen auch nicht ausschließlich externe Faktoren eine Rolle.

Was man von sich und anderen hält

Wenn man jemanden genau zu kennen glaubt, dann erstens sich selbst und zweitens den langjährigen Partner. Beides sind Vor-Urteile. Frisch Verliebte beobachten einander sehr genau – auch wenn dabei zugleich stark idealisiert wird. Den Arbeiten von Georg Felser (Universität Trier) verdanken wir die Einsicht, dass mit der Dauer der Beziehung das Verständnis des Partners keineswegs zunimmt. »Es wächst lediglich die Zuversicht, mit der die Partner glauben, einander zu kennen.« (Georg Felser: *Bin ich so, wie Du mich siehst?*, C. H. Beck, München, 1999). Dieser Glaube führt zu Missverständnissen und Konflikten. Die einzige Chance ist, diese immer wieder im Gespräch miteinander aufzulösen.

Als das Vorurteil unserer Zeit entpuppte sich in experimentellen Untersuchungen die Überzeugung, Frauen seien einfühlsamer als Männer. Daran glauben mittlerweile auch die meisten Männer – und die Frauen sowieso. Dies belegen psychologische Tests. »Frauen werden für verständnisvoller gehalten. Sie halten sich auch selbst dafür«, schreibt Georg Felser. Doch wenn im Experiment Einfühlungsvermögen bewiesen werden müsse, verschwinde der vorgeblich geschlechtsspezifische Unterschied in Empathie desto mehr, je subtiler die Tests seien. »Frauen haben eine deutlich stärkere Tendenz, sich einfühlsam zu geben als Männer. Sie haben aber kein biologisch vorgeprägtes oder antrainiertes überlegenes Talent dazu«, so Felsers Fazit.

Der Mensch bleibt also darauf angewiesen, mit seinen Mitmenschen zu kommunizieren, wenn er sie verstehen und selbst verstanden werden will. Und dies, obwohl es immer wieder Wissenschaftler gibt, die zu begründen wissen, warum Männer und Frauen sich gar nicht verstehen *können*. Anscheinend sind im allgemeinen die Verbindungen zwischen den beiden Gehirnhälften bei Frauen stärker als bei Männern. Über einen Nervenbalken, die ›Brücke der Gefühle‹, kommen damit, je nach Geschlecht, unterschiedlich stark Emotionen ins Spiel. Vielleicht sind es auch die Hormone, die den »kleinen Unterschied« so groß werden lassen. Sie spielen für Befindlichkeit wie Leistungsfähigkeit des Gehirns eine wesentliche Rolle. Und auch darin unterscheiden sich die Geschlechter. Die Sachverhalte sind noch keineswegs vollständig geklärt. Aber immerhin so weit, dass zum Beispiel Feministinnen gut begründen können, warum Männer sie einfach nicht verstehen *können*. Der Umkehrschluss, dass nämlich Männer immer unverstanden bleiben *müssen*, ist damit freilich genauso richtig. Und genauso falsch – denn hier werden vor allem Bilder als Abbild der Wirklichkeit verkauft, die man zu Anfang des 21. Jahrhunderts so ganz genau denn doch nicht kennt.

Je nach dem Zustand einer Beziehung gibt es unterschiedliche Interpretationsmuster. »In unzufriedenen Partnerschaften interpretieren die Partner die Gefühle und Absichten des anderen häufig falsch. Merkwürdigerweise begehen sie dabei oft Wahrnehmungsfehler, die ihnen bei Fremden nicht unterlaufen«, so Felser. Generell gelte: Glückliche Paare überschätzen die positiven Ereignisse, unzufriedene Partner erkennen das jeweils Negative zuverlässiger als positive Signale. »Unzufriedene Partner erleben zu wenig Positives in der Partnerschaft, um für negative Erfahrungen entschädigt zu werden.« Dabei ist ein Kennzeichen von Unzufriedenheit, dass das Verhalten des Partners immer auf dieselbe stereotype – negative – Weise gedeutet wird. Ähnliche Beobachtungen kann man in den Beziehungen von Eltern und ihren Kindern in der Lebensphase der Emanzipation voneinander beobachten.

Sich ein falsches Bild zu machen, kann aber auch ein durchaus gangbarer Lebensweg sein. Felser meint: »Wir idealisieren unseren Partner oft über die realen Verhältnisse hinaus – und eine Folge kann sein, dass er sich selbst mit der Zeit unserem Ideal annähert. Wir missverstehen unseren Partner gezielt immer dann, wenn ein korrektes Verstehen unsere Beziehung gefährden würde.« Die perfekt objektive, unverzerrte und realistische Weltsicht ist offensichtlich kein Garant für Glück und seelische Gesundheit. Hier gilt es also die Kunst zu lernen, sich Illusionen zu machen.

Dabei hilft uns unser Gedächtnis. Es arbeitet sehr selektiv. »Die Psyche besitzt ihr eigenes Immunsystem, mit dem sie gefährliche Informationen abwehrt. Diese Abwehrmechanismen stellen nötigenfalls die Realität auf den Kopf, um das Selbstbild vor unangenehmen oder bedrohlichen Einsichten zu schützen.« So formuliert es Heiko Ernst, der Chefredakteur von *Psychologie heute*, um uns zu sagen: Ein geschöntes Selbstbild zu haben, ist der psychologische Normalfall. So glauben beispielsweise 80 Prozent aller Autofahrer, dass sie weit bessere Chauffeure seien als der Durchschnitt. Ähnlich verhält es sich mit der Selbsteinschätzung in punkto Intelligenz, Geschicklichkeit oder Toleranz.

Das Genre »Stilblüten« ist eine Fundgrube für Vor-Urteile; für Bilder, die die Kommunikation erschweren, zum Beispiel so:

Richter: »Also, Sie sagen, dass der Beschuldigte behauptet hat, Sie seien ein Idiot?« Angeklagter: »Ja, sicherlich, Herr Richter, er hat es nur nicht so direkt gesagt, sondern etwas indirekt. Er sagte mir, was meine Intelligenz betreffe, so seien wir beide gleich« (*Zeugen liegen bei*, dtv, 1976).

Wie kommt es, dass gerade dumme Menschen von ihren Fähigkeiten so ganz besonders überzeugt sind? David Dunning, Psychologe an der Cornell-Universität in den USA, ist der Frage gemeinsam mit seinem Mitarbeiter Justin Kruger nachgegangen und hat eine auf Anhieb einleuchtende Erklärung gefunden: Die Fähigkeiten, die Kompetenz ausmachen, sind dieselben, die auch die Grenzen der eigenen Kompetenz erkennen lassen. Wer sich also für besonders fähig hält, ist zu dumm, seine eigene Unfähigkeit zu erkennen (*Journal of Personality and Social Psychology*, Bd. 77, S. 1121, 1999).

Dunnings Testpersonen mit den schlechtesten Kenntnissen in englischer Grammatik und den niedrigsten Erfolgsraten in Fragen der Logik hatten dabei zugleich das größte Selbstvertrauen in die eigenen Fähigkeiten. Dagegen schätzten die Versuchspersonen mit den besten Testergebnissen ihre Kompetenz selbst am niedrigsten ein. Sie neigten generell dazu, ihre Fähigkeiten eher zu unterschätzen. »Ich weiß, dass ich nichts weiß«, so drückte diesen komplexen Sachverhalt auf einfache Weise der weise griechische Philosoph Sokrates (470 bis 399 vor Christus) aus. Und der Philosoph Bertrand Russel stönte im 20. Jahrhundert: »Das ist der ganze Jammer: Die Dummen sind so sicher und die Gescheiten so voller Zweifel.«

IV. Die Kraft der inneren Bilder

Freudsche Versprecher und andere Peinlichkeiten

Die Strategie, die Erinnerungen an schmerzliche oder peinliche Ereignisse weitgehend auszublenden, ist, so Heiko Ernst, die Psychotaktik des Kindes – »unser frühester Versuch, Unerträgliches erträglich zu machen« –, die wir aus der Kindheit ins Erwachsenenalter mitnehmen. Das Hauptmotiv ist die Angst vor dem Verlust des Selbstwertgefühls. Wilhelm Busch hatte ein sehr feines Gespür für die Gründe und Abgründe menschlicher Kommunikation. Zum Beispiel fand er folgenden Reim für die Neigung, sich auf Kosten des andern profilieren: »Bei deinem Fragestellen / hat eines mich frappiert / Du fragtest gern nach Fällen / Wobei ich mich blamiert.«

Schauen wir uns etwas genauer an, was man zum Beispiel als mehr oder minder ›blamable‹ Versprecher versteht: Ein Professor in seiner Antrittsvorlesung: »Ich bin nicht geneigt (statt: geeignet), die Verdienste meines sehr geschätzten Vorgängers zu schildern.« Und ein Arzt zu einer Dame, bei der er die Basedowsche Krankheit vermutet: »Sie sind um einen Kropf (statt: Kopf) größer als Ihre Schwester.«

Die beiden Beispiele stammen aus der *Psychopathologie des Alltagslebens* von Sigmund Freud aus dem Jahre 1904. Seither sprechen wir von *freudschen Versprechern*. Selbst der konstruierte Versprecher »Es ist allerhöchste Eisenbahn« lebt noch als geflügeltes Wort weiter. Der zerstreute Briefträger Bornike – eine Erfindung des Berliner Schriftstellers Adolf Glaßbrenner von 1847 – erinnert sich plötzlich daran, dass die Post, die er zu verteilen hat, längst mit dem Zug eingetroffen sein muss, und stürzt davon mit den Worten: »Es ist allerhöchste Eisenbahn, die Zeit ist schon vor drei Stunden angekommen.«

Einer Rundfunkansagerin, so erzählte es Robert Lembke, der Moderator der Fernsehshow »Was bin ich?«, suggerierten die lieben Kollegen: »Du wirst heute Abend nicht die *Nußknackersuite* ankündigen, sondern die *Nußkackersuite*.« Die Sprecherin wirkt etwas bemüht, als sie schließlich den Hörerinnen und Hörern korrekt vermeldet: »Sie hören jetzt die Nußknackersuite ...« – und schon lässt die Konzentration nach, und die Unglückliche vollendet den Satz: »... von Peter Iljitsch Scheißkowsky (Tschaikowsky)«.

In uns entstehen bewusst und unbewusst Bilder, die, während wir sprechen, manchmal höchst unfreiwillig ›herausrutschen‹. Dabei passieren Wortdreher, die ähnlich wie Ziffern (nicht nur von Legasthenikern) verwechselt werden. So ist auch die »allerhöchste Eisenbahn« zu verstehen. Aus dieser Lebenserfahrung heraus entstand wohl auch der Zungendreher-Spruch des im Jahre 2000 verstorbenen österreichischen Dichters Ernst Jandl: »Manche meinen, lechts und rings kann man nicht velwechsern. Werch ein Illtum.«

Eine solche Verwechslung lag vermutlich auch der folgenden Auskunft zugrunde: »Gnädige Frau«, sagte der Rechtsanwalt und Notar zu der entsetzten Witwe, »in dem Testament ihres Mannes steht unmissverständlich geschrieben: sein Vermögen vermacht er dem anatomischen Institut und Ihnen hinterlässt er sein Gehirn« (*Da trat der Staatsanwalt ins Protokoll*, dtv, 1984). Der von Sigmund Freud zitierte Professor stand dagegen tatsächlich vor dem Dilemma, seinen Vorgänger loben zu müssen und eigentlich tadeln zu wollen. So war er auf einmal »nicht geneigt«, obwohl er doch eigentlich nur hübsch bescheiden sagen wollte, er sei »nicht geeignet«, den Vorgänger zu rühmen.

Freudsche Fehlleistungen. Wirklich nur Fehlleistungen? Moderne Psychologen, wie zum Beispiel der US-Amerikaner Robert E. Haskell, sehen das nicht als Fehlleistung, sondern als komplexe Integrationsleistung an. Der von Freud zitierte Arzt hatte zwei Bilder vor sich: eine Frau, die um einen Kopf, also auffallend größer ist als ihre Schwester, und zugleich – wie er vermutet – einen Kropf hat. In der ›Verdichtung‹ wird die Patientin um »einen Kropf größer«.

»Wir werden vom Gespräch geführt, sogar dann, wenn wir ein Thema unterdrücken«, so ein neuzeitlicher Interpret Freuds, Peter Widmer in Wien. Mit unserem Sprechen gestalten wir auch die Beziehung zu den Gesprächspartnern, »und die Frage ist, wie viel Differenz, wie viel vom eigenen Anderssein ausgesprochen werden kann«, so der in Düren arbeitende Psychotherapeut Gerhard Bliersbach (*Psychologie heute*, Dezember 1999). Beispiel: Heinz möchte Paul, seinem Freund, zu dessen Autokauf gratulieren. Heinz sagt: »Du hast aber einen schönen Ford Fiasko (Fiesta)« – und wird sich in diesem Moment bewusst, dass er selbst dieses Auto nicht fahren wollte. Seinen ambivalenten Affekt konnte er aber nicht angemessen kommunizieren – denn natürlich kränkt er Paul mit dem ›Versprecher‹. Dieser aber ist ein durchaus angemessenes Bild für das, was Heinz eben auch meint.

Da fehlen die Worte

Für den Menschen kann es lebenswichtig sein, seine inneren Bilder zur Sprache zu bringen, wie ich im folgenden zeigen will. Bilder wirken sehr viel eindringlicher als Worte. Das hat wohl damit zu tun, dass dem Menschen das Worte-Machen erst relativ spät in seiner Evolution möglich wurde. Wo Worte fehlen, können Bilder sprechen. Menschen, denen es ›die Sprache verschlagen‹ hat, die verstummt sind nach unaussprechlich schrecklichen Erfahrungen, haben – wenn sie dabei behutsam angeleitet werden – die Möglichkeit, ihre Bilder auf dem Papier zu fixieren und damit in gewisser Weise zu bannen.

Dass der Verlust der Sprache nach traumatisierenden Erfahrungen auch einen gehirnorganischen Aspekt hat, zeigen Studien des Psychiaters Bessel A. van der Kolk in den letzten Jahren an der Universität Boston. Kolk erforschte die neuronale Informationsverarbeitung in Momenten traumatischer Reizüberflutung. Und zwar arbeitete er mit Hilfe der Positronen-Emissions-Tomographie (PET), einem bildgebenden Verfahren ähnlich dem Röntgen oder der Ultraschallaufnahme. Der Forscher untersuchte Menschen, die früher einmal eine traumatische Erfahrung machen mussten. Van der Kolk: »Wenn diese Personen Reizen ausgesetzt werden, die sie an ihr Trauma erinnern, kommt es zu einer Erhöhung der Durchblutung in den Bereichen der rechten Hemisphäre, die mit Gefühlszuständen und autonomer Erregung im Zusammenhang stehen, und gleichzeitig nimmt der Sauerstoffverbrauch im Broca-Zentrum ab, also in der Region in der linken Hemisphäre, in der die Worte und Bezeichnungen innerer Erfahrungen gebildet werden« (*Praxis der Kinderpsychologie und Kinderpsychiatrie* 47, 1998). In Phasen stressbedingter Übererregung dringen, so stellte er fest, wichtige Informationen nicht bis zum Sprachzentrum im Gehirn. Das erklärt, warum Opfer eines traumatisierenden Erlebnisses – eines Verkehrsunfalls oder einer Vergewaltigung – blockiert sind, darüber nicht sprechen können. Sie können ihre Erlebnisse jedoch in Bildern ausdrücken. Das gibt ihnen eine Möglichkeit, sie – mit Hilfe eines Therapeuten – zu verarbeiten.

Sie können aber auch aus der Not eine Tugend machen: Dieselben Vorgehensweisen, die man beim Entstehen einer Religion beobachten kann, lassen sich identifizieren, wenn es um die Entwicklung einer ganz persönlichen Weltsicht geht, ja sogar, wenn ein einigermaßen umfassendes wissenschaftliches Weltbild entsteht. Ein Beispiel dafür ist die Lehre des – später abgefallenen – Schülers von Sigmund Freud, Carl Gustav Jung.

Am 28. Oktober 1907 schrieb C. G. Jung aus Burghölzli-Zürich dem hochverehrten Herrn Professor in Wien einen Brief. Darin bekennt er gegenüber Freud, »daß ich als Knabe einem homosexuellen Attentat eines von mir früher verehrten Menschen unterlegen bin ... Diese Erklärung glaube ich Ihnen schuldig zu sein. Gern hab ich's nicht gesagt« (Sigmund Freud / C. G. Jung *Briefwechsel*, S. Fischer, 1974). In seinen *Erinnerungen, Träume, Gedanken* – aufgezeichnet und herausgegeben 1961 von Aniela Jaffé – präzisiert Jung das »Gerne hab ich's nicht gesagt« so: »Meine ganze Jugend kann unter dem Begriff des Geheimnisses verstanden werden. Ich kam dadurch in eine fast unerträgliche Einsamkeit, und ich sehe es heute als eine große Leistung an, daß ich der Versuchung widerstand, mit jemandem davon zu sprechen.«

Der Münchner Psychoanalytiker Paul Matussek nennt die Methode Jungs »Verwissenschaftlichung des inneren Chaos«. Matussek hat sich in einer Fallstudie mit dem Schweizer Gelehrten beschäftigt (*Analytische Psychosentherapie*, 2, Springer, 1997), dessen ganzes Leben von der Bemühung gekennzeichnet gewesen sei, eine latent vorhandene Psychose – Wahnvorstellungen – nicht ausbrechen zu lassen. Um sich aus großer innerer Einsamkeit zu befreien, habe C. G. Jung versucht, »seine Träume, Erlebnisse, Fantasien und Bilder so auszudrücken, daß sie auch von den anderen verstanden werden können. Das schien ihm nur möglich durch den Nachweis, daß seine Bilder und Emanationen des Unbewußten nicht seine private Wahrheit, sondern die Wahrheit der menschlichen Entwicklung sind. Das Stichwort für diese Brücke, die seine Kluft zwischen privatem und öffentlichem Selbst überbrücken soll, heißt kollektives Unbewußtes.«

Matussek zeigt auch, welchen – moralisch fragwürdigen – persönlichen Gewinn C. G. Jung daraus gezogen hat: »Jung erklärte alle Anzeichen, die in seinen Träumen auf persönliche Schuld und damit auf Beschämung hinweisen könnten, zum Resultat einer überpersönlichen Instanz, dem kollektiven Unbewussten. Er hatte als Person damit also nichts zu tun. Er brauchte sich nicht zu schämen. Sein schwaches privates Selbst konnte keinen persönlichen Anteil erleben. Alles, was mit Scham und Schuld zu tun hatte, war überpersönlich, war öffentlich verursacht, d. h. letztlich von den anderen. Die Überzeugung, von seinen

Schülern schnell übernommen, mußte er auch in seiner eigenen, verschrobenen Sprache mitteilen, da er die allen gemeinsame Sprache nicht fand.« Die Formulierung »verschrobene Sprache« entspricht übrigens Jungs eigener Einschätzung. Er interpretiert in seiner Autobiographie – von der er bezeichnenderweise nur die ersten drei Kapitel selbst geschrieben, den Rest seiner Vertrauten Aniela Jaffé diktiert hat – seine Bemühungen, die inneren Fantasien zu verbalisieren: »Doch konnte ich das nur in sehr unbeholfener Sprache tun«.

Heute wissen wir, dass der Traumatisierte seine Sprache wieder finden muss, um das Geschehene wirklich bewältigen zu können. Die Bewältigungsstrategie Jungs dagegen bestand in einem Tabuisieren und darin, dem Tabu quasireligiöse Bedeutung zu verleihen. Die Psychotherapeutin Renate Höfer interpretiert dies »als Abwehr der eigenen Demütigung« und »als die Weigerung, die Erinnerung an die eigene – ungesühnte und unverarbeitete – Überwältigung und traumatische Niederlage zuzulassen« (*Die Hiobsbotschaft C. G. Jungs, Folgen sexuellen Missbrauchs*, zu Klampen, 1993). Höfer deutet das Theoriegebäude Jungs als Konsequenz des als Kind erlittenen Leides. Möglicherweise war es der eigene Vater, der den kleinen Carl Gustav vergewaltigte. Für den Forscher Jung stellte später der Inzest meist einen »hochreligiösen Inhalt« dar. Und das Tatwerkzeug sozusagen wird zum Archetypen – einem Begriff, mit dem Jung bezeichnet, was er als kollektive Urbilder der Menschheit ansah – zum Archetypen des Göttlichen Phallus. Bereits im Alter von drei bis vier Jahren träumte Jung, dass sich ein Riesenphallus von vier bis fünf Metern Höhe und 60 Zentimetern Durchmesser auf ihn zu bewegte. Der im Traum vernommene Ausruf seiner Mutter: »Sieh ihn dir nur an. Das ist der Menschenfresser!« beendete den Albtraum. Renate Höfer kommt zu dem Schluss: »Jung, der sein Leben lang durch das Trauma des sexuellen Attentats bedrängt war, entwickelte jene Lehre, die erlaubt, die eigene Betroffenheit (Verletzungen, Demütigungen, traumatische Spaltungen) und Verklemmtheiten (Ängste, Verdrängungen, Starrheiten) zu verbergen und die eigenen Wünsche, Begierden und Zügellosigkeiten auszuleben!«

Menschen, die an einer so genannten Posttraumatischen Belastungsstörung (englische Abkürzung PTSD) leiden, zeigen ganz ungewöhnliche Leistungen ihres Gedächtnisses, die dem Verständnis unseres Themas dienen. Patienten berichteten Kolk, dass ihnen 15 Jahre lang nach dem traumatischen Ereignis immer wieder dieselben Szenen vor

Augen standen. Kolk: »Interessant ist, daß alle Patienten übereinstimmend behaupten, daß ihre Wahrnehmungen die Eindrücke zur Zeit des Traumas ganz exakt wiedergeben« (Streeck-Fischer, Hg., *Adoleszenz und Trauma*, Vandenhoeck & Ruprecht, Göttingen, 1998).

Furchtbare Erlebnisse können sich unauslöschlich in das Gedächtnis einprägen. Etwaige spätere Erinnerung an das Trauma treten nach den Erfahrungen der Forscher mit der Therapie von PTSD-Patienten zunächst in Form »Somatosensorischer Rückblenden« (*flashback experiences*) auf, als visuelle, geruchliche, affektive, hör- oder fühlbare Sinneseindrücke. Mit den zunächst bruchstückhaften Erinnerungen kann sich dann nach und nach die Fähigkeit der Betroffenen entwickeln, über ihre Erfahrungen zu reden. Während also Erinnerungen an alltägliche Erlebnisse in der Regel ständig umgearbeitet werden, passiert das mit traumatischen Erlebnissen nicht. Van der Kolk schreibt: »Sobald die Betroffenen aber über diese Eindrücke zu sprechen beginnen, wird die traumatische in eine gewöhnliche Erinnerung umgeschrieben, die wie jede gewöhnliche Erinnerung der Veränderung unterworfen ist. Menschen können sinnlose Erfahrungen offenbar nicht akzeptieren; sie werden immer versuchen, auch zu verstehen, was sie fühlen. Sobald die immer wiederkehrenden Elemente des Traumas erst einmal ins Bewußtsein gedrungen sind, werden die Betroffenen versucht sein, die Lücken zu füllen und das Bild zu vervollständigen.« Das heißt auch dies: Die Bilder, die sich zum Beispiel dem Opfer einer Vergewaltigung einbrennen, können fotografisch genau sein. Sobald das Opfer aber dazu in der Lage ist, sie in Worte zu fassen, unterliegt es all den Irrtümern und unbewusst vorgenommenen Veränderungen an den Bildern – wie jeder andere Mensch.

Die Kunst, sich innere Bilder zu machen

Innere Bilder können aber auch eine heilsame Wirkung entfalten. Diese Erfahrung machte in der Situation des Shoah-Opfers der Wiener Arzt und Psychotherapeut Viktor E. Frankl. Die Nazis verschleppten ihn nach Auschwitz. Wie er das Konzentrationslager überlebte, weil er innere Bilder entwickelte, die ihn überleben ließen, schilderte Frankl später so (... *trotzdem Ja zum Leben sagen*, dtv 10023, 1982): »Fast weinend vor Schmerzen in den wunden Füßen, die in offenen Schuhen staken, im grimmigen Frost und eisigen Gegenwind humpelte ich in langer Kolonne die paar Kilometer vom Lager zum Arbeitsplatz. Mein Geist beschäftigte sich unablässig mit den tausendfältigen kleinen Problemen unseres armseligen Lagerlebens: Was wird es heute Abend zu essen geben? Soll ich die Scheibe Wurst, die es vielleicht als Zubuße geben wird, nicht lieber für ein Stück Brot eintauschen? ... Plötzlich sehe ich mich selber in einem hell erleuchteten, schönen und warmen großen Vortragssaal am Rednerpult stehen, vor mir ein interessiert lauschendes Publikum in gemütlichen Polstersitzen – und ich spreche; spreche und halte einen Vortrag über die Psychologie des Konzentrationslagers! Und all das, was mich so quält und bedrückt, wird objektiviert und von einer höheren Warte der Wissenschaftlichkeit aus gesehen und geschildert ... Und mit diesem Trick gelingt es mir, mich irgendwie über die Situation, über die Gegenwart und über ihr Leid zu stellen, und sie so zu schauen, als ob sie schon Vergangenheit darstellte und ich selbst, mitsamt all meinem Leiden, Objekt einer interessanten psychologisch-wissenschaftlichen Untersuchung wäre, die ich selbst vornehme.« Im Zusammenhang mit dieser Erfahrung zitiert Frankl den aus Portugal stammenden jüdischen Philosophen Baruch Benedictus de Spinoza (1632 bis 1677). Dieser schrieb in seiner *Ethik:* »Eine Gemütsregung, die ein Leiden ist, hört auf, ein Leiden zu sein, sobald wir uns von ihr eine klare und deutliche Vorstellung bilden.« Ein Satz, der die Erfahrung Epiktets ergänzt – und der bestätigt, dass es eine Kunst ist, sich Illusionen zu machen. Denn diese Illusionen haben eine lebensdienliche Funktion.

Frankl hat später genau das getan, was er sich einst in schweren Stunden ausmalte. Er hat seine persönlichen Erfahrungen zu einer psychotherapeutischen Lehre ausgebaut, der so genannten Logotherapie. Dies haben alle Psychotherapeuten getan, die eine »Schule« gründeten, angefangen bei Sigmund Freud. Das Beispiel C. G. Jung, soweit es in unserem Zusammenhang interessant ist, haben wir bereits erwähnt. Erstaunlicherweise können die unterschiedlichsten psychotherapeutischen Schulen Erfolge vermelden. Der bereits genannte amerikanische Arzt und Psychoanalytiker Daniel Stern erklärte das so (*Psychologie heute*, Dezember 1999): »Eine der verwirrenden Seiten der Psychoanalyse ist ja, dass Theorien nicht ›wahr‹ sein müssen. Sie müssen nützliche

Metaphern anbieten, um Patienten so behandeln zu können, dass diese ihr Leben besser verstehen.«

Inzwischen nutzt man auch im Alltag, zum Beispiel beim Training von Sportlern oder von Musikern, die Erfahrung, dass mentales Training die physischen Leistungen wesentlich verbessert. Hier verbinden und verbünden sich Medizin und Psychologie. Mentales Training, *Visualisierung*, ist nichts anderes, als sich innere Bilder zu machen. Der Schweizer Dichter Gottfried Keller (1819 bis 1890) hat das schon Mitte des 19. Jahrhunderts in *Auerbachs Volkskalender* beschrieben; und zwar in einer Szene seiner Novelle *Das Fähnlein der sieben Aufrechten*: Der Held Karl probiert sein Glück bei einer Übung der Scharfschützen – und zwar mit großem Erfolg. Sein Vater, der zugeschaut hatte, rief erstaunt: »Du machst mir nicht weis, dass du noch nie geschossen habest.« Karl beschreibt, dass »wenn ich noch im Bette lag, in Gedanken die Büchse stundenlang regierte und Hunderte von wohlgezielten Schüssen nach der Scheibe sandte.« Worauf sein ungläubiger Vater prognostiziert: »Da wird man in Zukunft ganze Schützenkompanien ins Bett konsignieren und solche Gedankenübungen anordnen; das spart Pulver und Schuh'!«

Moderne Leistungssportler nutzen die Möglichkeiten zu mentalem Training am besten, wenn sie bereits physisch gut trainiert sind. Sie wollen dabei ihre eigenen Bewegungsabläufe optimieren – nicht etwa neue Bewegungsabläufe einstudieren. »Letzteres würde fremde (Vor-)Bilder erforderlich machen« – mit dem Risiko störender Effekte, schreibt Alexander Thomas in seiner *Einführung in die Sportpsychologie* (Hogrefe, 1995): »Da erfahrene Sportler bereits über ausreichende innere Bewegungsbilder verfügen und im Gegensatz zu Anfängern ihre Muskelgefühle gezielt zur Bewegungsregulation einsetzen können«, sei diese Visualisierung möglich. Allerdings würden sich die Sportler darin unterscheiden, »ob sie sich selbst von außen bei einer Bewegungsausführung zusehen oder die Bewegung von innen heraus, also über kinästhetische Prozesse, nachempfinden.« Letzteres gilt als die wirkungsvollste Methode.

Die Trainer unterschiedlichster Sportarten erarbeiten heute mit ihren Athleten ›Drehbücher‹, die auch die Prozesse berücksichtigen, die in einer Person stattfinden. Dabei ist völlig gleich, ob es sich um Moto-Cross-Fahrer oder Bogenschützen handelt. »Die Sportler haben somit konkrete Anweisungen zur Hand, um in einer bestimmten

Situation ihre Gedanken regulieren zu können«, notierte Hans Eberspächer in seiner *Sportpsychologie* (rororo, 1993).

Die Kraft der Vorstellung nutzen mittlerweile nicht allein die Sportler und ihre Trainer. Mentales Training ist ein Geschäftszweig zum Beispiel auch für Management-Trainer geworden. Man kann nämlich genauso gut Verkäufer für welches Produkt auch immer fit machen, wie Werber, die Mitglieder einer Sekte gewinnen wollen. Denn die »persönlichen Ziele«, die im Kopf programmiert werden, sind auf immer die gleiche Weise anzugehen: ob man nun um hundertstel Sekunden schneller sein will oder eine dicke Eisenstange verbiegen, ob man im Werbegespräch überzeugend sein möchte oder in der Motivierung der Mitarbeiter. Dem, der sich keine Bilder machen kann, bleibt nichts anderes übrig als zu klagen wie der Berliner: »In mir jejangen, ooch nischt los.«

Körperbilder

Zu den Selbstinszenierungen, die mit Schmerzen verbunden sind, gehören allerlei Verstümmelungen, die man sich bewusst oder unbewusst beibringt. Dazu gehören im europäischen Kulturkreis etwa Schmisse – Wunden, die sich Studenten in »schlagenden Verbindungen« gegenseitig im Gesicht zufügen. Sie werten diese als Zeichen von Tapferkeit. Eine ungewöhnliche Art, Bilder an sich selbst zu erleben, zeigen Menschen, an deren Körper sich Wundmale (Stigmata) bilden. Am Stigmatisierten werden religiöse Bilder lebendig, mit denen er sich identifiziert; ein Moslem zum Beispiel mit den »Kampfeswunden« Mohammeds oder ein Christ mit den Wundmalen Christi. Franz von Assisi (1181/82 bis 1226), Gründer des Bettelordens der Franziskaner, hatte die ersten historisch beglaubigten Stigmata, die an die Wunden des gekreuzigten Jesus erinnern. Vor dem 13. Jahrhundert ist keine Stigmatisierung bekannt. Darum liegt die Annahme nahe, dass das Beispiel des Franziskus das, was man den Kreuzigungskomplex nennen könnte, hervorgerufen hat. Seither sind im christlichen Kulturkreis viele hundert Fälle dieser eigenartigen Manifestationen bekannt geworden.

Stigmata sind ein in der Dermatologie wohl bekanntes Phänomen, das zu den hysterischen Erscheinungen zählt. Davon sind mehr Frauen

Inszenierung des Körpers: Franz von Assisi hatte um 1200 die ersten historisch beglaubigten Stigmata der Wundmale Christi (Glasmalerei, Erfurt, Barfüßerkirche, um 1230/35).

als Männer betroffen. »Wunder oder Betrug?« fragte 1874 der berühmte deutsche Pathologe Ernst von Virchow. Keines von beiden trifft zu. Die äußerlich sichtbaren oder auch nur schmerzlich fühlbaren Wundmale an Händen und Füßen können zum Beispiel im Verlauf einer Psychotherapie auftreten. Die Male eitern nicht. Sie widersetzen sich einer medizinischen Behandlung und heilen ohne Narbenbildung wieder ab. Medizinisch-psychologisch gesehen, sind Menschen, die zu Stigmatisierungen neigen, leicht vegetativ erregbar und (auto)suggestiv zu beeinflussen.

Die Haut kann als Spiegel der Seele die verschiedenartigsten Stigmata aufweisen. Psychosomatiker sprechen von einem komplexen hysterischen Syndrom, das mit lokalisierten vasomotorischen – die Blutgefäße verengenden oder erweiternden – Ausfällen und entsprechenden trophischen (die Gewebeernährung betreffenden) Störungen einhergeht. Doch die Naturwissenschaftler können nur das Phänomen beschreiben. Wie und warum sich seelische Vorgänge somatisch manifestieren, wissen sie nicht zu erklären. Es gibt übrigens auch Fälle nichtreligiöser Stigmatisierung. So wird in der dermatologischen Fachliteratur der Fall einer neunjährigen Schülerin aus dem Jahr 1929 erwähnt. Sie wurde in die Hand gebissen. In der folgenden Zeit traten bei ihr immer wieder an den verschiedensten Stellen Stigmata in Form der Bissabdrucke auf.

Manche Menschen, die eine traumatische Erfahrung nicht bewältigen konnten und immer wieder von quälenden Erinnerungen heimgesucht werden, können diese Bilder kurzzeitig loswerden, indem sie sich selbst Verletzungen zufügen: »Blut tut gut – wenn es fließt, werde ich ruhig«, beschreibt das eine Betroffene, die sich regelmäßig mit dem Messer ritzt. Psychotherapeuten versuchen, diesen Menschen zu helfen. »Unser Therapieziel ist der erinnerungsfähige Mensch. Er soll sich erinnern können, ohne daran zu leiden«, sagt der Göttinger Psychiater Ulrich Sachsse (*Frankfurter Rundschau*, 27. 2. 2001). Dazu gehört es, ein anderes Bild vom eigenen Körper zu entwickeln, diesen nicht mehr als feindlich wahrzunehmen und zu quälen, sondern schätzen zu lernen.

Seit einigen Jahren ist in der westlichen Welt Mode geworden, was ursprünglich ein Charakteristikum von sehr alten Kulturen ist: Die eigene Haut als Ort der Selbstdarstellung zu nutzen. Das Piercen (Durchstechen), aus den USA kommend, gehört dazu: Ringe oder Stangen durchbohren nicht mehr nur die Ohrläppchen, sondern Nase, Augenbrauen, Zunge, Penis oder Schamlippen. Das bleibt oft nicht ohne Folgen. Zungen-Piercing kann zu einer Teillähmung der Zunge führen. Die Sensibilisierung der Klitoris kann durch »Intimschmuck« verloren gehen. Wenn der Ohr- oder Nasenknorpel infolge der Stiche sich entzündet, dann löst sich das infizierte Gewebe auf und muss chirurgisch entfernt werden. Ärzte des Bremer Zentralkrankenhauses stellten Anfang des Jahres 2001 in einer Untersuchung fest, dass es bei nahezu jedem fünften Gepiercten zu Entzündungen oder Allergien kommt.

Der Schmuck im Gesicht enthält die Botschaft: Das bin ich. Der Belgier Alex Lamprecht schaffte es 1997 mit 137 ›Stichen‹ zum Piercing Weltmeister.

Das sind bei schätzungsweise zwei bis drei Millionen Menschen in Deutschland mit derartigem Körperschmuck bis zu 600.000 Betroffene (*Der Spiegel*, 6, 2001). Offenkundig suchen die Gepiercten diesen starken Reiz; etwa den Schmerz, denn »was ich durch den Körper spüre, das hat wirklich mit mir zu tun«, interpretiert der Münchner Sozialpsychologe Heiner Keupp. Der ›Schmuck‹ im Gesicht enthalte die Botschaft: »Das bin ich!«

In unserer Welt leiden nach groben Schätzungen rund 1,2 Milliarden Menschen unfreiwillig an Hunger. Sie haben zu wenig oder nur Minderwertiges zu essen. Weitere 1,2 Milliarden Menschen sind krank, weil sie freiwillig zu viel oder zu wenig essen. 400.000 Menschen ließen sich im Jahre 1999 in den USA das Körperfett des zu viel Gefressenen absaugen. In Deutschland sind zur Jahrtausendwende fast eine Million Menschen von Ess-Störungen befallen. Großenteils verzehren sie zunächst – nach eigenem Gefühl – zu viel, und erbrechen es dann freiwillig wieder oder nehmen permanent Abführmittel. Bulimie nennt man diese Störung. Zwischen zehn und zwanzig Prozent der Fälle von Magersucht (Anorexie) enden tödlich. Diese Menschen haben ein inneres Bild von ihrem Körper, das mit dem äußeren Bild, das sie im Spiegel erblicken können, nicht übereinstimmt. Magersüchtige kommen sehr oft aus unauffälligen, angepassten, oft auch puritanischen Familien. Sie haben Probleme mit der Sexualität. Überdies hängen sie dem gesellschaftlichen Ideal an, schlank sein zu wollen. In Bayern ergab eine Umfrage an Schulen, dass dünner zu sein der Hälfte aller zehnjährigen Mädchen und einem guten Drittel ihrer männlichen Altersgenossen als erstrebenswertes Ziel erscheint. Ähnliche Beobachtungen machte man bei Umfragen in den USA. Die ebenfalls etwa zehnjährigen Mädchen schieben alle Probleme, die sie mit ihrer Umgebung haben, auf ihren vermeintlich unattraktiven Körper. Dabei spielt das tatsächliche Körpergewicht keine Rolle. Es sind starke innere Bilder, die sich entwickelt haben. Nach einer Umfrage unter 500 Internetnutzern finden sich nur fünf Prozent der Deutschen selbst wirklich schön. Jeder fünfte mag seinen Körper überhaupt nicht (*AP*, 12. 1. 2001).

Es kommt noch etwas hinzu: Die Magersüchtigen sehen in ihrer Fähigkeit zu hungern eine besondere Kraft. Sie fühlen sich im Besitz einer einzigartigen Fähigkeit: sich im Zaum halten zu können. Mit der Illusion ihrer vermeintlichen Macht über den eigenen Körper erfahren sie sich als autonom. Damit können sie das Gefühl der eigenen Unzulänglichkeit kompensieren. Und sie bekommen die anscheinend sonst vermisste verstärkte Zuwendung der besorgten Familie. In Deutschland sind zu Anfang des neuen Jahrtausends ungefähr hunderttausend Mädchen und Frauen magersüchtig (*KNA*, 15. 1. 2001). Wir leben in einer reichen Welt, aber zum Glücklichsein reicht es oft nicht. Denn viele Menschen nehmen sich und ihren Körper nicht im Glück und positiv wahr, sondern bestenfalls im Schmerz, im Unglück. Vielen fällt es leichter zu hungern als zu leben.

Die Hand des toten Mannes

Unser Verständnis von Medizin hat mit dem Körperbild des Arztes zu tun. Zum Beispiel dem Bild davon, was das Herz ist. Anders als in früheren Kulturen, die Herz mit Leben gleich setzten oder mit Liebe, ist es für den modernen Chirurgen eine Pumpe – austauschbar, wenigstens kurzzeitig, durch ein mechanisches Pumpgerät, dauerhaft durch das Organ eines anderen Menschen. Die Transplantationschirurgen des 20. Jahrhunderts haben bereits bewiesen, dass zahlreiche Organe, Körperteile des Menschen, ersetzbar sind. Aber – und das beachten die Mediziner nicht – ihren mechanischen Bildern entsprechen die Selbstbildnisse ihrer Patienten nicht.

Im September 1998 ist dem Neuseeländer Clint Hallam, damals Ende vierzig, in Lyon als erstem Menschen erfolgreich eine fremde Hand verpflanzt worden. Sie stammte von einem 41-Jährigen, der bei einem Motorradunfall ums Leben gekommen war. Nun zeigen uns schon unsere Sprach-Bilder, dass die Hand ein ganz besonderes Organ ist, um die Welt zu begreifen, die Dinge zu behandeln. Neurologen wie der US-Forscher Frank R. Wilson glauben, in der Evolution des Menschen sei der Gebrauch der Hand Voraussetzung dafür, dass der Mensch zur Sprache gekommen ist. Erst im Handeln und Begreifen entwickelten sich wohl auch die neuronalen Strukturen, die aus dem sprachlosen Frühmenschen den sprachbegabten *Homo sapiens* haben werden lassen. Beides ging gewissermaßen Hand in Hand. Andererseits weiß man auch, dass sich die Hand, ähnlich wie das Gesicht, als ein Gesamteindruck einprägt. Diese Überlegungen lassen es womöglich doch nicht als völlig absurd erscheinen, was die britische *Times* am 20. Oktober 2000 meldete. Hallam wolle sich des neuen Körperteils wieder entledigen: »Ich habe mich mental davon losgelöst.« Hallam hatte sich 15 Jahre vor der Transplantation bei einem Arbeitsunfall die eigene Hand abgesägt. Zwar hatten Psychologen ihn nach der Transplantation darauf vorbereitet, mit der Hand eines Toten zu leben. Dies ging anscheinend zunächst auch gut, die natürliche Abstoßungsreaktion schien beherrschbar. Doch am Ende hatte Hallam »begriffen«, dass die Hand des Toten »nicht meine Hand ist«. Bemerkenswert an der Geschichte ist die Reaktion der Ärzte: »Wir haben ihm eine Chance fürs Leben gegeben, und er hat sie ruiniert«, sagte der Chirurg Nadey Hakim: »Er ist der einzige Verantwortliche für das Scheitern.« Anfang

Februar 2001 entfernte man Hallam in London »die Hand des toten Mannes«, als die Hallam das Transplantat immer empfunden hatte.

Natürlich ist die Transplantation eines fremden Organs in einer Kultur kein Problem, wenn das Herz nur als Pumpe angesehen wird, die Niere als Filtriergerät und die Hand als feinmechanischer Apparat. Dann kommt es nur noch auf die handwerklichen Fähigkeiten des Chirurgen an. Der Arzt ist ein Handwerker und hoffentlich ein guter.

Wie sehr Bilder die Entwicklung der Medizin bestimmen, sieht man daran, dass in Japan, obwohl das Land an der Spitze des technischen Fortschritts marschiert, Transplantationen fast nicht vorgenommen werden. Man hat in Nippon, wie auch in anderen Ländern der Welt, etwa in Afrika, die Vorstellung entwickelt, dass nach dem Tode eines Menschen sein Geist zunächst gegenwärtig bleibt. Die Geister der Toten können den Lebenden nützen oder schaden, sie dürfen also nicht »erzürnt« werden. Japaner glauben, das Sterben sei nicht – wie nach westlichen Vorstellungen – mit dem Erlöschen der Gehirntätigkeit eines Menschen beendet, sondern etwa 30 Jahre danach. Erst dann sei der Geist des Toten endgültig »in die Berge zurückgekehrt«, aus denen er ursprünglich gekommen sei.

Die westliche Schulmedizin kann mit solchen Bildern nichts anfangen. Sie drücken aber anscheinend Erfahrungen aus, die man auch mit anderen, westlichen Menschen eher zugänglichen Bildern beschreiben kann. Bernt Hellinger, ursprünglich katholischer Ordenspriester und Schulleiter in Südafrika, hat ins Zentrum seiner Psychotherapie die Erfahrung gestellt, dass die »Ahnen«, genauer: ihre Bilder, im Leben des Individuums tatsächlich eine wesentliche Rolle spielen können. Da gibt es Verwandte, über die darf man im Familienkreis nicht sprechen. Sie umgibt ein Geheimnis, an das niemand rühren will: Jemand hat Selbstmord begangen oder ein Verbrechen, irgendetwas ist geschehen, dass nicht bekannt werden sollte, sonst wäre der gute Ruf der Familie beschädigt. Wie überall in Gemeinschaften kann es auch in einer Familie ›Schwarze Schafe‹ geben. Die Menschen und Sachverhalte, deren Existenz verdrängt wird, entfalten nun aber auch postum noch im Unterbewusstsein der Lebenden ihre Wirksamkeit. Nicht anders als die ›Ahnengeister‹ sind sie eine Realität. Bernt Hellinger hat eine Therapieform entwickelt, welche den Menschen hilft, mit sich und der Familie ins Reine zu kommen. »Nach meiner Erfahrung sind weit über fünfzig Prozent aller Probleme, die in die Psychotherapie gebracht werden, keine eigenen Probleme in dem Sinne, dass sie auf eigenes Erleben zurückgehen, sondern es ist die Wiederholung eines fremden Schicksals. Man kann diese einengenden Bilder zur Darstellung bringen, wenn man zum Beispiel ein Familiensystem aufstellt«, so Hellinger.

Bei Hellinger ist das eine Gruppentherapie mit lauter Stellvertretern. Der Patient, um dessen Familienbeziehungen es geht, wählt unter den übrigen, ihm fremden, Gruppenmitgliedern Stellvertreter für Vater, Mutter, Bruder, Schwester – sowie für andere in die Familie verstrickte Personen. Diese Darsteller seiner Beziehungen stellt er nun spontan im Raum auf, so wie sich die echten Familienmitglieder seinem Gefühl nach zueinander verhalten: der eine steht – buchstäblich – dem anderen näher oder ferner. Aus dem Familien-Bild ergeben sich für den Therapeuten durchaus schon Erkenntnisse. Doch auch die Stellvertreter selbst »fühlen«, so Hellinger, »wenn sie innerlich gesammelt sind, in der Regel wie die von ihnen dargestellten Personen.« Für Hellinger entsteht dabei »ein Bild, eine Einsicht in eine gewisse Richtung. Das spreche ich dann aus. Wenn Widerstand dagegen kommt, muss ich etwas anderes versuchen.« Damit wird nicht selten ein Entwicklungsprozess in Gang gesetzt, der für den Therapiebedürftigen hilfreich ist. Und um im Bild Hellingers zu bleiben, wie es sein Kollege Tilmann Moser einmal referiert hat: Dadurch »gewinnen auch die Toten durch ihre lebenden Stellvertreter ihre Gefühle zurück, vor allem dann, wenn sie gesehen, angesprochen, gewürdigt werden. Und in allen Aufstellungen scheint sich zu erweisen: Sie wollen nicht Vorwurf und Rache, sondern sind zu Freude und Liebe für die Überlebenden fähig, wenn sie in die Familie im liebevollen Gedenken wieder aufgenommen werden.« Das gilt freilich nicht für die wirklichen Verbrecher. Hellinger schickt sie symbolisch – dass heißt ihre Stellvertreter – hinaus, und dann ordnen sich die Beziehungen neu.

Nicht so sehr Hellingers Therapieansatz, mit dem er Erfolg hat, als vielmehr sein autoritäres Vorgehen, die Selbstgerechtigkeit mit der er seine – wenn auch aufgrund großer Erfahrung, höchst subjektiv gewonnenen – Erkenntnisse absolut setzt, stoßen zum Teil auf heftige Kritik. Das ist hier aber hier nicht mein Thema.

Das Menschenbild
der östlichen Medizin

Die Medizin und die sie betreibenden Ärzte in den entwickelten Industrieländern lieben es, Phänomene, die sie nicht verstehen, wenigstens beim Namen nennen zu können. Sie nennen zum Beispiel *Placebo* (lateinisch: ich werde gefallen) eine Arznei, die keine Wirkstoffe enthält, ein Scheinmedikament, das aber doch seine Wirksamkeit entfaltet, Nebenwirkungen eingeschlossen. Es kann dieselben medizinisch nachweisbaren Effekte verursachen wie das echte Medikament (das *Verum*), für das der Patient oder unter Umständen auch der Arzt das Placebo hält.

Voraussetzung für den Erfolg eines Arztes ist, dass er im Bilde ist – zumindest zu sein vorgibt. Und auch wenn er einen Sachverhalt nicht versteht, weiß er ihn zumindest zu benennen; Stichwort Placebo.

Kennzeichen der westlichen Schulmedizin ist es, Krankheitsbilder zu erkennen und die sich dahinter verbergenden Krankheiten zu heilen. Dies ist beispielsweise nach Infektionen möglich, indem man den Infektionserreger abtötet. Es gelingt sogar prophylaktisch durch Impfung, die vor einer Infektion schützen kann. Bei vielen Leiden werden aber nach wie vor nur Symptome behandelt: Defekte Körperteile werden ausgewechselt oder soweit als möglich repariert.

Ganz anders geht die traditionelle chinesische Medizin vor. Vor 2200 Jahren wussten die Ärzte im Reich der Mitte von Adern und Blut, von Muskeln, Knochen und Sehnen herzlich wenig. Aber sie hatten sehr genau die Dynamik der menschlichen Entwicklungsmöglichkeiten studiert. Und dies nicht nur am einzelnen Menschen, sondern vielmehr, indem sie die gesellschaftlichen Prozesse ihrer Zeit beobachteten. Das daraus entstandene medizinische Weltbild »beruht auf einer Projektion«, sagt Paul U. Unschuld, der Leiter des Instituts für Geschichte der Medizin an der Universität München: Aus der lange währenden Zeit der kämpfenden Reiche des 5. bis 3. Jahrhunderts vor Christus stammte das Wissen, dass die Schwäche eines Staates die Kräfte des Nachbarn zum Einfall ermutigt. Die Reichseinigung im Jahre 221 vor Christus führte erstmals in der Geschichte Chinas die bis dahin unabhängigen Kleinstaaten in ein Gesamtsystem, in dem das Wohl des Ganzen vom Zusammenwirken der Einzelteile abhing. Eine sorgsam gegliederte und von abstrakten Gesetzen geleitete Bürokratie, vor denen jeder mit Ausnahme des Kaisers gleich war, verhießen für die Zukunft Ordnung und Harmonie.

Diese Umwälzungen, so Unschuld, lenkten einen neuen Blick auf den Körper und das Verständnis seiner Normalität und Krankheit. »Organe wie Herz, Lunge und Leber waren aus der Schlachtung oder Küche bekannt. Die Vorstellungen aber, welche Funktionen diese und andere Organe erfüllten, welcher Zustand als normal und welcher als krankhaft anzusehen sei, in welcher Hierarchie die Organe sich befinden und wie sie verknüpft sind, welchen Bedrohungen von außen sie sich zu stellen haben und wie sie sich dagegen wehren – all dies wurde nicht von der Anschaulichkeit des menschlichen Körpers, sondern von Anregungen aus der Umwelt der Beteiligten geprägt. Zu dieser Umwelt zählten auch die Sozialtheorien jener Zeit, allen voran Konfuzianismus und Legalismus ...« (*Einsichten*, Forschung an der Ludwig-Maximilians-Universität München, 18, 2, 2000). Offensichtlich kann man heute noch mit einem solchen Weltbild Menschen erfolgreich behandeln – und zwar, anders als die westliche Schulmedizin, bereits bevor der Mensch krank wird. Was damit gemeint ist, schilderte der Münchner Erforscher der chinesischen Medizin, Manfred Porkert. In seinem Buch *Die chinesische Medizin* (Econ, 1982) zitiert er eine alte Quelle, das *Shiji*, die erste offizielle chinesische Dynastiegeschichte, mit einer Begebenheit aus dem Leben des Arztes Bian Que, vermutlich ein Zeitgenosse von Konfuzius (551 bis 479 vor Christus):

Einmal kam Bian Que in das Fürstentum Qi. Der Fürst Huan lud ihn als gelehrten Gast an den Hof. Als er dort eintraf, sagte Bian Que sogleich: »Eure Majestät sind krank. Die Krankheit steckt erst in den Poren. Wird sie nicht behandelt, dann dringt sie in die Tiefe.« Darauf Fürst Huan: »Wir haben keine Krankheit«. Seinen Leuten sagte der Herrscher, nachdem der Arzt gegangen war: »Die Ärzte sind doch nur auf Gewinn aus! Sie wollen sich Verdienste erwerben, indem sie Leute behandeln, die gar nicht krank sind.« Fünf Tage später erschien Bian Que abermals zur Audienz und sagte nun: »Eure Majestät sind krank. Die Krankheit steckt bereits in den Leitbahnen. Wenn man sie nicht behandelt, so fürchte ich, wird sie in die Tiefe dringen.« Darauf der Fürst: »Wir haben keine Krankheit.« Bian Que ging, erschien aber erneut nach weiteren fünf Tagen und beharrte darauf: »Majestät sind krank. Die Krankheit ist zwischen den Funktionskreisen der Därme und des Magens. Wird sie nicht behandelt, so dringt sie sicher noch tiefer.«

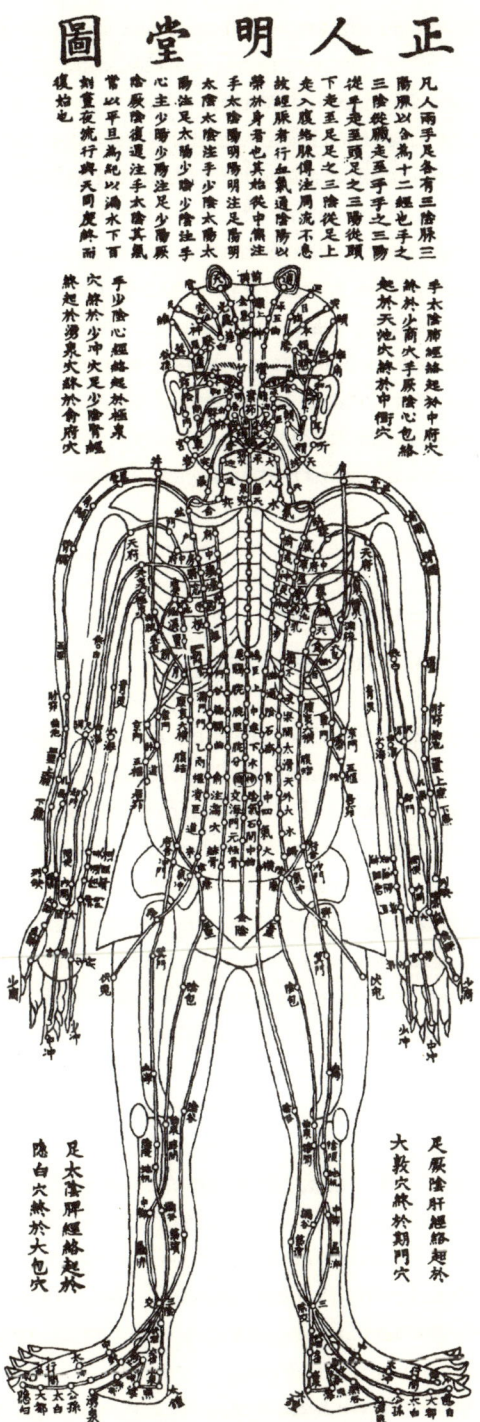

Ärzte im alten China machten sich ein völlig anderes Bild vom menschlichen Körper als sich moderne westliche Mediziner machen. Trotzdem kann man auch heute noch mit dem alten Weltbild Menschen erfolgreich therapieren. (Darstellung der Leitbahnen in den 1874 erschienenen Zhenjiu jicheng (Kompendium der Aku-Moxi-Therapie)).

Die Kraft der inneren Bilder

Der Fürst antwortete nicht, und der Arzt verließ ihn. Nach weiteren fünf Tagen erschien Bian Que nochmals, verschwand aber gleich wieder, nachdem er den Fürsten von weitem erblickt hatte. Nun ließ Huan einen Diener dem Arzt nachgehen und ihn nach dem Grund für sein Verhalten fragen. Bian Que antwortete: »Als die Krankheit in den Poren saß, war sie durch Bäder und heiße Anwendungen zu erreichen. Als sie in den Leitbahnen saß, konnte man ihr mit Nadeln und spitzen Steinen beikommen. Als die Krankheit zwischen den Funktionskreisen der Därme und des Magens saß, konnte man sie mit Wein und Arzneien behandeln. Nun, da sie in Mark und Knochen sitzt, hat es keinen Sinn mehr, mich zur Konsultation zu bitten.« Weitere fünf Tage später erkrankte Fürst Huan. Er sandte einen Diener, um Bian Que rufen zu lassen. Doch der war inzwischen entflohen. Darauf starb Fürst Huan.

Das Menschenbild der westlichen Medizin

Die weisen Ärzte im alten China bemühten sich, Zusammenhänge zu erkennen, die sie mit den ihnen zur Verfügung stehenden Bildern beschrieben. Diesen umfassenden Blick auf den Patienten haben die westlich geschulten Ärzte heute im allgemeinen nicht.

Im Gegenteil. »Der vorherrschende Gesundheitsbegriff beschreibt das gute Funktionieren einer Maschine – einer sehr komplizierten Maschine, die man aber zerlegen kann in Teilmaschinchen ... Es fehlt der Medizin eine Definition des erlebenden Körpers. Eine Definition für Seele hat sie auch nicht, wenn beides getrennt formuliert wird. Das Menschenbild der Medizin ist technokratisch. Der biotechnisch nicht fassbare Inhalt geht verloren, um den kümmern sich die meisten Mediziner nicht.« Das sagte Thure von Uexküll, der 1908 geborene Nestor der Psychosomatik, in einem Interview mit Werner Bartens (*Die Zeit*, 8. 2. 2001). Uexküll verweist auf Untersuchungen, wonach nur fünf Prozent aller Krankheiten mit dem engen mechanistischen Konzept der Schulmedizin erfasst werden könnten. »Wir erliegen dem jahrtausendealten Missverständnis, dass uns eine Realität vorgegeben sei, die wir nur in unserem Körper abzubilden brauchten, der wir uns anpassen müssen, damit wir nicht zugrunde gehen. Der ganze Darwinismus beruht ja auf dieser Vorstellung. Aber es gibt keine vorgegebene Realität. Alle Realität ist von uns selbst konstruiert. Es gibt natürlich auch Fehlkonstruktionen. Und genau hier fängt die Krankheit an. Dies muss die Medizin beachten.« Wir müssen, sagte der Gelehrte, unsere Wirklichkeit passend konstruieren, und sie passt eben häufig nicht: In einem durch Chemikalien völlig verseuchten Haus zum Beispiel »kann man es sich nicht gemütlich machen«.

Nun erfassen die Genetiker und Molekularbiologen heute mehr und mehr ein Zentrum des Lebens, das Erbgut, dass was ein Mensch an die folgenden Generationen weitergeben kann. Uexküll relativiert auch dies: Niemand mache sich klar, »dass auch die Gene zu einem Zeichensystem gehören, das interpretiert werden muss. Was genetisch ausgedrückt wird, muss auch vom Körper akzeptiert werden: Die in den Genen vorgegebene Bauanleitung für ein bestimmtes Eiweiß garantiert noch lange nicht, dass dieses auch entsteht. Es hängt davon ab, in welcher Verfassung der Empfänger ist, welche Bedeutung er dem Zeichen erteilt. Gegenwärtig kommt wieder das mechanistische Menschenbild zum Vorschein, das verhindert, dass die Gegenseitigkeit der Zeichenprozesse anerkannt wird.« Das Leben, so Uexküll, »ist entstanden durch Ko-Evolution«.

Der Mensch hat auch dann, wenn ihm etwas fehlt, wenn er sich krank fühlt, das Bedürfnis, zu erfahren, was ihm fehlt. Eben das kann der Arzt ihm oft nicht sagen. Er erfindet dann Begriffe wie die »Multiple chemische Sensitivität« (MCS). Dahinter steckt die Vorstellung, Chemikalien könnten in feinster Dosierung dem Menschen schaden. Tatsächlich weiß man, dass Allergiker hochsensibel auf die unterschiedlichsten Substanzen reagieren. Die MCS-Patienten reagieren noch ungleich empfindlicher – aber möglicherweise doch gar nicht auf die Substanzen selbst. Jedenfalls lehnen die Toxikologen heute in ihrer Mehrheit die Vorstellung ab, Chemikalien in unfassbar geringer Konzentration seien die Auslöser der – unbezweifelbar – schweren, ja manchmal sogar lebensbedrohlichen Erkrankungen von MCS-Patienten.

Die Zusammenhänge sind offensichtlich höchst kompliziert, und es gibt keine schlüssige Interpretation. Das Bild, das sich die Betroffenen machen – zum Beispiel, bestimmte Holzschutzmittel seien die Ursache ihres Leidens – lässt sie in ihrer Verzweiflung drastische Maßnahmen ergreifen. Sie trennen sich von Haus, Mobiliar, bisweilen sogar von ihren Büchern. Manchmal hat das Leiden dann tatsächlich ein Ende.

Aber auch das ist kein Beweis für die Richtigkeit der Vermutungen über den Krankheitsauslöser. Die Vermutung der Toxikologen, MCS sei psychisch bedingt und nicht körperlich (somatisch), ist ebenso wenig eine hinreichende Erklärung. Am plausibelsten erscheinen die Vorstellungen Thure von Uexkülls: »Rein somatisch ist gar nichts. Es gibt nur psychosomatische Krankheiten.« Und etwas, das man »eingebildete Krankheiten« nennt, sind nach der Definition Uexkülls »Anpassungsstörungen auf der psychosozialen Ebene«.

Ein Patient lebt über neun Jahre mit Lungen- und Lebermetastasen eines Dickdarmkrebses und betreut seine schwer nierenkranke Frau, die schließlich dialysiert werden muss. Nach einer erfolgreichen Nierentransplantation fühlt sich die Frau wieder gesund. Hilfsbedürftig ist jetzt ihr Mann, dessen Lungenmetastasen wachsen. Warum geschieht das?

Der Nürnberger Onkologe Walter M. Gallmeier und sein Mitarbeiter Herbert Kappauf gehören zu den wenigen Medizinern in Deutschland, die sich für solche Fragen interessieren. Sie bestätigen (SZ, 15. 12. 1999) das Desinteresse ihrer Fachkollegen daran, diese Zusammenhänge zu erforschen, »während sich esoterische Krankheitskonzepte außerhalb der Wissenschaft breiter Zustimmung erfreuen.« Wie schon gesagt, niemand versteht, warum und wie ein Placebo wirkt. Der in diesem Zusammenhang in den letzten Jahren verwendete Begriff Psychoneuroimmunologie ist kaum mehr als ein Bild. Und Bilder werden für die unverstandene Wirklichkeit genommen. Kappauf nennt das Beispiel: Weil die Beziehung ›verknotet‹ ist, hat sich, so glaubt mancher Esoteriker, ein ›Knoten‹ in der Brust gebildet. Der Münchner Humorist der ersten Hälfte des 20. Jahrhunderts, Karl Valentin, hat ein freundlicheres Beispiel dafür gefunden, wie problematisch es ist, zwischen Bild und Wirklichkeit nicht unterscheiden zu können: Er beschreibt, dass er geträumt habe, er sei eine Ente und habe gerade einen appetitlichen Wurm gefunden, als er aufgewacht sei. Während seine Partnerin, Liesl Karlstadt, den Gedanken, einen Wurm zu verspeisen, grässlich findet, meint Valentin, für »a Antn« (eine Ente) sei dies ein schöner Traum, und er sei im Schlaf nun einmal eine Ente gewesen.

Unverhoffte Genesung

Zu erforschen, welche Bilder ein Mensch sich macht, kann praktischen Nutzen haben; zum Beispiel, wenn dieser Mensch gesund wurde, obwohl er nach medizinischem Wissen unheilbar krank gewesen ist. In jüngster Zeit beginnt sich sogar die Schulmedizin ein wenig für das Phänomen der Spontanheilung zu interessieren: Menschen mit allen möglichen Leiden im fortgeschrittenen Zustand, die nach ärztlichem Ermessen hoffnungslos krank sind, werden plötzlich wieder gesund. Erfahrungsberichte darüber gibt es seit vielen hundert Jahren. Erst neuerdings werden sie systematisch ausgewertet. Man wollte wissen, ob es das Phänomen bei sehr kritischer Bewertung tatsächlich gibt oder ob nur die Diagnose falsch gestellt worden ist; also der plötzlich gesund gewordene Mensch gar nicht todkrank war. Nun sind einige Berichte selbst bei genauem Hinsehen eindeutig, das heißt, Spontanheilungen kommen in der Tat vor, wenn auch sehr selten. Deshalb sind endlich sogar die Wissenschaftler neugierig geworden. Sie wollen verstehen, was da passiert.

In Deutschland zum Beispiel untersucht die *Arbeitsgruppe Biologische Krebstherapie* um den schon genannten Arzt Herbert Kappauf am Klinikum Nürnberg Fälle von Spontanremissionen bei Krebs. 1995 erschien in der Bundesrepublik die Übersetzung einer Studie von Caryle Hirshberg und Marc Jan Barasch: *Unerwartete Genesung* (Droemer Knaur). Die beiden Autoren sind in den USA 50 Fällen von medizinisch gut dokumentierten ›unerklärlichen‹ Heilungen auf der Suche nach Erklärungen nachgegangen. In unserem Zusammenhang ist wiederum bemerkenswert, dass sich die Patienten Bilder von ihrer Krankheit machen, um sie besiegen zu können, und welche Bilder dies sind.

Weil die Menschen nun einmal verschiedene Charaktere haben und deshalb auf dramatische Situationen unterschiedlich reagieren, muss man die Frage nach den Bildern im Zusammenhang mit der jeweiligen Persönlichkeit sehen. Hirshberg und Barasch haben jedenfalls ihre Fälle von Spontanheilung mit dem Psychiater und Hypnose-Experten Herbert Spiegel in New York diskutiert. Spiegel hat, in dem Bemühen zu verstehen, warum sich die Menschen unterschiedlich leicht oder schwer hypnotisieren lassen, drei Charaktertypen ausgemacht. Er beschreibt sie mit Bildern aus der Welt der Antike: Nach dem griechischen Gott *Apollo*, der das rationale Prinzip verkörpert, nennt Spiegel den schwer hypnotisierbaren, sich mehr durch den Verstand als durch Leidenschaften leiten lassenden Typ den Apollonier oder apollinisch; im Gegensatz zum leicht hypnotisierbaren Dionysier oder dionysischen Typ, nach *Dionysos* benannt, dem griechischen Gott des Weines und der rauschhaften Lebensfreude. Diese Unterscheidung hat Spiegel freilich nicht selbst erfunden, sondern von dem Philosophen Friedrich Nietzsche übernommen. Schließlich kennt Spiegel auch noch den Odysseaner, genannt nach *Odysseus*, dem listenreichen Helden Homers, der nach dem Ende des Trojanischen Krieges erst nach langer Irrfahrt (Odyssee) in die Heimat zurückkehren konnte. Der Odysseaner ist nach Spiegel ein »Reisender zwischen den Stimmungen«, der zwischen Gefühl und Verstand hin und her pendelt und, empfänglich für Veränderungen in der Außenwelt, ein stabiles inneres Gleichgewicht sucht. Unerwartete Genesungen kommen bei allen drei Persönlichkeitstypen vor. Je nach Typus verarbeiten die Menschen ihre an sich unheilbare Krebskrankheit auf unterschiedliche Weise.

Zum Beispiel die Amerikanerin Lesley Bermingham – genannt nach dem Schauspieler und Frauenliebling der vierziger Jahre, Lesley Howard. Ein apollinischer Charakter. Ihre Methode, den Krebs, der Nieren, Lunge und Gehirn befallen hatte, zu besiegen, beschrieb sie im Nachhinein mit Sätzen wie: »Von mir wird es nicht heißen, die schafft es nicht.« Oder: Man müsse »Die Technik als Waffe gebrauchen und sie mit Gedanken an die eigene Genesung noch schärfer machen. Mit den Ärzten gleichberechtigt zusammenarbeiten. Sie können einen nicht heilen, wenn man sich selbst aufgibt.«

Dagegen ist die Holländerin Geertje Brakel eher eine Dionysierin; besonders leicht hypnotisierbar, voller starker Gefühle. Bei ihr hatte man einen inoperablen Eierstocktumor entdeckt. Ihre Reaktion: »Ich beschloss augenblicklich, mich selbst zu heilen, wenn die Ärzte es nicht konnten.« Tatsächlich fand sie einen Hypnosetherapeuten, den sie von Anfang an völlig akzeptierte. Eines der Bilder, die ihren Kampf gegen die tödliche Krankheit beschreiben, schildert sie so: »Wie zwei reale Personen im Raum sah ich den Tod neben dem Leben stehen. Je stärker der Tod wurde, desto stärker fühlte ich die Lebensenergie durch meinen Körper pulsieren. Die Hitze wurde so groß, dass mich Menschen, die neben mir saßen, fragten, ob ich ein Ofen oder Heizkörper sei.«

Der Odysseanerin Inge Sundstrom aus Schweden gab ihr Arzt nach einem Lungenkrebsbefund noch sechs Monate Lebenserwartung. Sie entwickelte ein ganzes Programm zur – am Ende erfolgreichen – Selbsthilfe: Hirshberg und Barasch referieren: Wenn sie nicht einschlafen konnte, machte sie Atemübungen, atmete fünf oder sechs Herzschläge lang ein, sog bewusst die Luft in ihre Lungen und stellte sich vor, wie sie an einem unachtsamen ›Tumorposten‹ vorbeiströmte und wie ihr Immunsystem den Krebs langsam zerstörte. Sie betätigte sich künstlerisch und malte ihre weißen Blutkörperchen als kraftstrotzende robuste Geschöpfe mit kräftigen Armen, die durch ihr Blut schwammen, Krebszellen jagten, »Stücke aus ihnen herausrissen, sie zerquetschten, zerfetzten, vernichteten.«

Das Bild vom Tod

Sterben ist ein Lebensabschnitt, dessen Gesetzmäßigkeiten sich der Forschung durchaus erschließen. Der Endpunkt dieses Prozesses, der Tod selbst, ist jedoch unerforschlich. Und doch scheinen sich, empirisch nachweisbar, nicht selten Sterbenden Bilder aufzudrängen, welche die noch nicht Verstorbenen als Einbrüche einer anderen Welt erleben.

Für die meisten naturwissenschaftlich arbeitenden Wissenschaftler ist das Transzendente kein Forschungsthema. Dabei spielt die Angst, als unseriös zu gelten, wenn man sich darauf einlassen würde, eine große Rolle. Einige Forscher allerdings sammeln seit geraumer Zeit ›Todes‹-Erfahrungen und werten sie auf etwaige darin erkennbare Gesetzmäßigkeiten aus. Die 1977 gegründete *International Association for Near Death Studies* (IANDS) hat Nah-Todeserlebnisse (Near-Death Experiences, NDE) bis 1990 in etwa 60 Publikationen analysiert. »Dabei stellte sich heraus, daß etwa ein Drittel aller Menschen, die schon einmal wiederbelebt wurden, beziehungsweise dem Tode sehr nahe waren, ein NDE hatten«, berichtete Michael Schröter-Kuhnhardt vom Psychiatrischen Landeskrankenhaus Weinsberg in der *Zeitschrift für Allgemeinmedizin* (Nr. 66, S. 1014, 1990).

Die scheinbar plausibelste Erklärung der Nah-Todeserfahrung als Wunschvorstellung, als Möglichkeiten des Organismus, durch eine euphorische Intonierung den Sterbenden Ängste zu nehmen, ist falsch. Denn sie blicken nicht nur ins Paradies, wie der Brandner Kaspar in dem volkstümlichen bayerischen Theaterstück von Josef Maria Lutz *(Der Brandnerkaspar schaut ins Paradies)*. Vielmehr sammelten Thanatologen (Sterbeforscher) in letzter Zeit systematisch auch die manchmal mit NDE einhergehenden Erlebnisse der Hölle.

»Da waren Stimmen, die lachten mich aus und sagten, das ganze Leben sei nur ein Traum: Es gibt weder Himmel noch Hölle noch die Erde. Alles ist nur Halluzination. Ich passierte ein Stadium schrecklichen Durstes, und die Stimmen lachten wieder und sagten: Du denkst, das ist schlimm? Warte nur bis zur nächsten Station. Ich fand mich wieder, nackt im Nichts, konnte eine Ewigkeit nichts sehen oder tun. Ich war entsetzt und dachte mir: Wenn ich wenigstens Kleider anhätte, dann könnte ich Fäden herausziehen, sie verknoten und etwas daraus weben. Und: Wenn ich doch auf einem Stuhl säße, den könnte ich zerbrechen und etwas aus den Splittern zu machen versuchen. Die mich überwältigende Erkenntnis war, daß die Ewigkeit immer und immer dauern wird, Zeit ohne Ende. Was kann man tun, ewig im Nichts?« So schildert eine 24-jährige Frau ihre Erlebnisse während einer Äther-Narkose – eine Frau, die zuvor niemals etwas von NDE gehört hatte. Der amerikanische Psychiater Bruce Greyson und seine Mitarbeiterin Nancy Evans Bush haben diese und andere Höllenerfahrungen gesammelt und analysiert *(Psychiatry*, Bd. 55, S. 95, 1992).

Noch ein Gedanke scheint mir wichtig. Was immer in dieser Ausnahmesituation am Rande des Todes geschehen mag: Man weiß von Beobachtungen, die Betroffene machten, indem sie sich gleichsam über dem eigenen Körper schwebend zusahen, obwohl sie nach medizinischer Erkenntnis weder sehen noch hören konnten. Denn man hat – etwa während einer Gehirnoperation – keine Aktivität des Großhirns, erkennbar am Gehirnstrombild (EEG), feststellen können. Wieder ins Leben zurückgekehrt, konnten die Menschen jedoch von ihren Nah-Todeserfahrungen berichten. Diese hatten sich nämlich den Betroffenen im Gehirn – dem Ort des Gedächtnisses – eingeprägt. Es bestand also immer eine Verbindung zwischen dem Denk-Organ und seinem Körper, wie nahe auch ein solcher Patient einer anderen Welt gekommen sein mag.

Die britischen Psychiater Glenn Roberts und John Owen vermuten, dass »viele der volkstümlichen Bilder von einem Leben nach dem Tode ihren Grund in Nah-Todeserfahrungen haben und kulturspezifische Erwartungen nicht nur die Bilder von NDE bestimmen, sondern vielmehr

Nah-Todeserfahrungen sind unter Umständen mit schrecklichen Bildern verbunden. Die Betroffenen deuten sie jeweils dem eigenen kulturellen Hintergrund entsprechend, etwa als Bilder von Paradies oder Hölle. (Der Teufel bemächtigt sich des Sterbenden, Holzschnitt aus dem 16. Jahrhundert.)

ihren Ursprung in diesen Erfahrungen haben« (*British Journal of Psychiatry*, Bd. 153, S. 607, 1988). Schröter-Kuhnhardt weist darauf hin, dass Nah-Todeserfahrungen schon vor Jahrtausenden in den verschiedensten Kulturen dokumentiert worden seien, »sei es in Babylon (festgehalten im 5000 Jahre alten Gilgamesch-Epos), sei es im katholischen Mittelalter (aus dem die erste, 500 Jahre alte Fallsammlung stammt), oder im ebenso alten chinesischen und im japanischen Amida-Buddhismus.« Die »göttlichen Gestalten«, die den sich dem Tode nahe Fühlenden zuweilen erscheinen, werden von diesen der eigenen Kultur entsprechend gedeutet: »Von keinem Hindu wurde berichtet, er habe Jesus gesehen, und kein Christ begegnete einer Hindu-Gottheit«, schreiben Roberts und Owen. Dies verdeutlicht noch einmal, dass es sich hier um Bilder handelt – jedenfalls dass der Mensch, der sich dem Tode nahe fühlt, was ihm auch immer tatsächlich begegnet sein mag, dies mit den ihm zur Verfügung stehenden Bildern interpretiert.

Die Kraft der inneren Bilder

V. Geistige und geistliche Weltbilder

Was ist Wahrheit?

Wir suchen die Wahrheit – und machen uns Bilder. Kann man die Wahrheit hinter den Bildern sehen? Und was ist die Wahrheit? Wohl jedes Schulkind in Deutschland lernt im Gymnasium den *Erlkönig* kennen. Davon leitet sich übrigens auch die Bezeichnung für den Prototypen eines Autos ab, dessen Aussehen noch nicht bekannt werden darf. Sein Bild soll im Nebel bleiben, während er noch getestet wird. Ich meine allerdings das Gedicht von Johann Wolfgang von Goethe. Darin werden – unter den Aspekten dieses Buches gedeutet – zwei Weltbilder sichtbar:

> »Mein Sohn, was birgst du so bang dein Gesicht?«
> »Siehst, Vater, du den Erlkönig nicht?
> Den Erlenkönig mit Kron' und Schweif?« –
> »Mein Sohn, es ist ein Nebelstreif.« –

Der Vater beschreibt gewissermaßen die Wahrheit des Naturwissenschaftlers: »Es ist ein Nebelstreif«, oder an anderer Stelle: »In dürren Blättern säuselt der Wind.« Die Fantasiebilder des Sohnes, der im Fieberwahn den Erlkönig sieht und Angst vor ihm hat, bilden dagegen eine ganz andere Wirklichkeit ab: »Erlkönig hat mir ein Leids getan!« Der Vater erfährt sie erst später: »In seinen Armen das Kind war tot.«

Ich will damit sagen: Es gibt Bilder, die beschreiben nicht die Realität, und trotzdem enthalten sie gewissermaßen die ganz persönliche Wahrheit. Es sind Bilder, die uns ergreifen. Filme, die in uns eindringen und die wir nie wieder vergessen können.

Auch Musik gehört dazu – Hörbilder. Besonders nachhaltig wirken die Bilder und die Musik unserer Jugend. Es gibt Therapeuten, die arbeiten mit Schlaganfall-Patienten, die massive Lähmungen haben. Man weiß, dass das menschliche Gehirn sehr ›plastisch‹ ist und durch ›Umschaltungen‹ Schäden wieder ausgleichen kann. Man muss dies aber trainieren. Hierfür kann man sich die alten Hörbilder zunutze machen. Beim Deutschen Evangelischen Kirchentag 1993 in München berichtete ein Therapeut, dass er seinen gelähmten Patienten die Schlager ihrer Tanzstundenzeit vorspielte. Dabei begannen auch die gelähmten Gliedmaßen im Tanzrhythmus zu zucken. Die Erinnerung an die bewegte Jugend brachte buchstäblich wieder etwas in Bewegung.

Ich habe schon auf den (nicht immer einheitlich gemeinten) philosophischen Begriff des Konstruktivismus hingewiesen. Nach der Definition von Paul Watzlawick geht es den Konstruktivisten darum, zu verstehen, »wie wir Menschen unsere eigene Wirklichkeiten erschaffen«. Watzlawick betont vor allem den folgenden Gedanken: »Aus der Idee des Konstruktivismus ergeben sich zwei Konsequenzen. Erstens die Toleranz für die Wirklichkeiten anderer – denn dann haben die Wirklichkeiten anderer genauso viel Berechtigung wie meine eigene. Zweitens ein Gefühl der absoluten Verantwortlichkeit. Denn wenn ich glaube, daß ich meine eigene Wirklichkeit herstelle, bin ich für diese Wirklichkeit verantwortlich, kann ich sie nicht jemandem anderen in die Schuhe schieben« (*Die Unsicherheit unserer Wirklichkeit*, 1982).

Herzerfüllende Bilder

Der Mensch braucht Bilder; sie können heilsam sein. Viele Menschen haben im Laufe ihres Lebens einen Fundus von Gedichten, Liedern, Bibelsprüchen angesammelt, die ihnen wichtig geworden sind. Das müssen nicht, können aber Kunstwerke sein. Ihren Verfassern ist es gelungen, für menschliche Grunderfahrungen und -situationen Worte zu finden, die unauslotbar sind und zeitlos gültig bleiben. Ich nenne zwei Beispiele, wie sie gegensätzlicher nicht sein können.

Die griechische Dichterin Sappho – sie lebte ungefähr von 612 bis 557 vor Christus – hat in einem nur zwei Zeilen langen Gedicht ein Bild gefunden, das ihre Erschütterung durch die Liebe beschreibt, eine Erfahrung, die gewiss zu allen Zeiten viele Menschen teilen:

> *Geschüttelt hat Eros mir die Sinne,*
> *Wie ein Wind vom Berg herab in die Eichen fällt.*
> (Übersetzt von Wolfgang Schadewaldt)

Die älter werdende Frau stürzte sich, nachdem ihr junger Geliebter Phaon sie verlassen hatte, verzweifelt von einer Klippe auf der Insel Leukas ins Meer, »denn der unheilbare Verfall des Lebens ist da.«

Der evangelische Theologe und Widerstandskämpfer Dietrich Bonhoeffer hat ein Gedicht geschrieben, dessen letzte Zeilen lauten:

Von guten Mächten wunderbar geborgen,
Erwarten wir getrost, was kommen mag.
Gott ist mit uns am Abend und am Morgen
Und ganz gewiß an jedem neuen Tag.

Dieses Gedicht entstand in der Gestapo-Haft in der berüchtigten Prinz-Albrecht-Straße in Berlin, Silvester 1944, wenige Monate bevor sein Verfasser vom NS-Regime umgebracht wurde.

Ursprünge des Neuen Testaments

Der Versuch des Menschen, die Wahrheit hinter den Bildern zu sehen, und sich keine Illusionen zu machen, ist auch ein Prozess der Entmythologisierung. Seine Anfänge liegen weit zurück: Bereits vor rund 3000 Jahren, als Sonnengott und Mondgöttin den Alten Orient regierten, entzauberten die Verfasser des alttestamentlichen Schöpfungsberichts die Sonne als »ein großes Licht« und den Mond als »ein kleines Licht«. Positiv gesehen ist ein Weltbild Ergebnis der Versuche, Welt-Erfahrungen zu reflektieren, ohne dabei den Geist aufzugeben; also ohne das *sacrificium intellectus*; eine Formel, die sich aus der dem Tertullian zugeschriebenen Formulierung *credo quia absurdum* (ich glaube gleichsam das Absurde) ableitet.

Man muss sich, wenn man Zusammenhänge verstehen will, für die Ursprünge der Bilder interessieren. Und das heißt in unserem Kulturraum, man muss sich mit den Anfängen, ja, noch weiter zurückgehend, mit den Voraussetzungen des Christentums beschäftigen. Der Reformator Martin Luther zog daraus die Konsequenz, die für viele Menschen auch heute gilt: Man muss die Bibel lesen. Doch die Bibel in Gestalt des Neuen Testaments ist kein Protokoll von Begebenheiten. Das Werk ist um das Jahr 200 abgeschlossen worden. Genau genommen bestimmte erst der Metropolit von Alexandria, Athanasius, anno 367 in einem Osterfestbrief autoritativ den heutigen Umfang des Neuen Testaments. Das Älteste darin sind die Briefe des Apostels Paulus, etwa

Anfang der sechziger Jahre verfasst. Paulus hat Jesus nie persönlich kennen gelernt. Historisch belegt ist, dass Paulus während der Regierungszeit des Kaisers Lucius Domitius Nero umgebracht wurde. Der römische Kaiser regierte von 54 bis 68 nach Christus. Die Schriften des Paulus müssen also vor dem Jahre 68 entstanden sein. Das älteste Evangelium ist das des Markus, in den achtziger Jahren aufgeschrieben, gefolgt von dem des Matthäus aus den neunziger Jahren. Das Johannes-Evangelium entstand um das Jahr 100, das des Lukas sowie die Apostelgeschichte wurden gar erst etwa anno 120 verfasst, ungefähr neunzig Jahre nach Jesu Tod.

Man kann versuchen, sich vorzustellen, was ein solcher Zeitraum bedeutet: Was wissen zum Beispiel die heute Lebenden, wenn sie sich neunzig Jahre zurück erinnern wollen? Was weiß ein heute Dreißigjähriger über seinen Ur-Urgroßvater, der 1910 gestorben ist? Vielleicht war er ein sehr beliebter Mann, von dem es viel zu erzählen gab. Und diese Geschichten sind bis heute überliefert worden, werden durch den einen oder anderen Brief aus der Zeit vor dem Ersten Weltkrieg illustriert. Apropos Krieg: Anno 120, als die farbige Apostelgeschichte verfasst wurde, waren bereits über fünfzig Jahre seit dem großen Krieg der Juden gegen die Römer vergangen, der mit der Zerstörung des Tempels in Jerusalem als geistigem und politischem Mittelpunkt der Juden endete. Der Zweite Weltkrieg lag am Ende des 20. Jahrhunderts etwa eben so lange zurück. Wir haben heute weit bessere Möglichkeiten Erinnerungen aufzubewahren als die Menschen vor 2000 Jahren. Doch damals wie heute haben die Kriege vieles vernichtet. Die Autoren der neutestamentlichen Schriften konnten zwar zum Teil auf Sammlungen von Sprüchen zurückgreifen. Sie haben sich aber jeweils ganz eigene Bilder davon gemacht, wie das Auftreten und das Schicksal des Rabbi Jesus zu deuten sei – und diese Bilder widersprechen sich folglich.

Jesus wuchs im Norden Palästinas auf, in Galiläa, einem Landstrich, der sehr stark von der griechischen Kultur geprägt war. Im Radius von vierzig Kilometern um seine Heimatstadt Nazareth gab es seinerzeit zwölf griechische Städte. Vermutlich ist Jesus als gebildeter Mensch mit der hellenistischen Philosophie in Berührung gekommen. Damals hatten philosophische Wanderprediger mit hohem moralischen Anspruch, die den Stoikern nahe stehenden Kyniker, großen Zulauf, und anscheinend fühlte sich auch Jesus von ihnen angezogen. Aus dem Wort Kyniker entwickelte sich übrigens der Begriff »Zyniker«; verwechselt man doch stoische Gelassenheit leicht mit zynischer Gleichgültigkeit. Die Kyniker darf man natürlich nicht mit den Kynologen, den Hunde-Experten verwechseln. Gleichwohl gibt es auch hier einen Zusammenhang: Bis heute prominentester Kyniker war der um 350 vor Christus lebende Grieche Diogenes von Sinope. Er bekam den Spitznamen Kyon, der Hund, weil er wie ein Hund lebte, in einer Tonne nämlich. Der Sage nach hatte ihn dort einmal Alexander der Große besucht – und allergnädigst einen Wunsch freigestellt. »Geht mir aus der Sonne«, soll Diogenes gesagt haben.

Die Stoiker und Kyniker pflegten eine bestimmte Diskussionsform, Streitgespräche, so genannte Diatriben. In Form von Diatriben sind die Lehren des Epiktetos notiert worden. Diatriben finden sich auch im Buch *Der Prediger Salomo* des Alten Testaments, das in hellenistischer Zeit entstanden ist. Schließlich haben die Schüler des Wanderpredigers Jesus dessen Lehren zunächst in Sammlungen von prägnanten Aphorismen nach Art der Diatriben notiert. Diese Aphorismen extrahierten die Forscher unserer Zeit als die frühesten schriftlich fixierten Quellen, welche die Verfasser der Evangelien und der Apostelgeschichte genutzt haben. Man nennt sie heute die *Logienquelle Q*, wobei in weiterer textkritischer Feinarbeit zwischen den Quellen Q1, Q2, und Q3 differenziert wird.

Die von den Forschern Q-Leute genannten Verfasser der Aphorismen interessierten sich, anders als der Apostel Paulus und seine Anhänger, nicht für einen Jesus, der »am dritten Tage auferstanden von den Toten« war, wie es später im »apostolischen Glaubensbekenntnis« kodifiziert wurde. Sie interessierten sich vielmehr dafür, dem »Reich Gottes« – nicht etwa in einer fernen Zukunft, sondern hier und heute – anzugehören. Im folgenden beziehe ich mich auf Burton L. Mack, Professor für Neues Testament am theologischen Forschungszentrum in Claremont (Kalifornien). Mack skizziert das Weltbild der »Reich-Gottes-Leute«, wie es die Quelle Q1 zeigt, die sich aus dem Lukas-Evangelium extrahieren lässt. Die Menschen leben im Reich Gottes, indem sie tun, was Jesus sie lehrte: Liebt eure Feinde, und wer dich auf die eine Backe schlägt, dem biete die andere auch dar; wer dich bittet, dem gib; und richtet nicht, so werdet ihr auch nicht gerichtet. Sorgt euch nicht um euer Leben, nicht darum, was ihr essen sollt, auch nicht um euren Leib, was ihr anziehen sollt. Trachtet vielmehr nach Gottes Reich, so wird euch alles zufallen. Der Witz der Kyniker blitzt noch ein wenig durch in

Formulierungen wie: »Kann auch ein Blinder einem Blinden den Weg weisen?« oder »Denn wo euer Schatz ist, da wird auch euer Herz sein.«

Das Programm dieser Reich-Gottes-Leute der dreißiger und vierziger Jahre nach der Zeitenwende lässt, so Mack, auf radikale Kritik an der konventionellen Kultur schließen: »Reichtum, Autoritäts- und Machtmissbrauch, Heuchelei und Anmaßung, soziale und wirtschaftliche Ungleichheit, Ungerechtigkeit ... dies alles steht unter Verdacht.« Die Anhänger Jesu sollen dagegen freiwillige Armut auf sich nehmen, die Familienbande abbrechen, auf Bedürfnisse verzichten, furchtlos reden, keine Vergeltung üben und »als Kinder des in der natürlichen Ordnung der Welt offenbaren Gottes leben.«

Mit dieser Lebensweise, die noch etwas Spielerisches hatte, eckten die ›Q1-Leute‹ allerdings in ihrer Umwelt an. Vermutlich in den sechziger und siebziger Jahren kam es zu sozialen Konflikten, die sich in der Quelle Q2 spiegeln. Ein neues Weltbild wurde entwickelt. Burton L. Mack fasst das so zusammen: »Drohende apokalyptische Gerichtsankündigungen wurden gegen jene gerichtet, die sich dem Programm des ›Reiches Gottes‹ verweigerten. Es ging nunmehr darum, wer Recht hatte – wir oder sie. Zugleich war der Zeitpunkt für die vollständige Verwirklichung des Reiches Gottes bis ins eschaton (die letzten Dinge, das Ende der Geschichte) vertagt worden.« Die Spuren dieser Weltsicht finden sich im Matthäus-Evangelium (23, 27) zum Beispiel in diesem freundlichen Satz, der die Auseinandersetzung mit den konservativen jüdischen Autoritäten bezeugt: »Weh euch, Schriftgelehrte und Pharisäer, ihr Heuchler, die ihr seid wie die übertünchten Gräber, die von außen hübsch aussehen, aber innen sind sie voller Totengebeine und lauter Unrat.« Die Jugendsprache der Achtziger, in der ältere Menschen »Gruftis« oder »Verwestis« waren, scheint die Bilder wieder entdeckt zu haben.

Die Quelle Q3 ist nach heutigem Wissen entstanden, nachdem der Tempel in Jerusalem im jüdisch-römischen Krieg anno 70 nach Christus zerstört worden war. Dazu gehört die Klage im Lukas-Evangelium (13, 34): »Jerusalem, Jerusalem, die du tötest die Propheten und steinigst, die zu dir gesandt werden ...« und weiter: »Seht, euer Haus soll euch wüst gelassen werden.« Sätze, die – bereits mit dem Wissen der Verfasser über den Krieg und seinen Ausgang – Jesus in den Mund gelegt wurden. Prognosen sind bekanntlich schwer zu stellen, sie betreffen schließlich die Zukunft. Die Verfasser der Schriften des Neuen

Testaments haben dagegen, nicht anders als die des Alten Testaments, mit Vorliebe das längst Geschehene vorhergesagt, als sei es noch nicht eingetreten.

Das Bild von Tod und Auferstehung

Sobald der Rabbi Jesus den schrecklichen Tod am Kreuz gestorben war, begannen seine Anhänger, dieses so diskriminierende Ereignis zu interpretieren. Sie stellten die Frage, die sich auch heute wohl jedermann stellt, der in seiner Umgebung mit dem Tode konfrontiert wird: Warum? Und sie entwickelten Antworten, indem sie sich Bilder machten. Das ist ein bis heute andauernder Prozess. Gehirnforscher wie Wolf Singer interpretieren dies biologisch so: »Das ist der Gestaltungsdruck der Seele – das Gehirn sucht ständig nach Gründen, Zwecken und Bezügen.«

Alle Versuche der Jünger Jesu zu deuten (wiederum: sich ein Bild zu machen), warum Jesus umgebracht werden konnte, müssen auch aus den Anschauungen der Zeit heraus betrachtet werden. In einer Dissertation hat der US-Amerikaner Sam K. Williams 1975 aus dem dritten Kapitel des Briefes von Paulus an die Römer die Aussagen rekonstruiert, von denen er meint, sie seien schon »vorpaulinisch«. Uns geht es dabei um den Satz: »Jetzt hat Gott Jesu Tod als Mittel der Sühne erachtet.« Paulus selbst zitiert in seinem ersten Brief an die Korinther als eine Überlieferung (1. Kor. 15, 3): »Daß Christus gestorben ist für unsere Sünden.« Jesu Tod wird also schon in sehr früher Zeit als Opfertod für die Sünden der Menschen gedacht. Das ist zwar eine zentrale Glaubensaussage, aber doch eine uns heute völlig fremde Vorstellung. Ihr liegen archaische Bilder zugrunde. Ich habe dies auch schon im Zusammenhang mit der Geschichte des Abendmahls gezeigt und greife das nun in etwas anderem Zusammenhang wieder auf.

Hans-Josef Klauck schreibt, es gehöre zu den historischen Rahmenbedingungen des Christentums, dass es »in einer Opferkultur seine erste Prägung fand«. Die Opferpraxis, so Klauck, »war in der gesamten Antike eine soziale und religiöse Realität ersten Ranges.« In den homerischen Epen, der ›Bibel‹ der Griechen, wird zum Beispiel geschildert, dass die Griechen auf ihrer Fahrt nach Troja dem greisen Priester des

Abraham will Gott seinen Sohn Isaak opfern. Er nimmt dann aber einen Widder als Sündenbock. In einer Opferkultur findet auch das Christentum seine erste Prägung. (Gemälde aus dem Psalter der Ingeborg von Dänemark, 13. Jahrhundert.)

Gottes Apollo, Chryses, die Tochter geraubt hatten. Das brachte ihnen Ärger mit Apollo ein, der eine Seuche im Heerlager der Mädchenräuber ausbrechen ließ. Die Griechen mussten nicht nur ihre Beute wieder nach Hause zurückbringen. Vielmehr war auch ein Sühneopfer fällig. Eine Abordnung unter Führung des Odysseus brachte neben dem Mädchen ein ansehnliches Rind mit. Vor dem Altar nimmt Chryses seine Tochter wieder in Empfang, opfert das Rindvieh und bittet Apollo, den Fluch vom Heer der Griechen zu nehmen. Die frommen Juden brachten im Tempel von Jerusalem ihre Opfer dar. Wahrscheinlich, so Klauck, haben sich auch die ersten Judenchristen weiter an den Tempelopfern beteiligt.

Die Vorstellung vom Opfertod Jesu ist gewiss Ergebnis gemeinsamer geistiger Anstrengung der Jünger des Gekreuzigten. Nun gab es seinerzeit im Hellenismus das Bild des »edlen Todes«. Und die Juden kannten den Märtyrer, dessen Tod etwas bewirken konnte. So entstand das Bild vom Opfertod Jesu für die Sünden der Menschen. Sünder waren alle die, welche nicht den jüdischen Frömmigkeitsnormen gemäß lebten, die anderen waren Gerechte.

In einem weiteren Schritt wurde das Bild vervollkommnet, indem man sich vorstellte, dass dieser Tod Jesu nicht zufällig passierte, sondern Gott selbst daran beteiligt war. Burton L. Mack kommentiert:

»Diese Notwendigkeit, sich vorzustellen, dass Gott selbst bei einem ansonsten nicht plausiblen Martyrium für eine sehr problematische Sache am Werk war, führte zu der merkwürdigen, grotesken Vorstellung, Gott habe Jesus von den Toten auferweckt. Der Mythos von der Auferstehung Jesu ... setzte sich durch.«

Das Bild des leiblich von den Toten auferstandenen Jesus steht bis heute im Mittelpunkt des christlichen Glaubens. Es wird im allgemeinen auch nicht weiter reflektiert. Zwar wird im Neuen Testament detailliert – wenn auch nicht widerspruchsfrei – über die Bestattung des vom Kreuz abgenommenen Jesus berichtet. Und noch ausführlicher vom leeren Grab. Das leere Grab ist im Laufe der Zeit zum Bild für die leibliche Auferstehung geworden. Aber erstaunlicherweise hat sich in der Frühzeit des Christentums niemand für den Ort dieses Grabes interessiert; erstaunlich insofern, als fromme Juden heute noch die Gräber ihrer Heiligen bis zurück zu den Erzvätern verehren. Das angebliche Grab von Jesus wurde aber erst anno 326 entdeckt – unter einem Tempel der Liebesgöttin Venus.

Die Bibel kennt zwei Geschichten über die Bestattung Jesu. Im Markus-Evangelium wird geschildert, dass »Josef von Arimathäa, ein angesehener Ratsherr« den Pilatus um den Leib Jesu gebeten, diesen auch bekommen und in »ein Grab, das war in einen Felsen gehauen«, gelegt habe (Mk 15, 43–46). Das ist ungefähr dieselbe Geschichte, die auch die übrigen Evangelisten zu berichten wissen. In der Apostelgeschichte dagegen heißt es (Apg 13, 27 und 29): Juden (Einwohner von Jerusalem) nahmen den Leichnam »von dem Holz und legten ihn in ein Grab«. Historiker halten die zweite, schmucklosere Variante der Bestattung für die ältere.

Die Römer überließen normalerweise Gekreuzigte den wilden Tieren. Freilich war es auch im Sinne der damaligen römischen Obrigkeit, den toten Jesus nicht über das bevorstehende Passahfest zur Schau zu stellen, um Unruhen zu vermeiden. Überdies galt für die frommen Juden die Verpflichtung aus dem 5. Buch Mose (21, 22–23): »Wenn jemand eine Sünde getan hat, die des Todes würdig ist, und wird getötet und man hängt ihn an ein Holz, so soll sein Leichnam nicht über Nacht an dem Holz bleiben, sondern du sollst ihn am selben Tage begraben ..., auf dass du dein Land nicht unrein machst.«

Warum aber wurde die Bestattung im Laufe der Zeit immer facettenreicher geschildert? Der Göttinger evangelische Theologe Gerd

Lüdemann hat Anfang der neunziger Jahre mit seinen Analysen zum ›leeren Grab‹ Aufsehen erregt – und sich dabei mit seiner Landeskirche viel Ärger eingehandelt, wovon später noch die Rede sein wird. In seinem Buch *Die Auferstehung Jesu* (Vandenhoeck & Ruprecht, 1994) fragt er: »Wenn die Erzählung zunehmend zu einer Ehrenbezeugung gegenüber Jesus gerät, soll damit nicht vielleicht eine unehrenhafte Bestattung verdrängt werden? Mit anderen Worten: Liegt in der Markus-Fassung nicht bereits eine fortentwickelte Tradition vor, die das schreckliche Faktum des Todes Jesu zu verarbeiten trachtet in dem Sinne, dass Jesus wenigstens durch einen vornehmen Ratsherren ein ordentliches Begräbnis erhalten hat?« Lüdemann kommt nach Auswertung der Quellen zu dem Schluss: Auch die früheste Gemeinde wusste nicht, wohin man Jesu Leichnam gebracht hatte. Denn angesichts der Bedeutung der Heiligengräber zur Zeit Jesu könne vorausgesetzt werden: »Im Falle einer Kenntnis des Grabes Jesu hätten die frühen Christen dieses verehrt und drüber wären Traditionen erhalten. Wir sehen freilich, was die christliche Legende bei Markus aus diesem unrühmlichen Ende ihres Herrn gemacht hat.«

Das Bild vom leeren Grab, das an keinen konkreten, zu verehrenden Ort gebunden war, ist die Voraussetzung für den Mythos von der leiblichen Auferstehung Jesu und zugleich verbunden mit der Vorstellung, das Jesus der Christus sei, der Messias. Das sind Bezeichnungen für den »Gesalbten«. Salbung war Zeichen einer Weihe – eines Priesters oder Königs. Die Jünger Jesu zogen, im Bemühen, den Tod ihres Lehrers zu verstehen, vor allem ihre Bibel, das Alte Testament, zu Rate. Der Gedanke, Jesus sei »am dritten Tage« auferstanden von den Toten, bezieht sich zum Beispiel auf einen Satz des Propheten Hosea, der um 750 vor Christus lebte. Da heißt es (Hos 6, 2): »Er macht uns lebendig nach zwei Tagen, er wird uns am dritten Tage aufrichten, daß wir vor ihm leben werden.«

Burton L. Mack betont, keine der frühchristlichen Gemeinschaften habe sich damit begnügt, den Mythos von der Auferstehung Jesu »auf der bloß literarischen Ebene stehen zu lassen. Dazu war er zu anstößig, und im übrigen hatten die wirklichen Probleme wenig mit Fragen nach Geistern und Leibern zu tun. Das, worauf es ankam, war die Sache, für die Jesus Christus gestorben war.« Vor allem der Apostel Paulus versuchte, die Geschichte Israels mit dem Christusmythos zu verbinden und zu deuten.

Das Bild des leeren Grabes ist Voraussetzung für den Mythos von der leiblichen Auferstehung Jesu.

Der Interpret Paulus

Der Apostel Paulus hat nicht etwa die Lehren des Rabbi Jesus verbreitet, sondern Leben und Sterben Jesu *interpretiert* – und dafür Bilder gefunden, die bis heute von den kirchlichen Institutionen nicht hinterfragt werden. Jedoch, wie gesagt, es sind Bilder, es ist nicht die Wirklichkeit, die von ihm wiedergegeben werden. »Als die Bilder laufen lernten« hieß vor Jahren eine Fernsehserie mit Sequenzen aus den Anfängen des Kinos. Die Bilder, die wir prägen, machen sich selbständig – und wir wissen alsbald nicht mehr, dass es sich um Bilder handelt. Paulus war wohl bewusst, dass er nicht die Wirklichkeit darstellen konnte. Im Brief an die Gemeinde in Korinth (1. Kor 13, 12) beschreibt er diesen Sachverhalt und zugleich seine Hoffnung in einem bis heute eindrucksvollen Bild: »Wir sehen jetzt durch einen Spiegel ein dunkles Bild; dann aber von Angesicht zu Angesicht. Jetzt erkenne ich stückweise; dann aber werde ich erkennen, wie ich erkannt bin.« Wer die Qualität eines Spiegels in der Antike beachtet – dergleichen findet sich in den Museen – der kann ermessen, mit wie viel ›Unschärfe‹ Paulus gerechnet hat.

Das Christentum – zunächst eine innerjüdische Angelegenheit – konnte sich nur deshalb auch unter Nichtjuden, den »Heiden« und damit weltweit durchsetzen, weil ihm Paulus eine passende Interpretation gab. Das war nicht ganz einfach. Musste der Apostel der Heiden doch zunächst eine Deutung dafür finden, dass ein nichtjüdischer »Christ« nicht beschnitten sein muss. (Die Beschneidung des Mannes ist das konstitutive Element des Jude-Seins.) Und überdies dafür, dass die strengen Gesetze der jüdischen Religion für den Heiden-Christen ebenfalls nicht von Belang sind. Die Konstruktion des Paulus war ziemlich abenteuerlich, aber sie überzeugte seine Zeitgenossen, das heißt, die von ihm missionierten Griechen – und in zweitausend Jahren hat man sich an den Bilderbogen gewöhnt.

Paulus hatte sich ein paar passende Sätze aus dem Alten Testament herausgesucht. Im Buch Genesis wird dem Abraham, dem anerkannten Stammvater Israels, die göttliche Verheißung zuteil (1. Mose 12, 3): »In dir sollen gesegnet werden alle Geschlechter auf Erden.« Diese Verheißung, so interpretiert Paulus sehr frei, gelte nur »einem, ... welcher ist Christus« (Galater 3, 16). Damit sind auf einmal alle »die aus dem Glauben sind, das sind Abrahams Kinder«; und wiederum »durch den Glauben Gottes Kinder in Christus Jesus«. Dieser aber sei geboren worden, »damit er die, die unter dem Gesetz waren, erlöste.« Fazit der komplizierten Konstruktion im Brief des Paulus an die Galater: Heiden müssen sich nicht erst beschneiden lassen und auch nicht die jüdischen rituellen Gesetze annehmen, um Christen zu werden. Kommentar von Burton L. Mack: »Man kann sehen, wie Subjekten, Objekten, Voraussetzungen und dem offenkundigen Sinn der Abschnitte im Buch Genesis Gewalt angetan wird, um ihnen die Konstruktion des Paulus überzustülpen.«

Paulus musste das Kunststück fertig bringen, Bilder zu finden, die einerseits der jüdischen Tradition entsprachen und andererseits von den Heiden-Christen, die durch die griechische Kultur geprägt waren, akzeptiert werden konnten.

Die leibliche Auferstehung der Toten etwa war eine jüdische apokalyptische Vorstellung. Die Griechen dagegen hatten die Vorstellung von einem Leib-Seele-Dualismus entwickelt. Sie wollten deshalb ›Auferstehung‹ als Metamorphose in eine rein geistige Existenzform verstehen. Um diese Bilder miteinander zu verbinden, erfand Paulus einen vom Tode auferstehenden ›geistlichen Leib‹ (1. Korinther 15, 44).

Nach griechischer Vorstellung konnte man auch eine soziale Einheit als Leib beziehungsweise Körper verstehen. Das Bild wirkt im deutschen Sprachraum bis heute fort, wenn man etwa von einer Gebiets-»Körperschaft« spricht. Paulus hat den griechischen Begriff des Leibes übernommen, als er den Korinthern gegenüber definierte: »Eure Leiber sind Glieder Christi«. (1. Korinther 6, 15). Ich meine, man muss dieses Bemühen um die passenden Bilder gewiss nicht negativ sehen, wohl aber die Wirkungen, die bestimmte Bilder im Laufe der Zeit entfalteten. Aus dem ›Körperschafts‹-Bild des Paulus entwickelte sich nämlich die Vorstellung von der Kirche als dem Leib Christi, womit diese eine besondere Qualität bekam. Heute mutet dieses Bild eher absurd an: Im Laufe der Geschichte hat die Institution Kirche nämlich aus der »frohen Botschaft« des Jesus von Nazareth mit Hilfe von diesem und anderen Bildern ein Gesetzeswerk gemacht. Da ist es befreiend, sich an das zentrale Bild zu erinnern, dass Paulus gegen den »Fluch des Gesetzes« gefunden hat (Gal. 5, 1): »Zur Freiheit hat uns Christus befreit!«

VI. Bilder als Machtinstrumente der Kirche

Die Aufklärung nicht zur Kenntnis nehmen

Ich habe gezeigt, wie mächtig die Bilder sind, mit denen wir leben, und dass sie uns helfen, die Welt sinnvoll zu erfahren. Doch die Abhängigkeit von den Bildern – noch dazu, wenn andere die Deutungshoheit haben – macht den Menschen unfrei. Das zeigt sich dort besonders stark, wo es um Glaubens-Bilder geht. Dogmen und Sakramente, ursprünglich ein Versuch, ein unverständliches Geschehen verbindlich zu interpretieren und das Gemeinschaftsleben zu ritualisieren, sind auch Machtinstrumente. Wer Höllenängste schüren oder aufheben kann und den Umgang mit Sexualität bestimmen, hat große Macht über die Menschen.

Der Übergang vom Glauben zum Aberglauben ist fließend. Der Begriff »Aberglaube« – *Afterglaube* – ist im 15. Jahrhundert aufgekommen. Zunächst war damit nur »falscher Glaube« gemeint. Er spielte in den Auseinandersetzungen zwischen Protestanten und Katholiken während der Reformationszeit eine besonders wichtige Rolle. Im 20. Jahrhundert hat der Aberglaube seine säkularisierte Variante gefunden im Glauben an allerlei höchst weltliche, aber so genau eben doch nicht identifizierbare Kräfte: Astrologie, Okkultismus, Esoterik – die alten Bilder kommen wieder, stark verdünnt für den Massenkonsum. Heutzutage setzen selbst Mediziner – Stichwort Placebo-Effekt – und besonders Heilpraktiker auf allerlei ›Hokuspokus‹. (Damit soll allerdings nicht bezweifelt werden, dass Heilpraktiker unter Umständen therapeutische Erfolge vorweisen können, um die sich Schulmediziner vergeblich bemühen.)

Gefühle *bestimmen* das Bewusstsein des Menschen. Diesen bereits vor hundert Jahren durch Sigmund Freud genauer analysierten Zusammenhang bestätigen mittlerweile auch die Neurowissenschaftler (*Süddeutsche Zeitung*, 7./8. 5. 2001). Vielleicht erklärt das, warum Menschen so viel und so leicht Unsinn glauben.

Im Sinne dieses Buches ist Aberglauben so zu verstehen, dass hier das Bewusstsein dafür fehlt, was Bilder sind, und was das ist, das sie abbilden. Immer dort, wo die alten Bilder unkritisch übernommen wurden, ist auch der abendländische christliche Glaube zum Aberglauben geworden. Dabei ist unbestritten, dass wir die Wahrheit nicht kennen und uns ihr nur in Bildern annähern können. Doch schon den weisen Männern der Antike war bewusst, dass die Bilder eben nicht identisch mit der Wirklichkeit sind – und dass sie ein Eigenleben entfalten können.

In diesem Sinne verbreiten die evangelischen Kirchen und erst recht die katholischen und orthodoxen weitgehend Aberglauben. Das hat mit Angst davor zu tun, dass andernfalls das ganze System zusammenbrechen könnte; aber auch mit Unwissenheit. Die Erkenntnisse der modernen Naturwissenschaften, die Psychologie eingeschlossen, sowie der historischen und philologischen Wissenschaften, werden allenfalls in Form von Schlagworten – ›Bildern‹ – zur Kenntnis genommen. Der Neurowissenschaftler Wolf Singer warnt denn auch die Kirchen davor, »sich in Bildern zu vermitteln, die nicht geglaubt werden müssen, weil sie bereits erklärbare Inhalte beschreiben.« Die Menschen würden sich von ihnen entfernen; sie würden orientierungslos, wenn »die Bilder, die in der Vergangenheit ihre Berechtigung hatten, nicht mehr tragfähig sind« (*Die Woche*, 12. 4. 2001).

Ich habe bereits gezeigt, warum sich im Laufe der Geschichte bestimmte Weltbilder durchgesetzt haben, die heute für gebildete Menschen nicht mehr akzeptabel sind. Die christlichen Kirchen haben kein Problembewusstsein dafür entwickelt, dass die Erkenntnisse der Wissenschaften ihre Bilderwelten einstürzen lassen. Sie müssten neue Bilder finden. Doch dies stellt heute, um nochmals Wolf Singer zu zitieren, »höhere Anforderungen an ein abstraktes Vorstellungsvermögen. Aber dieses muss entwickelt werden, sonst erobert die Esoterik die unbesetzten Territorien. Das ist das, was wir im Augenblick beobachten. Es ist der abenteuerliche Versuch, das eigentlich schon Erklärte nochmals zu beseelen. Und das geht nur unter Verletzung von elementaren Regeln intellektuellen Anstands.«

Mit religiösen Bildern wird seit alters her auch Politik gemacht. Der Apostel Paulus verlangte in seinem ersten Brief an die Gemeinde in Korinth im Zusammenhang mit bestimmten ekstatischen Praktiken der Weissagung, dem so genannten Zungenreden: »Lasset eure Weiber schweigen in der Gemeinde« (1. Kor 14, 34). Diese Ermahnung muss bis heute als Begründung dafür herhalten, dass Frauen in manchen christlichen Kirchen nicht Pfarrer werden dürfen. Der einst in einer konkreten Situation formulierte Satz wurde zur Ideologie.

Ein anderes Beispiel: Nach dem Ersten Weltkrieg kamen viele Männer als Krüppel nach Hause. Mancher von ihnen wollte – eben aufgrund der Erfahrungen im Krieg – Theologie studieren und Pfarrer werden. Doch das erlaubte selbst die evangelische Kirche nicht. Zur Begründung für diese absurde Einstellung diente wieder einmal die Bibel. Im Alten Testament sind nämlich bestimmte »Reinheitsgebote« für Priester (3. Mose 21) festgelegt. Danach gilt: »Keiner, an dem ein Fehler ist, soll herzutreten, er sei blind, lahm, mit einem entstellten Gesicht, mit irgendeiner Missbildung, ... um die Speise seines Gottes zu opfern.« Das war damals Aufgabe des Priesters und ist es heute noch, wenn man die Austeilung des Abendmahls so versteht. Ebenfalls als ›fehlerhaft‹ interpretierte die katholische Kirche noch vor wenigen Jahrzehnten die Tatsache, dass jemand unehelich geboren wurde. Auch er durfte nicht Priester werden – was zeigt, wie lange die archaischen Bilder ihre Wirkung entfalten konnten.

Je mehr wir dank der Arbeiten von Naturwissenschaftlern über die Welt wissen, desto undurchschaubarer wird sie. Das macht vielen Menschen Angst. Sie sehnen sich nach klarer Orientierung. Bis vor gut einem Jahrzehnt war die Welt zweigeteilt: Vom Standpunkt ›des Westens‹ aus war ›der Osten‹ das Reich des Bösen, weil dort die Kommunisten herrschten. Vom Standpunkt ›des Ostens‹ aus war ›der Westen‹ das Reich des Bösen, weil dort die Kapitalisten herrschten. Damit herrschten klare Verhältnisse. Mittlerweile kennen nur noch die Fundamentalisten aller Glaubensrichtungen eine solche klare Einteilung der Welt in Gut und Böse. Das gilt zum Beispiel für die Evangelikalen, evangelische Fundamentalisten, die besonders stark in den USA vertreten sind; in Deutschland gehört dazu die »Bekenntnisbewegung« *Kein anderes Evangelium*. Insbesondere in den USA glaubt man, die Bibel sei buchstäblich wahr, gewissermaßen vom Heiligen Geist diktiert.

Im Jahre 2000 war die Gruppierung *Kein anderes Evangelium* zum Beispiel mit einem Aufruf im Internet vertreten. Die evangelische Landeskirche in Württemberg – traditionell eine Hochburg der Pietisten, das sind gleichfalls evangelische Fundamentalisten – hatte überraschenderweise ein gewisses Verständnis für die Homosexuellen gezeigt. Die Evangelikalen zitierten daraufhin Formulierungen des Apostels Paulus, der sich massiv gegen die in den frühchristlichen Gemeinden, ebenso wie in ihrer heidnischen Umwelt, praktizierten

Formen der Sexualität wandte. Für die Bekenntnisbewegung ist die Sache einfach: »Die Bibel bezeugt, dass bejahte und gelebte Homosexualität unter Gottes Gericht steht und von der Teilhabe am Reiche Gottes ausschließt.« Immer noch wird mit ewiger Verdammnis gedroht – und das von Mitgliedern einer evangelischer Gruppierung, fast fünf Jahrhunderte nach der Reformation!

Und noch ein Beispiel: Der katholische Bischof von St. Pölten in Österreich, Kurt Krenn, trat in Sabine Christiansens Talkshow (ARD, 13.5.2001) auf und sagte: »Ich bin gekommen, um den Standpunkt Gottes zu vertreten.« Der Standpunkt Gottes sei es, dass eine vergewaltigte Frau das so gezeugte Kind unter allen Umständen austragen müsse. Mit dieser frohen Botschaft agiert der Bischof übrigens in voller Übereinstimmung mit seinem Papst.

Ein derart grausiges Gottesbild geht einher mit der Definition (auch ein Bild!), dass mit der Verschmelzung von Ei- und Samenzelle bereits ein Mensch mit einer unsterblichen Seele entstanden sei – unabhängig von biologischen Gegebenheiten. Diese Idee, so schildert das die katholische Theologin Uta Ranke-Heinemann (*Der Spiegel*, 23, 2001), kam Papst Pius IX., der 1854 das Dogma von »Marias unbefleckter Empfängnis« verkündete. Er fand es »unangemessen«, dass man bei diesem Marienfest ein vernunftloses Zellgebilde feiert. Maria habe vielmehr vom Augenblick ihrer Empfängnis an »eine vernunftbegabte Seele« in sich getragen. Pius hat 1864 das Kirchenrecht entsprechend geändert, das bis zu diesem Zeitpunkt zwischen dem »unbeseelten Fetus« bis zum achtzigsten Tag der Schwangerschaft und anschließend dem »beseelten« unterschied. Die moderne Biologie sieht jedenfalls, auch wenn sie über die Seele keine Aussagen macht, einen Entwicklungsprozess vom Zellklumpen zum empfindungsfähigen Embryo und weiter.

Die Beispiele illustrieren meine These, dass religiöse Bilder den Menschen unfrei machen können.

Ähnlich den fundamentalistischen Christen glauben übrigens auch die fundamentalistischen Moslems, dass ihre ›Bibel‹, der Koran, Wort für Wort heilig sei. Aber während es heute christliche Bilderstürmer nicht mehr gibt, entfesselten die moslemischen Machthaber in Afghanistan im Frühjahr 2001 einen solchen Sturm. Sie ordneten in ihrem »Gottesstaat« die Zerstörung der weltberühmten Buddha-Statuen aus vorislamischer Zeit an. Begründung von Mullah Mohammad Omar: »Nur der allmächtige Allah verdient Verehrung.«

Wer Wissenschaft und Kunst besitzt,
Hat auch Religion;
Wer jene beiden nicht besitzt,
Der habe Religion.

Das glaubte Johann Wolfgang von Goethe im 19. Jahrhundert *(Xenien)*. Wenn wir über den Sinn unseres Lebens nachdenken und über den Tod, dann leben wir in Bildern, die jahrtausendealt sind – aber wir vergessen, dass es sich um Bilder handelt. Die Bilder für die Wirklichkeit zu nehmen, ist für die Psychologinnen Eva Jaeggi und Heidi Möller (Technische Universität Berlin) »Kognitive Regression«, und sie meinen damit: »Die Aufklärung nicht zur Kenntnis zu nehmen«. Dies gilt auch für die Weltbilder, welche die christlichen Kirchen vermitteln – unbeschadet der Erkenntnisse ihrer Theologen.

Die Bibel als Grundbuch

Zur Untermauerung politischer Ansprüche wird bis heute gerne auf ›Gott‹ verwiesen. Das haben die Völker Europas macht- und leidvoll erfahren. »Pro deo, rege et patria« (Mit Gott für König und Vaterland) stand seit 1813 auf den Mützen der preußischen Landwehrmänner. Daraus wurde dann das bereits zur selben Zeit von Gerhard J. D. von Scharnhorst, dem preußischen Generalstabschef, vorgeschlagene »Gott mit uns« – was noch in den großen Kriegen des 20. Jahrhunderts jede Seite für sich reklamierte.

Politische Ansprüche werden als Gottes Wille untermauert: Koppelschlösser aus dem Ersten und Zweiten Weltkrieg

Die Methode ist uralt. Israel begründet seine Gebietsansprüche bis heute mit Hinweisen auf das Alte Testament. Das ist an sich schon fragwürdig, denn die Bibel ist kein Grundbuch, sondern eher ein Buch der Bilder. Doppelt problematisch ist es, weil die Methode des heutigen Israels bereits von den Verfassern des Alten Testaments praktiziert wurde. Man kann ihnen heute den ›Schwindel‹ nachweisen. Das Buch Josua schildert, wie die Stämme Israels von Osten her über den Jordan nach Kanaan, das »Gelobte Land« gezogen sind, das ihnen Gott gegeben habe. Das wird in vielen Einzelheiten dargestellt. Mancher Leser wird sich an die Geschichte erinnern, wie der Klang der Posaunen die Mauern von Jericho einstürzen ließ, sodass die Israeliten die Stadt erobern konnten.

Die meisten Wissenschaftler datieren die israelitische Landnahme ins 12. vorchristliche Jahrhundert. In einem ägyptischen Dokument aus jener Zeit taucht nämlich die Landbezeichnung *Israel* zum ersten Mal auf. In jener Zeit entstehen tatsächlich im zentralen Bergland Palästinas viele neue Siedlungen. Theologen der Universität Groningen in Holland haben allerdings 1999 Forschungsergebnisse zur Frühgeschichte Israels veröffentlicht. Aus ihnen geht hervor, dass es die im Buch Josua genannten einhundertzwanzig Städte und Dörfer als Verwaltungseinheiten erst mindestens fünf Jahrhunderte später gab: Die Bibeltexte über die Orte, die ursprünglich Verwaltungsdokumente waren, stammen nämlich nicht aus dem 12., sondern erst aus dem 7. vorchristlichen Jahrhundert, eingerahmt von Texten aus dem 6. Jahrhundert.

Die niederländischen Wissenschaftler vermuten, dass die Textänderungen im 6. Jahrhundert mit der Rückkehr der Führungselite einiger israelitischer Stämme aus der »Babylonischen Gefangenschaft« zu tun haben. »Aus der Sicht der Repatrianten herrschten in der alten Heimat chaotische Verhältnisse. Deshalb wollten sie das Land neu aufteilen. Dabei projizierten sie ihre Ansprüche in die goldene Gründerzeit Israels, das heißt die Zeit der Landnahme in Kanaan unter Josua. So wie es damals war, sollte es wieder werden.« Die Autoren des Buches Josua waren wahrscheinlich Leviten. Sie gehörten dem altisraelitischen Stamm an, der den Priesterdienst versah. Dabei lasen sie auch aus dem 3. Buch Mose, Leviticus genannt, die dort notierten religiösen Gesetze vor und verknüpften sie mit den üblichen Ermahnungen. Daher kommt die Redewendung *Die Leviten lesen*.

Die niederländischen Wissenschaftler sind keine Außenseiter. Auch andere Forscher kommen zu denselben Schlussfolgerungen. Christoph Uehlinger aus Fribourg in der Schweiz fasste 1996 die Erkenntnisse historisch-kritischer Arbeit so zusammen: »Die Darstellung der Frühgeschichte Israels ist ein Konstrukt der späten Königszeit und der nachexilischen Zeit (7. bis 4. Jahrhundert vor Christus). Diese Erkenntnis könnte einen neuen Blick auf die Geschichte Palästina/Israels und Jerusalems eröffnen; einen Blick, der sich seine Agenda nicht mehr von den Stereotypen und Anti-Stereotypen der biblischen Geschichtsschreibung diktieren lässt.«

Im Zusammenhang dieses Buches erscheint mir der folgende Gedanke wichtig: Unser Wissen von der Geschichte Palästinas beziehungsweise Israels im 2. und 1. vorchristlichen Jahrtausend, so Uehlinger, »wird nach wie vor stärker von der biblischen Geschichtsdarstellung als von Ergebnissen der archäologischen und historischen Forschung bestimmt.« Das heißt: von Bildern statt von Tatsachen. Die Bibel gebe, schreibt Uehlinger, bestimmten Perioden und Ereignissen der erzählten Vergangenheit Israels grundlegende, ideologische Bedeutung. Sie verbinde die Schilderung geschichtlicher Begebenheiten mit religiös begründeten Urteilen und Vorurteilen. »Das biblische Geschichtsbild prägt auch den modernen Konflikt um das Recht auf Leben im Land (und zwar auf palästinensischer wie auf israelischer Seite). Immer wieder muss es zur Untermauerung ideologischer und meist exklusiver Ansprüche herhalten.« Nicht die Fakten zählen, sondern die Bilder, die wir uns gemacht haben. Die Kunst, sich keine Illusionen zu machen, ist dort noch kaum entwickelt.

Und drei mach gleich

Wenn man sich die Entstehungsgeschichte des christlichen Welt-Bildes möglichst unbefangen anschaut, fällt es schwer, zu verstehen, warum gewisse zeitbedingte Vorstellungen bis heute nicht mehr hinterfragt werden. Schon sehr bald, nachdem aus den Jesus-Anhängern eine Kirche wurde, begann der Prozess der Dogmenbildung. Dogmen sind von der Kirche feierlich zur Norm erhobene Glaubenslehren. Sie sind für den Christen verbindlich. Wer sie anzweifelt, soll Angst vor ewiger

Verdammnis haben. Diesen Zusammenhang von Dogmenbildung und Macht will ich im folgenden an ein paar Beispielen verdeutlichen.

Das erste Dogma der jungen Kirche wurde das der »Dreieinigkeit« Gottes, des Vaters, des Sohnes und des Heiligen Geistes. Man kann sich heute schwer vorstellen, dass die »Trinität« Gottes einmal ein Thema war, das die Menschen tief bewegte. Anno 325 hatte der römische Kaiser Konstantin in Nicäa, einem Ort in der Nähe der neuen, seinen Namen tragenden Hauptstadt Konstantinopel (heute Istanbul), zum ersten ökumenischen Konzil eingeladen. Dem ging ein heftiger Streit darüber voraus, wer denn Jesus sei; Mensch oder Gott. Er selbst hatte sich selbstverständlich als Menschen angesehen. Denn für jeden frommen Juden – und Jesus war einer – galt das erste Gebot des Alten Testaments: »Ich bin der Herr dein Gott, du sollst keine anderen Götter haben neben mir.«

Ausgelöst hatte diesen Streit im Jahre 318 ein damals schon älterer Kleriker in Alexandria mit Namen Arius; seine Anhänger nannten sich später *Arianer*. Für Arius war Jesus, der Sohn Gottes, diesem untergeordnet, zwar ein ganz besonderer, aber eben doch ein Mensch. Diese Vorstellung spaltete die damalige Christenheit in Arianer und *Orthodoxe* (Rechtgläubige), welche die Gott-Gleichheit Jesu postulierten. Wenn damals die Arianer den Streit gewonnen hätten – und es sah lange Zeit danach aus – dann wäre das Christentum eine strikt monotheistische Religion geblieben. Das Bild der Trinität Gottes ist also Ergebnis eines Machtkampfes.

In diesen mischte sich Kaiser Konstantin heftig ein. Denn traditionell war der römische Kaiser auch *Pontifex Maximus*, oberster Priester (eigentlich »Brückenbauer« oder »Wegbereiter«). Der Kaiser bestimmte die Tagesordnung des Konzils und sorgte dafür, dass die Position von Alexander, des Bischofs von Alexandria und Gegenspielers von Arius, als verbindlich definiert wurde. Es entstand das so genannte Nicäische Glaubensbekenntnis, auf das sich bis heute alle christlichen Konfessionen berufen, mit der Formulierung, Jesus Christus sei »Gottes eingeborener Sohn ... wahrer Gott vom wahren Gott, gezeugt, nicht geschaffen, eines Wesens mit dem Vater«.

Damit war aber noch längst nicht alles geklärt. Die Arianer bekamen zeitweise wieder Oberwasser – beispielsweise blieben die anno 382 ins römische Reich aufgenommenen, durch den Bischof Wulfila (Wölflein, griechisch Ulfilas) zum Christentum bekehrten Westgoten Arianer –

Die Vorstellung, Jesus sei gott-gleich, ist das Ergebnis eines Machtkampfes. Arius und seine Anhänger hatten zunächst die Oberhand und schlugen die Orthodoxen in die Flucht. Für die Arianer war Jesus nur ein Mensch (Miniatur aus der Redensammlung des Gregor von Nazianz, um 880).

und überdies hatte man in Nicäa den »Heiligen Geist« lediglich definiert als etwas, das »aus dem Vater und dem Sohn hervorgeht«. Andererseits war aber lange vorher schon der sogenannte Taufbefehl irgendwie ins Matthäus-Evangelium gekommen, in dem es heißt: »Taufet sie im Namen des Vaters, des Sohnes und des Heiligen Geistes.« Damit gab es weiteren Erklärungsbedarf. Man wollte sich ein genaueres Bild vom Heiligen Geist machen. Am 27. Februar 380 definierte der kurz zuvor zum Kaiser ernannte Theodosius – damals übrigens selbst noch ein ungetaufter Christ – von Thessaloniki aus »des Vaters, des Sohnes und des Heiligen Geistes eine Gottheit in gleichartiger Majestät und in frommer Dreifaltigkeit«.

Das Bild beschäftigte damals die Menschen auf der Straße. Das Thema der Saison anno 381 war die Trinität. Denn Kaiser Theodosius hatte zu einer Synode nach Konstantinopel eingeladen. Diese konnte freilich nur bestätigen, was der Kaiser schon im Jahr zuvor dekretiert hatte: die Göttlichkeit des Heiligen Geistes und damit die Dreifaltigkeit Gottes. Denn »aller guten Dinge sind drei«, wie auch die Tiefenpsychologen wissen und die Komponisten, die ihre Werke mit einem Dreiklang abschließen und die Leichtathleten, die den Dreisprung machen; nicht zu vergessen das *Hexeneinmaleins* in Johann Wolfgang von Goethes Faust: »Aus eins mach Zehn / Und Zwei laß gehen / Und drei mach gleich / So bist du reich ...«

Der Heilige Geist hat in der Kirchengeschichte die wichtige Funktion, dass sich das Kirchenpersonal stets auf ihn berufen kann als

»Und drei mach gleich, so bist du reich«, heißt es im Hexeneinmaleins in Goethes Faust. (Bild der Heiligen Dreifaltigkeit, 1. Hälfte des 19. Jahrhunderts.)

Rechtfertigung seiner eigenen Entscheidungen; diese sind nämlich stets gottgewollt, weil unter Mitwirkung des Heiligen Geistes zu Stande gekommen. Dieser ist immer dabei, denn »wo zwei oder drei versammelt sind in meinem Namen, da bin ich mitten unter ihnen«, heißt ein Jesus zugeschriebener Satz im Matthäus-Evangelium (18, 20) – und in der Dreifaltigkeitskonstruktion schließt das auch die Anwesenheit des Heiligen Geistes ein. Eine höchst praktische Illusion also.

Taufe und High-tech

Der katholische Glaubenswächter Joseph Ratzinger sieht den Zusammenhang zwischen Taufe und Trinitätsglaube als Fundament der Kirche: »Der Kern der Taufformel aber ist das Bekenntnis zum trinitarischen Gott. Alle späteren Dogmen sind nur Präzisierungen dieses Bekenntnisses« (*FAZ*, 22. 9. 2000).

Auch die Sakramente Taufe und Abendmahl lassen sich unter dem Macht-Aspekt anschauen. Die Heiden zu taufen, wird als ein Befehl Jesu aus dem Matthäus-Evangelium abgelesen. Es heißt dort nämlich: »Darum gehet hin, und lehret alle Völker und taufet sie im Namen des Vaters und des Sohnes und des Heiligen Geistes« (Matth 28, 19). Das wurde denn auch mit aller Macht die Kirchengeschichte hindurch praktiziert. Zum Beispiel von Karl dem Großen in seinen Feldzügen gegen die Sachsen um das Jahr 800. Doch diese hatten auch ihren Stolz. Dieter Hägermann fasst zeitgenössische Berichte zusammen: »So verweigerte der letzte bedeutende Friesenfürst Radbod die Taufe, als er erfahren musste, daß seine Ahnen – Könige und Fürsten, wie er sagte – nicht in jenem Teil des Jenseits, der den Gläubigen vorbehalten sei, ihren Frieden gefunden hätten, da sie bei ihrem Ableben Heiden gewesen seien. Folgerichtig lehnte der adels- und ahnenstolze Fürst das Paradies, das seine Genossen nicht barg, als seiner unwürdig ab« (*Karl der Grosse*, Propyläen, 2000).

Der Gedanke an das schreckliche Schicksal der ungetauften Ahnen des Menschen aus vorchristlicher Zeit, wie es die Ideologen ausmalten, beschäftigt Menschen bis heute. Die im Jahre 1830 in den USA von einem Joseph Smith gegründete Sekte der Mormonen (der »Heiligen der letzten Tage«) hat eine Lösung besonderer Art gefunden: Die postume Zwangstaufe. Zu diesem Zweck sammelt das Unternehmen jede Menge Namen von Verstorbenen und ›tauft‹ die so benennbaren Toten im Nachhinein. Rund zwei Milliarden Personalien Verstorbener will man im größten Ahnenarchiv der Welt bei Salt Lake City bereits zusammengetragen haben. Rund 400 Millionen dieser Namen waren Ende Mai 1999 auf einer Internet-Seite allgemein verfügbar; ein Register, das laufend ergänzt werden soll, und auch profanen Ahnenforschern nützlich sein könnte. So mischen sich, wie auch sonst gelegentlich in den Religionen, Zwanghaftigkeit und High-tech aufs Schönste.

Die Himmelskönigin

Wer eine Frau zur Göttin oder zur Hexe machen kann, oder einen Mann zum Teufel, hat Macht in einer Gesellschaft, in der alle daran glauben müssen. Macht, das war für die christliche Kirche jahrhundertelang Gewalt über Leben und Tod. Heute noch geht es für das Kirchenpersonal auch um irdische Strafen – und für alle Gläubigen um das Jenseits.

Im Alten Testament ist das Wort für Geist hebräisch *ruach*. Damit sind Wind und Atem gemeint – der Atem Gottes, mit dem dieser den Menschen, den er »aus Erde vom Acker« geformt hatte, in »ein lebendiges Wesen« verwandelte (1. Mose 2, 7). Die Griechen haben *ruach* angemessen mit *pneuma* übersetzt. Im Lateinischen wurde daraus *spiritus sanctus*, immer noch in der ursprünglichen Bedeutung von Wind oder Atem. Aber die in deutschen Landen missionierenden irischen Mönche übersetzten das mit *Heiliger Geist* – Geist im Sinne eines überirdischen Wesens. Und dieses Bild entfaltete nun ein Eigenleben. Etwa in der Vorstellung, Maria habe ein Kind vom Heiligen Geist empfangen ...

Die Anfänge der Marienlegenden finden sich im so genannten Protevangelium des Jakobus. Es entstand vermutlich in der 2. Hälfte des 2. Jahrhunderts. Sein Verfasser gab sich als einer der Brüder von Jesus aus. Die Mariologie, die kirchliche Lehre über Maria, wurde »von Männern entwickelt, von unverheirateten dazu, von solchen also, die keine Beziehung zur Ehe hatten«, betont Uta Ranke-Heinemann (Tochter des deutschen Bundespräsidenten Gustav Heinemann) in ihrem Buch *Eunuchen für das Himmelreich / Katholische Kirche und Sexualität* (Hoffmann und Campe, 1988). Die weltweit erste Frau, die sich (1969) in katholischer Theologie habilitieren konnte, verlor ihren Lehrstuhl für Neues Testament und alte Kirchengeschichte an der Universität Essen, weil sie die Jungfrauengeburt Mariens theologisch und nicht, wie immer noch Papst Johannes Paul II., biologisch deutet. Ranke-Heinemann bekam dann, abgesichert durch das deutsche Beamtenrecht, einen Lehrstuhl für Religionsgeschichte.

Die Vorstellung, dass ein Gott sich – zum Beispiel in Gestalt eines Tieres – einer Frau nähert und sie schwängert, war in der Antike weit verbreitet. Dem Göttervater Zeus wurden allerlei Abenteuer dieser Art nachgesagt. Und auch das Alte Testament kennt da erstaunliche Geschichten. Zum Beispiel das Buch Genesis (1. Mose 6, 2 und 4):

Vom Heiligen Geist geschwängert, wird aus Maria, der Mutter Jesu, in der christkatholischen Bilderwelt am Ende Maria, die Himmelskönigin (Albrecht Dürer, Die Verkündung, um 1503 (Ausschnitt), Marienleben, 1511 (Ausschnitt), Die Himmelfahrt Mariens, 1510 (Ausschnitt)).

»Da sahen die Gottessöhne, wie schön die Töchter der Menschen waren, und nahmen sich zu Frauen, welche sie wollten ... Zu der Zeit und auch später noch, als die Gottessöhne zu den Töchtern der Menschen eingingen und sie ihnen Kinder gebaren, wurden daraus die Riesen auf Erden. Das sind die Helden der Vorzeit, die hochberühmten.« Die Erzählung stammt vermutlich aus dem zehnten vorchristlichen Jahrhundert. Die Historiker der Frühzeit haben solche Geschichten ganz selbstverständlich weiter verbreitet. Zum Beispiel umgibt der griechische Schriftsteller Plutarch (46 bis 120 nach Christus) die Geburt Alexanders des Großen (356 bis 323 vor Christus) mit einer Aura des Numinosen. So habe dessen Vater Philipp ein Auge eingebüßt, als er es an einen Türspalt anlegte und beobachtete, wie der Gott (wohl der Donnergott Zeus) in Gestalt einer Schlange seiner Frau beiwohnte. In der Hochzeitsnacht träumte die Mutter Alexanders, Olympia, so schildert Plutarch, es donnere, und ein Blitz schlage in ihren Leib. Auch Maria soll Jesus nach katholischer Vorstellung »wie einen Lichtstrahl geboren haben«, schreibt Uta Ranke-Heinemann und kommentiert: Diese Lehre von der Jungfräulichkeit in der Geburt, die nicht preisgegeben werden könne, ohne dass das ganze künstliche Gebäude der immerwährenden Jungfräulichkeit Marias in sich zusammenfalle, »ist ein besonders krasses Beispiel dafür, zu welchen Phantastereien man greift, um Maria zu einer Jungfrau ummodellieren zu können.« Die traditionelle Lehre der katholischen Kirche besagt, dass das Hymen (Jungfernhäutchen) Marias unbeschädigt blieb, dass die Geburt schmerzfrei und keine Nachgeburt vorhanden war. Ranke-Heinemann: »Mit der Lehre von der Jungfrauengeburt hat man einer Mutter ihre Mutterschaft gestohlen. Man hat sie damit von dem Fluch ausnehmen wollen, der nach der Meinung der Zölibatäre auf der normalen Mutterschaft normaler Mütter lastet. Aber dieser Fluch ist lediglich eine Ausgeburt sexualneurotischer Fantasie.«

Mit diesem Gedanken eines Fluchs verbinden sich weitere archaische Bilder. Nach dem Mythos im Buch Genesis hat Gott Adam und Eva aus dem Paradies vertrieben, weil sie verbotenerweise den Apfel vom Baum der Erkenntnis dessen, was gut und was böse ist, gegessen hatten. Mit dieser Tat, so die Vorstellung, kam die Sünde in die Welt. Und diese ›Ursünde‹ ist nach christlicher Vorstellung erblich. Lediglich Maria hat wundersamerweise ihren Sohn Jesus erbsündenfrei geboren, weil dieser keinen Menschen, sondern Gottes Heiligen Geist zum

Vater hatte. Wenn nun die Naturwissenschaftler Recht haben sollten und der Mensch objektiv keinen freien Willen hat, wovon später noch die Rede sein wird, dann müsste das Weltbild der Theologen von Ursünde, Schuld und Sühne ins Wanken geraten. Adam hätte dann nämlich gar nicht die Freiheit gehabt, den Apfel *nicht* zu essen.

Die Christen modellierten Maria weiter zur Himmelkönigin. Im vierten Jahrhundert, notieren die Kirchenhistoriker, hatte in Syrien ein gewisser Ephräm die Idee, dass der Leib der Maria durch die »Einwohnung der Gottheit unverwesbar« geworden sei. Papst Pius XII. verkündete am 1. November 1950 ex cathedra: »Es ist die von Gott geoffenbarte Glaubenslehre, dass die unbefleckte Gottesgebärerin und immerwährende Jungfrau Maria nach Vollendung des irdischen Lebenslaufes mit Leib und Seele in die himmlische Herrlichkeit aufgenommen wurde.« Deutsche evangelische Theologen antworteten darauf, durch die Dogmatisierung werde die wissenschaftlich-theologische Arbeit grundsätzlich in Frage gestellt, weil sie anerkannte Forschungsergebnisse außer Kraft setze. Mit dem Bild »von Gott geoffenbart« wird jeder vernünftige Widerspruch ausgeschlossen.

Bereits am 8. Dezember 1854 hatte Papst Pius IX. als Dogma verkündet: »Es ist eine von Gott geoffenbarte Glaubenswahrheit, daß Maria im ersten Augenblick ihrer Empfängnis durch besondere Gnade ... im Hinblick auf die Verdienste Christi vor aller Makel der Erbsünde bewahrt worden ist.« Die Genesis-Autoren haben einst die Erfahrung der menschlichen Unvollkommenheit (Sündhaftigkeit) in einem einprägsamen Bild wiedergegeben. Wie konnten sie auch ahnen, was Jahrtausende später Theologen, bar jedes biologischen und psychologischen Wissens, daraus machen würden.

Von Hexen und der Scheußlichkeit des Zeugungsaktes

Vor tausend Jahren versuchten ein paar gelehrte Leute, sich ein Gesamtbild von der Welt zu machen, indem sie die Ergebnisse philosophischer und theologischer Spekulationen zusammenfassten. Dieses System der Scholastik (Schulkunst) erarbeitete als erster ein gewisser

Anselm (1033 bis 1109) aus Aosta in Piemont, der spätere Erzbischof von Canterbury. Der berühmteste Scholastiker ist der Dominikaner-Mönch Thomas von Aquin (1225 bis 1274). Seine Gedanken wurden 1879 durch eine Enzyklika des Papstes Leo XIII. zur Grundlage der katholischen Theologie. Thomas hat den – viel älteren – Aberglauben an die Dämonen in das kirchliche Weltbild eingeführt: »Der katholische Glaube lehrt uns,« schrieb er, »dass die Dämonen etwas zu bedeuten haben, dass sie den Menschen schaden und auch den Geschlechtsverkehr hindern können.« Fortan wussten es impotente Männer genau, dass sie »verhext« sind.

Der Hexenwahn verbreitete sich so recht, als Papst Innozenz VIII. 1484 in der Bulle *Summis desiderantes affectibus* den Hexenprozess begründete. Der Papst setzte die beiden deutschen Dominikaner-Mönche Jakob Sprenger, Theologieprofessor in Köln, und Heinrich Institoris als Inquisitoren ein, das heißt, als Beamte der päpstlichen Behörde zur Reinhaltung des Glaubens und der Sitten. Die Inquisition war seit 1232 eine permanente Einrichtung des Vatikans. Chef dieser immer noch über die »Reinhaltung des Glaubens« wachenden, wenn auch inzwischen weniger mächtigen Behörde, ist derzeit der Deutsche Josef Kardinal Ratzinger. Die Herren Inquisitoren Sprenger und Institoris verfassten 1487 den *Hexenhammer*, ein »Fragestück auf alle Artikel, in welchen die Hexen und Unholden auf das Allerbequemste mögen examiniert werden.« Die meisten Mädchen und Frauen wurden in Deutschland als »Hexen« umgebracht. Die Schätzungen über die Zahl der Ermordeten weichen stark voneinander ab und gehen bis zu neun Millionen insgesamt. In den überlieferten Akten sind hunderttausend Personen benannt. Die letzte »Hexe« in Deutschland wurde 1775 in Kempten verbrannt.

Auffallend ist, wie oft die Hebammen als Hexen verfolgt wurden. Die Verfasser des Hexenhammers wussten nämlich, dass »die Hexenhebammen alle anderen Hexen an Schandtaten übertreffen«. Uta Ranke-Heinemann berichtet, dass in Köln in den Jahren 1627 bis 1630 die Hebammen der Stadt nahezu sämtlich umgebracht worden waren. »Jede dritte der hingerichteten Frauen war eine Hebamme.« Thomas von Aquin stellte sich die Frage, »warum es gerade in und bei dem Geschlechtsakt dem Teufel erlaubt sei, Zauberei zu üben?« Die Antwort übernahm der fromme Mann von Papst Gregor I. (etwa 540 bis 604), eine Antwort, die dann auch in den Hexenhammer Eingang fand:

Thomas von Aquin hat im 13. Jahrhundert den Hexenglauben theologisch salonfähig gemacht. Auf diesem Bild Albrecht Dürers reitet eine Hexe auf einem Ziegenbock.

Die Verfasser des Hexenhammers (1487) wussten, dass »die Hexenhebammen alle anderen Hexen an Schandtaten übertreffen«. Hier bereiten sie ihre Salbe aus Kinderleichen (Holzschnitt von F. M. Guaccio, Compendium maleficarum, Mailand 1626).

»Wegen der Scheußlichkeit des Zeugungsaktes und weil durch ihn die Erbsünde auf alle Menschen übertragen wird.«

Die Leibesfeindlichkeit der Kirche wurzelt in solchen absurden Bildern. Das geht noch immer so weit, dass im oberpfälzischen Auerbach »Schulschwestern von unserer Lieben Frau« – so nennen Katholiken die Maria – in einer Realschule aus den staatlichen Biologiebüchern wiederholt die bildlichen Darstellungen zur Sexualität des Menschen als »Schmutz-Material« ausschnitten, beziehungsweise gleich die Bücher einzogen (*Süddeutsche Zeitung*, 31. 10. / 1. 11. 2001).

In den christlich-patriarchalischen Gesellschaften des Mittelalters war die Angst der Männer vor der weiblichen Sexualität so groß, dass sie nicht nur lebende Frauen betraf – die man schlimmstenfalls zu Hexen machte; übrigens eine typische Projektion eigener Versagensängste. Vielmehr fühlte man sich sogar von Frauen-Statuen bedroht. Solche Statuen und ihre Geschichte waren Gegenstand der Millenniumsausstellung *Das Feige(n)blatt* im Sommer 2000 in der Münchner Glyptothek; ein Thema, das offensichtlich auch heute noch die Menschen beschäftigt. Um die Mitte des 14. Jahrhunderts fand man in Siena die antike Statue einer Venus. Die Bürger bewunderten ihre

Schönheit und stellten sie auf einen Ehrenplatz vor dem Rathaus der Stadt. Wenig später verlief ein Krieg mit dem Erzfeind Florenz unglücklich, und man suchte einen Schuldigen. Man fand ihn in der nackten heidnischen Göttin der Liebe. Der Rat der Stadt beschloss, die Venus zu entfernen. Man zertrümmerte sie und verscharrte die Bruchstücke auf dem Hoheitsgebiet der Florentiner, um diesen damit irgendwie zu schaden.

Im Rheinischen Landesmuseum in Trier steht der fast bis zur Unkenntlichkeit verstümmelter Torso einer Venusstatue. Diese römische Kopie einer Venus sah ursprünglich etwa so aus wie die Venus von Milo. Die Münchner Ausstellungsmacher erzählen die Geschichte der Venus so: Vermutlich seit dem frühen Mittelalter war die Venus neben der Klosterkirche St. Matthias aufgestellt. Später wurde sie an Ketten auf dem nahe gelegenen Friedhof aufgehängt. Schließlich warf man sie in eine ausgemauerte Vertiefung neben der Kirche. An all den Orten war sie Hassobjekt der nach St. Matthias wallfahrenden Pilger, die sie mit Steinen bewarfen – was man ›Heidenwerfen‹ nannte. An der Basilika St. Matthias gibt es eine Steintafel, mit der Darstellung der Venus in Ketten – zu Füßen eines Kirchenmannes. Dabei eine Steintafel mit der Inschrift:

> *Wolt ihr wissen, was ich bin*
> *Ich bin gewessen ein Abgottin*
> *Da S. Eucharius zu Trier kam*
> *Er mich zerbrach, mein Ehr abnam.*
> *Ich war geehret als ein Gott*
> *Jetz stehen ich hie der Welt zu Spot.*

Die Tortur der im Laufe der Jahrhunderte völlig zusammengeschlagenen Statue endete erst 1811, als der letzte französische Präfekt der Venus im Museum der *Gesellschaft für nützliche Forschung* einen Ruheplatz gab.

Eine Variante des ›Heidenwerfen‹ zeigen auch heute immer wieder die Fernsehnachrichten: Strohpuppen oder die Fahnen der jeweiligen Feinde werden in den moslemischen Ländern verbrannt, Bilder als Ersatz für Menschen.

Der Teufel und das Böse

In den letzten Jahren ist der Teufel wieder in der Politik erschienen. Und zwar eben aus jener Region kommend, in der er einst entdeckt wurde. Das Bild spielt in den Auseinandersetzungen der USA und ihrer moslemischen Gegner eine besondere Rolle. Dies ist nur möglich, weil das Teufelsbild in der fundamentalistisch christlichen Vorstellungswelt der USA heute noch genauso lebendig ist wie in den fundamentalistisch islamischen Gesellschaften.

»Es braucht nicht viel analytischen Scharfsinns, um zu erraten, dass Gott und Teufel ursprünglich identisch waren, eine einzige Gestalt, die später in zwei mit entgegengesetzten Eigenschaften zerlegt wurde.« So analysierte Sigmund Freud im Jahre 1922 *(Eine Teufelsneurose im siebzehnten Jahrhundert)*. Am Anfang stand wohl hinter den Bildern von Teufel und Dämonen das Bemühen um eine Antwort auf die Frage: Wie ist das Böse in die Welt gekommen? Ich beziehe mich im folgenden auf das umfassende Werk von Alfonso di Nola *(Der Teufel/Wesen, Wirkung, Geschichte*, 1993). Seine Untersuchungen sollen, so schreibt der italienische Forscher, »als ein rationaler Versuch verstanden werden, die Allgegenwärtigkeit eines Phantasmas zu dokumentieren, das in den Mythen der verschiedensten Zeitalter seinen Ausdruck gefunden hat: in den unterschiedlichsten menschlichen Gesellschaften zeugt es von dem Bedürfnis, das historische und moralische Böse, das wir in uns tragen, nach außen zu projizieren.«

Im Schwemmland des Euphrat und Tigris, in Mesopotamien, dem heutigen Irak, entwickelten die dort vor etwa fünftausend Jahren von Osten her eingewanderten Sumerer die wohl ältesten Bilder von Engeln und Dämonen, die dann durch die hebräische Welt das Christentum und bis heute auch die islamische Kultur beeinflusst haben.

Ein Grundgedanke in der Schöpfungsgeschichte des Alten Testaments ist, dass Gott selbst den Teufel gewollt und geschaffen hat, um den Menschen auf die Probe zu stellen. Im Paradies verführte die Schlange Eva und Adam, die verbotene Frucht zu verzehren. Gott (Elohim) hatte es ihnen nämlich ausdrücklich verboten, vom Baum der Erkenntnis des Guten und Bösen zu essen.

Allerdings verstecken sich hinter der Geschichte von Adam, Eva und der Schlange wohl sehr verschiedene Mythen. Walter Beltz verwies darauf, dass Eva (Hawa) die Herrin, den Namen einer phönizischen

Schlangengöttin trägt, die auch sonst in der Mythologie als Mutter der Menschen bezeugt sei. Im Aramäischen und Syrischen zum Beispiel heiße die Schlange häwja: »Diese Koinzidenz ist wichtig für das Verständnis des Mythos. Denn der ursprüngliche Mythos beurteilt das Verlangen der Frau, klug zu werden, positiv. Und Elohim sieht ohne Gram ein, daß der Mensch gottgleich geworden ist. Er überträgt ihm fortan nicht mehr die Verwaltung des Gottesgartens, sondern der Erde.«

Nun steckt in der Paradiesgeschichte nach Beltz aber noch eine zweite Geschichte. Die Kanaaniter, die Feinde der Stämme Israels, verehrten die Schlange im Kult für ihren Gott Baal. Die in der Bibel bezeugte Verfluchung der Schlange durch Gott drückt damit auch aus, dass der Gott Israels die Schlangengötter der Kanaaniter und damit diese selbst besiegt. Auch Alfonso di Nola hält es für möglich, dass es sich hier um eine Polemik gegen die Verwendung von Schlangen im Baal-Kult handelt.

Aber die Schlange ist nicht der einzige Ahne des christlichen Teufels – der ja viele Namen hat: Zum Beispiel *Satan*, aus der hebräischen Wurzel *stn* »feindlich sein« abgeleitet. Satan wird auch mit *Luzifer* gleichgesetzt. Im Buch Hiob steht *ha-satan* (der Feind) im Dienste Gottes und soll Hiob in Versuchung führen. Wieder ein anderes Bild steht im Buch *Die Weisheit Salomos* des Alten Testaments (2, 24): »Durch des Teufels Neid ist der Tod in die Welt gekommen.«

Im Neuen Testament bleibt Satan der Feind und Verleumder. Das griechische Wort Dämon *(daimonion)* wird für alle Fälle teuflischer Besessenheit verwendet. Schließlich tritt – im Weltbild der Pharisäer, der theologischen Gegner Jesu – *Beelzebub* auf, abgeleitet von *Ba'al zevuv*; also auch hier ist wieder Baal im Spiele. Beelzebub ist nach di Nola ursprünglich der »Gott der Fliegen«, der seine Gläubigen vor dem Ungeziefer schützt. Im Griechischen schließlich ist der Fürst der Dämonen, der Teufel *diabolos*, der Ankläger und Verleumder.

Das ganze Mittelalter hindurch war der Teufel Gegenstand theologischer Spekulationen, die Thomas von Aquin zu einem verbindlichen System ordnete. Selbst der Reformator Martin Luther hatte so seine Erfahrung mit dem Teufel gemacht, den er einmal sogar auf der Dachrinne sitzen sah. »Viele Gegenden sind von Teufeln bewohnt, Preußen ist voll davon« – wusste der Reformator zu berichten. Auf der Wartburg in Thüringen, wo Luther die Bibel ins Deutsche übersetzte, werden noch heute die Flecken in der Wand gezeigt. Sie sollen davon herrühren, dass der Reformator den Teufel, der Nüsse aus einem Sack auf den Boden gestreut habe, mit einem gefüllten Tintenfass bewarf.

Allen Erkenntnissen der Naturwissenschaften zum Trotz, ist für die Katholische Kirche der Teufel bis heute eine Realität geblieben. »Das Böse in der Welt ist das Vorhandensein und Wirken eines dunklen Feindes, des Teufels, in uns und in unserer Gesellschaft. Das Böse ist ... ein lebendiges ... Wesen ... Wer sich weigert, seine Existenz anzuerkennen, stellt sich außerhalb von Bibel und Kirche«, so heißt es in einer feierlichen Erklärung des Papstes Paul VI. vom 13. November 1972. Und sein Nachfolger, Johannes Paul II., formulierte am 13. August 1986: »Satans geschickter Plan in der Welt besteht darin, die Menschen zu veranlassen, seine Existenz zu leugnen im Namen der Rationalität oder auch jeden anderen Denksystems, das zu allen nur möglichen Ausflüchten greift, um nur sein Wirken nicht eingestehen zu müssen.«

Deus ex Machina und die Frommen

Natürlich fällt auch manchem Theologen auf, dass seine Kirche und damit die Gläubigen in archaischen Bilderwelten leben. Der evangelische Theologe Dietrich Bonhoeffer, den Adolf Hitler als Widerstandskämpfer einsperren und noch 1945 im bayerischen Konzentrationslager Flossenbürg umbringen ließ, hat im Gefängnis in Berlin-Tegel darüber nachgedacht, dass man mit den alten Bildern anders umzugehen habe. Bonhoeffer plädierte dafür, »weltlich« von »Gott« zu sprechen (*Widerstand und Ergebung*, Chr. Kaiser Verlag, 1951). 1944 schrieb er, die religiösen »Begriffe schlechthin sind problematisch«: »Wir gehen einer völlig religionslosen Zeit entgegen; die Menschen können einfach, so wie sie nun einmal sind, nicht mehr religiös sein.« Die »Religiösen sprechen von Gott, wenn menschliche Erkenntnis (manchmal schon aus Denkfaulheit) zu Ende ist oder wenn menschliche Kräfte versagen – es ist eigentlich immer der deus ex machina, den sie aufmarschieren lassen, entweder zur Scheinlösung unlösbarer Probleme oder als Kraft bei menschlichem Versagen.« Ihm selbst werde bei dem frommen Gerede »irgendwie schwül und unbehaglich«. Für Bonhoeffer galt: »Die mündige Welt ist gottloser und darum vielleicht gerade Gott-näher als die unmündige Welt.« Anders als Dietrich Bonhoeffer vor sechzig Jahren, haben die Kirchen heute keine Probleme damit, weiter in der unmündigen Welt der Illusionen zu leben.

Der Marburger evangelische Theologe Rudolf Bultmann (1884 bis 1976) hat in der protestantischen Kirche erhebliche Unruhe ausgelöst, als er – beginnend mit einem Vortrag *Neues Testament und Mythologie* im Jahre 1941 – vorschlug, die Bibel zu »entmythologisieren«. Bonhoeffer meinte dazu 1944, Bultmann sei mit seinen Überlegungen nicht etwa zu weit, sondern »zu wenig weit« gegangen. Im Jahre 1964 erklärte Bultmann das, was er gemeint hatte, so: »Entmythologisieren heißt jedoch nicht, die Schrift oder die christliche Botschaft als Ganzes zu verwerfen, sondern die Weltanschauung der Schrift, die die Weltanschauung einer vergangenen Zeit ist, die nur zu oft in der christlichen Dogmatik und in der Predigt der Kirche beibehalten wird. Entmythologisieren heißt verneinen, daß die Botschaft der Schrift und der Kirche an eine alte, veraltete Weltanschauung gebunden ist« (*Jesus Christus und die Mythologie*, Furche-Verlag, 1964). Offenbar macht so viel Freiheit den Frommen im Lande Angst. Sie behalten lieber ihre Illusionen.

Für deutsche evangelische Fundamentalisten war dieser Ansatz Bultmanns der Grund dafür, Mitte der 60er-Jahre die »evangelikale« Sammlungsbewegung *Kein anderes Evangelium* zu gründen. Insbesondere in den USA haben die Evangelikalen eine große Anhängerschaft. Es gibt zwar unterschiedliche Strömungen, aber gemeinsam ist allen Fundamentalisten, dass sie Bilder der Bibel wortwörtlich nehmen. Zum Beispiel wehren sich die Evangelikalen in den USA heftig gegen die Erkenntnisse der Naturwissenschaften über die Evolution. Sie glauben tatsächlich, dass Gott die Welt, so wie es im Buch Genesis geschrieben steht, in sechs Tagen geschaffen habe. Diese intellektuelle Beschränktheit hat zur Folge, dass mancherorts in amerikanischen Schulen die Evolutionstheorie von Charles Darwin bestenfalls gleichberechtigt neben die biblische Schöpfungsgeschichte gestellt wird.

Höllenangst und Ablasshandel

Wer Höllenängste schüren kann und das Paradies versprechen, hat über die Menschen, die daran glauben, große Macht. Die Kirchen sind so dazu gekommen: Der Verfasser des Matthäus-Evangeliums – um 90 nach Christus, also vermutlich weit mehr als ein halbes Jahrhundert nach dessen Tod – hat als einziger Evangelist den Apostel Petrus auf besondere Weise positiv herausgehoben. Jesus soll nämlich, laut Matthäus, zu Petrus gesagt haben (Matth 16, 18): »Du bist Petrus, und auf diesen Felsen will ich meine Gemeinde (Eklesia, Kirche) bauen, und die Pforten der Hölle sollen sie nicht überwinden. Ich will dir die Schlüssel des Himmelreichs geben: alles, was du auf Erden binden wirst, soll auch im Himmel gebunden sein, und alles, was du auf Erden lösen wirst, soll auch im Himmel gelöst sein.«

Petrus mit dem Schlüssel, das mag heute manchen folkloristisch anmuten. Fast zwei Jahrtausende lang war dies jedoch ein unerhört starkes Bild: Die Schlüsselgewalt auf der Erde und im Himmel zu haben und damit die Entscheidungsgewalt über ewige Seligkeit oder ewige Verdammnis. Dabei war es ursprünglich gar nicht so gemeint. »Vieles spricht dafür, daß es sich hier um eine abgewandelte exorzistische Vollmacht handelt«, schreibt der evangelische Neutestamentler an der Universität Heidelberg, Klaus Berger (*Theologiegeschichte des Urchristentums*,

Aus einer vermutlich exorzistischen Vollmacht ist das Bild von Petrus mit dem Schlüssel für Himmel und Hölle ins Matthäus-Evangelium geraten (Perugino, Schlüsselübergabe an Petrus, Wandmalerei in der Sixtinischen Kapelle des Vatikanischen Palastes, 1481 (Ausschnitt)).

A. Francke, 1994). Exorzismus, die auch Jesus und später seinen Anhängern zugeschriebene Fähigkeit, Dämonen zu bezwingen, verschaffte bei der ungeheuren Angst der spätantiken Welt vor diesen Gewalten hohes Ansehen. Tatsächlich kann es sich bei den Sätzen über die Schlüsselgewalt des Petrus nicht um Worte des historischen Jesus handeln. Denn der Rabbi Jesus hat als frommer Jude gewiss keine Kirche (Ecclesia) gründen wollen. Vielmehr ging es nach Berger um das Austreiben von bösen Geistern aus den von diesen ›besessenen‹ Menschen. Anders als vor 2000 Jahren können heute Psychiater und Psychotherapeuten die Phänomene der ›Besessenheit‹ ohne die Bilder von Teufeln und Dämonen erklären.

Das Schlüsselbild aus dem Matthäus-Evangelium hat man schnell machtpolitisch ausgenutzt. Der Bischof Kallistos (Calixtus I.) von Rom hat, wie die Historiker heute annehmen, als erster Anfang des 3. Jahrhunderts die Idee entwickelt: Petrus mit dem Schlüssel, das sind wir alle – auf Lateinisch: *omnis ecclesia Petri propinqua*, das heißt, jede mit Petrus zusammenhängende, also jede katholische Bischofsgemeinde hat die dem Petrus verliehene »Schlüsselgewalt«. Von einem Primat des Bischofs von Rom war da noch nicht die Rede. Als erster *Papst* und Nachfolger von Petrus im Sinne der Zeilen bei Matthäus hat sich dann der römische Bischof Leo I. Mitte des 5. Jahrhunderts verstanden. Alle päpstliche Macht bis heute gründet auf der schiefen Interpretation eines Bildes.

Der Rabbi Jesus hat nach den Berichten der Evangelien den von ihrer Schuld und Verstrickung niedergedrückten Menschen, die zu ihm kamen, liebevoll zugesagt, ihnen seien ihre Sünden vergeben. Die Anhänger Jesu haben dagegen alsbald nach dessen Tod damit begonnen, sich gegenseitig niederzumachen. So hat das Konzil von Nicäa anno 325 Arius und seine Anhänger exkommuniziert. Kaiser Konstantin verlieh einem solchen Beschluss erstmals Nachdruck, indem er dem Arius den staatlichen Bann nachschickte und ihn ins Exil vertrieb. Wenige Jahre später verlangte derselbe Konstantin mit demselben Nachdruck die Wiederaufnahme des Arius in die Kirche und verbannte dessen Gegenspieler, Athanasius, nach Trier. Wie geschildert, haben am Ende die Arianer doch verloren. Aber die Umgangsmethoden wurden – unter Berufung auf die Matthäus-Geschichte – im Laufe der Zeit immer brutaler und die damit verbundenen Rituale immer ausgefeilter. Um die Zusammenhänge verständlich zu machen, ist es nötig, noch ein paar Details zu erwähnen.

Die Aufforderung, der Mensch möge von seinem sündhaften Leben ablassen, zieht sich durch das ganze Alte Testament. »Tut Buße«, forderte der im Neuen Testament als Verkünder Jesu auftretende Johannes der Täufer, und nicht anders tat es Jesus selbst. Die Tatsache, dass das Böse in der Welt unausrottbar existiert, haben Juden und Christen wie der Apostel Paulus als Fortwirken der *Erbsünde* verstanden; der »Sünde« Adams, des »ersten Menschen«, der verbotenerweise vom »Baum der Erkenntnis« aß und daraufhin mit seiner Frau Eva das Paradies verlassen musste. Diesen Mythos hat dann der Kirchenvater Augustinus (354 bis 430) zu einer verbindlichen Lehre ausgebaut. Natürlich gab es immer wieder Menschen, die den Mythos von Adam als solchen identifizierten. So war für den Mönch Pelagius, einen Zeitgenossen von Augustinus, eine Sünde immer nur die einzelne Tat. Eine Erbsünde gebe es nicht. Die Lehren von Pelagius wurden auf einer

Synode in Karthago anno 418 offiziell verdammt, Pelagius selbst und seine Anhänger aus der Kirche ausgeschlossen. 1546 erklärte das Konzil von Trient die Lehre von der Erbsünde zum Dogma.

Dabei blieb es nicht. Die Priester praktizierten allmählich ihre ›Schlüsselgewalt‹ direkt den Gläubigen gegenüber, die ihnen ihre Sünden persönlich beichten mussten. Die Idee entstand im Orient, drang im 6. und 7. Jahrhundert ins Abendland und wurde 1215 durch Synodenbeschluss verbindlich. Man kann leicht ermessen, welche Macht der Beichtvater allein durch das Wissen von den Geheimnissen eines jeden Menschen seiner Umwelt bekam. Es ist sicher kein Zufall, dass heutzutage im Vatikan unter allen Kurienkardinälen die beste Wohnung – nach dem Privatappartement des Papstes, versteht sich – der General-Beichtvater beziehen darf: »Etwa 700 Quadratmeter Wohnfläche in einem Palast mit 500 Quadratmetern Terrasse, die direkt dem Panorama des Petersdom zugewandt sind. Auf dieser Terrasse finden die exklusivsten Empfänge statt« (*Welt am Sonntag*, 4. 2. 2001).

Die kirchliche Praxis um Sünde, Verdammnis und Vergebung war verbunden mit genauen Vorstellungen vom Jenseits. Der Gedanke an eine Art Reinigungsbad, dem der Tote sich zu unterziehen habe, ist viel älter als das Christentum. Während für die Germanen die *Hölle* (die »Bergende«) der Ort aller Toten war, mit freundlichen Landschaften für die Guten, aber auch einer »Wasserhölle« für die Bösen, entwickelte sich im abendländischen Christentum der Gedanke an ein *Fegefeuer*, einen Ort der Läuterung, in dem die Verstorbenen »lässliche« jedoch noch ungesühnte Sünden abzubüßen hätten. (Hinter den Begriffen von »lässlicher«, also durch den Priester entschuldbarer und andererseits von »Todsünden« verbergen sich wiederum Bilder, auf die ich aber hier nicht genauer eingehen will.) Papst Gregor I. (um 540 bis 604) legte fest, dass es »Messopfer« als *Seelenmesse* für die Seelen im Fegefeuer geben solle; gegen Bezahlung übrigens. Schließlich wurde der *Ablass* ins Sünden-Geschäft eingeführt. Als Papst Urban II. zum ersten Kreuzzug nach Jerusalem (1096 bis 1099) aufrief, versprach er den Teilnehmern vollkommenen Ablass – das heißt Freispruch von Sündenstrafen. Die Praxis des Ablass-Gewährens gegen Geld war am Ende Auslöser der Reformation Martin Luthers und der Spaltung in evangelische und katholische Kirche.

Freikarten für Himmel und Hölle im Angebot haben nicht nur die christlichen Kirchen. Islamisten versprechen ihren Selbstmord-Atten-

Wer mit der Hölle drohen kann, hat Macht über die Menschen (Holzschnitt von Nicolas Le Rouge, Troyes 1469).

tätern, die sie *Märtyrer* nennen, einen Platz im Paradies, während ihre Opfer nach Plan zur Hölle fahren sollen.

Die Sache mit dem Fegefeuer als postmortale Strafanstalt war übrigens durchaus gewöhnungsbedürftig. Wie Herbert Freudenthal zu berichten wusste, sollen »einst die Grönländer, als ihnen ein Missionar die Flammenqual der Hölle auf das eindringlichste schilderte, sich sämtlich nach diesem Jenseits gesehnt haben«. In ihrer kalten Heimat auf Erden waren sie Schlimmeres gewohnt.

Das geflügelte Wort vom »Gang nach Canossa« erinnert noch nach fast tausend Jahren daran, welche Kraft ein Papst, nämlich Gregor VII. (1073 bis 1085) daraus zog, dass der Verfasser des Matthäus-Evangeliums das Bild von der »Schlüsselgewalt« in die Welt setzte. Es ging

Sichtbares Zeichen der Macht dessen, der die Schlüsselgewalt hat: Zeitgenössische Darstellung des Konflikts zwischen Papst Gregor VII. und Kaiser Heinrich IV., der in Heinrichs IV. Gang nach Canossa (1077) seinen Höhepunkt fand.

darum, wer die größere Macht haben sollte, der Papst oder der Kaiser. Gegenpart von Gregor war Heinrich IV. (1050 bis 1106), deutscher König und Kaiser. Vordergründig bestritt der Papst dem Kaiser sein Recht, über die Besetzung von Bistümern (Investitur) zu entscheiden. Der Kaiser ließ den Papst absetzen. Gregor antwortete darauf mit der Exkommunikation Heinrichs. Das verstand man so, dass Heinrich auf ewig verdammt sein würde, wenn dieser Bann nicht zu seinen Lebzeiten wieder aufgehoben werde. Dieser Waffe hatte der Kaiser nichts Gleichwertiges entgegenzusetzen. Auch die deutschen Fürsten gaben sich geschlagen. Sie drohten dem Kaiser, ihn abzusetzen, wenn der Bann nicht binnen Jahresfrist gelöst sei. Und so machte sich Heinrich IV. auf zum Bußgang nach Canossa am Nordhang des Apennin, wo sich Gregor VII. in der Burg der Markgräfin Mathilde aufhielt. Mitten im kalten Winter, vom 26. bis 28. Januar 1077, wartete der Kaiser im Büßergewand vor den Burgmauern auf Einlass. Dann endlich erhielt er die päpstliche Absolution.

Zu solcherart Zwang fehlt dem Papst in unserer Zeit die Macht. Aber nach wie vor haben religiöse Bilder mit Machtstrukturen zu tun. Selbst die immer noch in der römisch-katholischen und den orthodoxen Kirchen festgeschriebene Unterscheidung zwischen heiligen und profanen Orten ist ein Macht-Instrument geblieben. Muss doch der fromme Kirchgänger bis heute bereits vor dem Hochaltar die Knie beugen und sich bekreuzigen. Und es ist noch nicht lange her, da durften hier zu Lande Selbstmörder nicht in »geweihter« Erde bestattet werden.

Heilig, aber auch teuflisch sind Etikette, die menschliche Erfahrungen ausdrücken: Ängste, Erschaudern, Faszination. Erst die Aufklärung wandte sich gegen eine solche Art Teilung der Welt und des Lebens, die das Gegenteil des Heiligen wie des Unheiligen, das Profane, das Alltägliche, als zweitrangig erscheinen lässt. Es macht die Menschen freier, die Irrlichter im Moor nicht für arme Seelen halten zu müssen, frei wie Friedrich von Schillers Wilhelm Tell, der den Gessler-Hut nicht grüßte, frei wie die Anhänger der Reformation, die keinen »Heiligen« als Mittler zwischen sich und dem Gott brauchten, den ihnen der biblische Jesus als liebenden »Vater« beschrieben hatte.

Von Zeit zu Zeit sterben die Götter

Nicht von ungefähr spielen in diesem Buch die religiösen Bilder eine so große Rolle. Denn sie berühren uns deshalb so stark, weil sie seit Urzeiten Grundfragen unserer Existenz aufnehmen.

Wir Menschen sind so strukturiert, dass unser Gehirn ständig nach dem Warum? fragt. Ergebnis: Der Kinderglauben geht verloren, wenn die Götter sterben und damit auch die Geborgenheit, die er schuf. Dagegen entwickelt sich als Reaktion einerseits der religiöse Fundamentalismus und andererseits der Hang zum Esoterischen. Entmythologisierung, ein Prozess, der sich ebenfalls bis in uralte Zeiten zurück verfolgen lässt, provoziert auch heute immer wieder den Hass der Priester, deren Götter gestorben sind. Und sie macht den Gläubigen Angst.

Der Psychoanalytiker Carl Gustav Jung hat bereits in den fünfziger Jahren des letzten Jahrhunderts eine Entwicklung im Protestantismus beschrieben, die heute sehr viel allgemeiner gilt (*Bewusstes und Unbewusstes*, Fischer, 1957): »Der Bildersturm der Reformation hat ... wortwörtlich eine Bresche in den Schutzwall der heiligen Bilder geschlagen, und seitdem bröckelt eines nach dem anderen ab. Sie wurden mißlich, denn sie kollidierten mit der erwachenden Vernunft. Zudem hatte man schon längst zuvor vergessen, was sie meinten ... Darum sterben von Zeit zu Zeit die Götter, weil man plötzlich entdeckt, daß sie nichts bedeuten, daß sie von Menschenhand gemachte, aus Holz und Stein geformte Nichtsnutzigkeiten sind.«

Zwanghafte, rigide Gesellschaften halten fest an einmal fixierten Bildern. Das gilt insbesondere für religiöse Bilder. Aber jede Zeit hat ihre Bilder, und diese sind dann wirkmächtig, wenn sie stimmig sind. Andernfalls genügt nur ein Hauch – von wegen Bilder-Sturm, das ist gar nicht nötig – und sie zerfallen. Der Däne Hans Christian Andersen hat im 19. Jahrhundert in dem Märchen *Des Kaisers neue Kleider* geschildert, wie fragil Bilder dann werden, wenn sie nicht stimmig sind, sondern sozusagen Angst-Gemälde: Zwei Betrüger geben an, dem Kaiser ein neues Gewand weben zu können, das nicht nur ungemein prachtvoll ist, sondern auch die Eigenschaft besitzt, allein für die Guten und Treuen sichtbar zu sein. Der Kaiser geht dann mit diesem unsichtbaren Gewand bekleidet aus, und alle Leute – denn sie wollen ja zu den Guten und Treuen gehören – rühmen, wie herrlich es anzuschauen sei. Nur ein kleines Kind, völlig unverbildet und nicht indoktriniert, spricht es aus: Der Kaiser ist ja nackt. Und damit ist der Bann gebrochen.

Vor einer solchen Entdeckung müssen alle Ideologen Angst haben, vor allem, wenn sie nicht von außen, sondern von innen heraus passiert. Diese Angst erkennt man zum Beispiel bei Joseph Kardinal Ratzinger, dem Präfekten der vatikanischen Glaubenskongregation. In einem Gespräch mit Peter Seewald (*Focus*, 37, 2000) sagte er in Bezug auf die katholische Kirche: »Würde ihr Glaube zusammenbrechen und sie sich sozusagen für bankrott erklären und sagen, wir haben uns geirrt, dann würde in der Tat ein Bruch durch die ganze Geschichte und durch die Menschheit hindurchgehen, dessen Auswirkungen man sich gar nicht vorstellen könnte.« Solche Angst kennt nicht die Weisheit: »Das Leben geht weiter.«

Es ist auch ein Zeichen von Angst, dass sich die großen Kirchen zum Beispiel das Recht vorbehalten zu entscheiden, wer als Theologe Deutungsgewalt über die Bilder haben darf und wer nicht. Denn die Institution wackelt, wenn etwa der Tübinger katholische Theologe Hans Küng wie das Kind in Andersens Märchen ruft: Der Papst ist auch nur ein Mensch, und nicht etwa der unfehlbare Stellvertreter Christi. Oder wenn der Göttinger evangelische Theologe Gerd Lüdemann feststellt: Das Grab Jesu war nicht leer, er ist also nicht leiblich auferstanden. Die Tatsache, dass nach dieser Aussage seine evangelische Landeskirche den Professor Lüdemann maßregelte, erfüllte wiederum Joseph Ratzinger mit Genugtuung. »Im Streit mit Gerd Lüdemann hat sich ganz deutlich gezeigt, dass auch die evangelische Kirche ohne eine Art Lehramt nicht auskommen kann« (Christian Geyer, FAZ, 22. 9. 2000).

Die Bibel ist eine Fundgrube für Bilder, die nicht mehr stimmen und an denen dennoch gewaltsam festgehalten wird – aus Angst davor, dass sonst das ganze System zusammenbricht. Von Zeit zu Zeit sterben die Götter – aber manchmal tauchen auch Götter auf, die man längst tot wähnte. Im seit einem halben Jahrtausend zwangskatholisierten Peru wurde anno 2001 der indianisch-stämmige Alejandro Toledo zum Präsidenten gewählt. Einen Tag nach seinem Amtsantritt dankte er in der Ruinenstadt der Inkas, Machu Picchu, den alten Göttern, dem Gott der Berge, Apus, und dem Gott der Erde, Pachamama. Priester überreichten ihm mit Blumen, Coca-Blättern und Saatgut gefüllte Opfergefäße – so wie das in vorchristlicher Zeit üblich war (SZ, 31. 7. 2001).

Im folgenden will ich an einigen Beispielen zeigen, wie es jenen Menschen geht, die die alten Bilder ihrer Kirche – der katholischen wie der evangelischen – anzweifeln.

Die Angst der Protestanten vor Albert Schweitzer

Seit es christliche Kirchen gibt, gehört als konstitutives Element dazu, dass ihre Bilder nicht in Frage gestellt werden dürfen. Das hat selbst der Mann erfahren müssen, der bis heute in aller Welt als Vor-Bild der Jugend gilt, der bereits selbst zu einer Ikone, einem ›Bild‹ geworden ist: Albert Schweitzer (1875 bis 1965). Der gebürtige Elsässer hatte im Jahre 1904 bereits einen Namen als Theologe und als Musiker, er besaß zwei Doktortitel und war habilitiert. Da erfuhr er, dass die Pariser evangelische Missionsgesellschaft in der französischen Kolonie Gabun in Afrika Missionare brauche. Und so bewarb er sich am 9. Juli 1905 bei seinem elsässischen Landsmann und Amtsbruder Alfred Boegner. Albert Schweitzer schilderte die Begegnung später so: »Der liebe Missionsdirektor Boegner war zwar sehr bewegt, daß sich jemand auf seine Bitte um Arbeiter für die Kongomission gemeldet hatte, eröffnete mir aber alsbald, daß vorerst schwere Bedenken, die von Mitgliedern des Komitees gegen meinen theologischen Standpunkt geltend gemacht wurden, weggeräumt werden müßten.«

Der Vikar Albert Schweitzer hielt nämlich nicht so viel von dogmatischen Lehrsätzen, zum Beispiel von der Dreieinigkeit des Vaters, des Sohnes und des Heiligen Geistes. Einmal erklärte ihm sein vorgesetzter Pfarrer Michel Knittel nach einer Predigt: »Ihre Ideen über die Erlösung widersprechen allem, was die Evangelien, die Apostel, die Kirchenväter, die Reformatoren lehren.« Der Pariser Missionsgesellschaft schrieb der Pfarrer dann in einem Gutachten über Schweitzer: »Ich würde den Sieg dieser modernen Theologie als den Ruin unserer protestantischen Kirche betrachten.« Und so durfte Albert Schweitzer nicht Missionar werden. Er veröffentlichte 1906 sein bedeutendstes theologisches Werk, *Die Geschichte der Leben-Jesu-Forschung*, studierte bis 1912 auch noch Medizin und ging dann als Arzt nach Äquatorialafrika. Am Ogowe in Gabun gründete Schweitzer das Urwald-Krankenhaus Lambarene. 1957 schrieb der zweiundachtzigjährige Friedensnobelpreisträger einem Konfirmanden, der ebenfalls so seine Probleme mit der Dreieinigkeit hatte: »Wenn der Herr Jesus gemeint hätte, daß es ganz darauf ankomme, wie wir es uns vorstellen können, wie diese Drei eine Einheit bilden, hätte er es uns gelehrt. Er hat es aber nicht getan. So glaube ich nicht, daß eine Lehre, die dann später in der Kirche aufgestellt wurde, das, was Jesus nicht gesagt hat, ersetzen kann.« (Zitiert nach *Albert Schweitzer*, Weimar, 1998).

Nicht die Sachverhalte beunruhigen die Menschen, sondern die Interpretationen. Die Religionsgemeinschaften gründen darauf, dass sie jeweils bestimmten Interpretationsmustern folgen. Wer diese anzweifelt, hat in seiner Kirche nichts mehr zu melden. Das ging selbst einem Albert Schweitzer so.

Die Angst des Vatikans
vor Hans Küng

Nach der Definition von Kardinal Josef Ratzinger aus dem Jahr 1979 – damals war er noch Erzbischof von München – muss das christkatholische kirchliche Lehramt »an der Wörtlichkeit des Glaubens« festhalten, denn es habe »den Glauben der Einfachen gegen die Macht der Intellektuellen zu verteidigen« *(KNA)*. Das durfte Ratzinger dann ab 1981/82 als Präfekt der vatikanischen Glaubensbehörde. »An der Wörtlichkeit des Glaubens festhalten«, das bedeutet, die Bilder sind wichtiger als die Fakten, historisch-kritische oder gar naturwissenschaftliche Erkenntnisse spielen im römisch-katholischen Weltbild keine Rolle. Davon kann der aus der Schweiz stammende katholische Theologe Hans Küng ein Lied singen. Wieder geht es ums Bilder-Machen, um Definitionen mit uralter Vorgeschichte.

Anno 451 nach Christus luden die Kaiserin Pulcheria von Byzanz und ihr Gemahl Marcian zu einer Synode nach Chalcedon. Nach fürchterlichen Raufereien der frommen Leute einigte man sich auf Druck des Kaiserhauses auf die Definition, Jesus Christus sei »wahrer Gott und wahrer Mensch« – »wesensgleich« mit Gott und dem Heiligen Geist; zwei Naturen, die nicht miteinander vermengt sind, aber auch nicht voneinander getrennt. Eine vollkommen absurde Definition, ein Kompromiss, das Ergebnis eines politischen Streits, in dem es vor allem um Machtfragen zwischen den Patriarchen von Alexandria und Konstantinopel ging.

Eine Farce, die uns nicht weiter zu interessieren bräuchte – wäre nicht die »Wörtlichkeit des Glaubens« Pflicht für den frommen Katholiken. Im Jahre 1980 führte der damalige Vorsitzende der katholischen deutschen Bischofskonferenz, Joseph Kardinal Höffner, tatsächlich die Spitzfindigkeiten von anno 451 ins Feld. Sie dienten ihm als Begründung dafür, dass dem Tübinger Professor für Fundamentaltheologie und Dogmatik, Hans Küng, die kirchliche Lehrerlaubnis entzogen wurde. Dieser konnte eben nicht so einfach die Frage beantworten, »ob Jesus Christus Gott dem Vater wesensgleich ist«. Noch weniger wollte der Wissenschaftler die Definition bestätigen, dass die »Jungfrau Maria« Jesus geboren habe, »und zwar ohne einen Mann zu erkennen, vom Heiligen Geist überschattet«. Und schon gar nicht akzeptierte Hans Küng die katholische Vorstellung, wonach der Papst »unfehlbar« sei, wenn er »eine Glaubens- oder Sittenlehre in einem endgültigen Akt (ex cathedra) verkündet«. Dieses am 18. Juli 1870 von einem Konzil im Vatikan mit Mehrheit beschlossene Dogma war wiederum eine politische, zeitbedingte Antwort auf die Krise, in welche die Aufklärung die Kirche gebracht hatte. Die Angst vor einem Zusammenbruch des Systems, wenn man nicht mehr an der »Wörtlichkeit des Glaubens« festhalten würde und am Primat des »Glaubens der Einfachen« gegen die »Intellektuellen«, ähnelt fatal der Angst des Ostblocks vor Reformen. Doch »wer zu spät kommt, den bestraft das Leben.« Diese Prophezeiung des letzten Staats- und Parteichefs der Sowjetunion, Michael Gorbatschow, hat sich in seinem Wirkungsbereich bereits erfüllt.

Der englische Philosoph und Theologe Wilhelm von Ockham (Occam), ein Franziskaner, etwa 1285 geboren und irgendwann zwischen 1347 und 1350 in München gestorben, hatte eine Idee entwickelt, die sich als ungemein fruchtbar erwiesen hat. Er meinte, wenn man einen Sachverhalt auf komplizierte und auf einfache Weise erklären könne, solle man es zuerst mit der einfachen Erklärung versuchen und diese so lange beibehalten, wie sie den Fakten standhält. Die Engländer sprechen heute noch von *Ockham's Razor* (Rasiermesser). Für die Naturwissenschaftler ist dieser Gedanke selbstverständlich geworden. Kopernikus und später Kepler zum Beispiel haben gezeigt, dass sich die dem Augenschein nach hochkomplizierten Planetenbewegungen viel einfacher als Kreis- beziehungsweise Ellipsenbahnen darstellen lassen. Die Mathematiker sehen die Lösung eines ihrer Probleme als desto eleganter an, je einfacher sie ist. Nur die eigenen Fachgenossen Occams, die Theologen, haben seine Idee nicht übernommen. Sie verfolgten vielmehr seinerzeit Occam als Irrlehrer, eine damals lebensbedrohliche Sache. Als politischer Flüchtling fand der Mann in München Zuflucht – wo bis heute eine Straße nach ihm benannt ist. Katholische Theologen aber lieben bis heute die kompliziertest-möglichen Erklärungen der Welt.

Gerd Lüdemann und die Angst vor der Vergangenheit

»Die Kirche lebt praktisch davon, daß die Ergebnisse der wissenschaftlichen Leben-Jesu-Forschung in ihr nicht publik sind.« Dies schrieb 1959 der Göttinger Neutestamentler Hans Conzelmann. Das ist bis heute so geblieben. Die frommen Bilder werden von den Kanzeln unreflektiert als »frohe Botschaft« verkündet. Da mögen ein paar kritisch-wissenschaftlich arbeitende Theologen und Geschichtswissenschaftler schreiben, was sie wollen; es sei denn, sie erreichen damit tatsächlich die Öffentlichkeit. Dann kommt es zum Konflikt.

So ist es auch dem evangelischen Theologieprofessor Gerd Lüdemann an der Universität Göttingen gegangen. Auch er hat Probleme mit den fundamentalen Glaubensaussagen seiner Kirche. Er unterzieht die Traditionsgeschichten von Jesus aus den ersten beiden Jahrhunderten unserer Zeitrechnung einer kritischen Analyse und stützt sich dabei auch auf die Forschungsergebnisse anderer Wissenschaftler. Es ist längst Stand der wissenschaftlichen Erkenntnis, dass der Jude Jesus sich selbst nicht für den Messias gehalten hat und dass er auch keine Kirche gründen wollte. Er selbst hat nicht die Vorstellung entwickelt, sein Tod sei »Sühne« für die Sünden der Menschheit. Gerd Lüdemann hat aus alledem die Konsequenz gezogen und Ende der neunziger Jahre des 20. Jahrhunderts öffentlich bekannt, dass er nicht an die leibliche Auferstehung Jesu glaube. Folge: Auf Betreiben der evangelisch-lutherischen Landeskirche in Niedersachsen erhielt er einen Sonderstatus an der Fakultät. Sein Lehrstuhl wurde in »Geschichte und Literatur des frühen Christentums« umbenannt. Er kann keine für die Examina angehender Pfarrerinnen und Pfarrer relevanten Vorlesungen mehr anbieten und darf keine Prüfungen mehr abnehmen. Auch darf er bei Promotionen und Habilitationen nicht mehr mitwirken.

Der Bischof der Evangelischen Landeskirche von Berlin-Brandenburg, Wolfgang Huber, einst selbst Theologieprofessor, hält das für völlig gerechtfertigt: »Wenn einer als Christ Theologieprofessor wurde und eines Tages meint, er könne nicht mehr Christ sein, ist es nur konsequent, wenn er auch nicht Theologieprofessor bleibt« (*Die Zeit*, 22.8.1998).

Dass Christ-Sein voraussetzt, die alten Bilder *nicht* zu hinterfragen, ist allerdings für evangelische Christen nicht selbstverständlich. Mehr als 30 Berufskollegen von Lüdemann in den USA, Neutestamentler der Vereinigten Staaten, die sich in einem »Jesus-Seminar« zusammengeschlossen haben, kritisierten denn auch die Vorgehensweise der evangelischen Kirche in Deutschland in einem offenen Brief (*Die Welt*, 27.3.2000). »Dieser Sachverhalt spiegelt den Verlust der Qualität eines intellektuellen Umfeldes«, schreiben die Wissenschaftler: »Der Eintritt in das neue Jahrtausend sollte uns daran erinnern, dass uns in der westlichen Welt die Aufgabe gestellt ist, uns kritisch mit unserer christlichen Vergangenheit auseinander zu setzen. Dies ist nicht allein die Aufgabe der Kirche, sondern aller, die Erben dieser Kultur sind.«

Eugen Drewermann und
die Angst vor Entblößung

Während Theologen wie Küng und Lüdemann, aber auch viel früher bereits Albert Schweitzer, mit ihren Kirchen in Konflikt gerieten, weil sie die alten Bilder nicht mit der Wirklichkeit oder der Wahrheit gleichsetzen, hat der deutsche katholische Theologe Eugen Drewermann einen anderen Versuch unternommen. Er akzeptiert die alten Bilder, deutet sie aber tiefenpsychologisch. Auf diese Weise hat der Privatdozent für systematische Theologie in Paderborn Ende der achtziger Jahre des vorigen Jahrhunderts in zwei umfangreichen Bänden *Das Markus Evangelium* (Walter-Verlag, 1987) interpretiert. Die Tiefenpsychologie, so Drewermann, besitze gegenüber der Theologie »einen weit differenzierteren analytischen Reflexionsstand«. Drewermann will »die *scheinbar* geschichtlichen Erzählungen der Evangelien in ihrem *typologischen*, für alle Zeiten gültigen Inhalt« verstehen. So deutet Drewermann das im Markus-Evangelium beschriebene »Drama der Kreuzigung« als »eine symbolisch-stellvertretende Durcharbeitung der verdrängten Gefühle von Haß, Zerstörung und Rache«. Oder, anders gesagt: »Was im Alten Testament im Bilde des Opferlammes beziehungsweise des Sündenbocks rituell dargestellt wurde, findet in der Psychoanalyse seine Begründung und Bestätigung in dem Prozeß des ›Ausagierens‹.«

Eugen Drewermann sind seine Bemühungen, die religiösen Bilder mit dem Wissen von heute neu zu deuten, also die Wahrheit hinter den Bildern zu suchen, schlecht bekommen. Die katholische Kirche hat auch ihm – 1991 – das Recht genommen, an einer katholischen Fakultät wissenschaftlich zu arbeiten. Seit 1992 darf er sein Priesteramt nicht mehr ausüben. Offizielle Begründung: Drewermann leugne die Geschichtlichkeit der Offenbarung – insbesondere die biologische Jungfräulichkeit Mariens und die Realität des leeren Grabes Jesu. Man kann dahinter noch etwas anderes sehen als einen Kampf der Kirche mit ihren Theologen um die Wahrheit: Eugen Drewermann hat nämlich versucht, mit den Mitteln der Tiefenpsychologie auch zu erklären, zu welchen Deformationen es führt, wenn erwachsene Menschen einem Bildersystem – einer Ideologie – ausgesetzt sind, wie sie das »kirchliche Lehramt« durchzusetzen versucht. Dann entstehen *Kleriker*, wie sie Drewermann in dem gleichnamigen Buch geschildert hat. Die Angesprochenen haben ihm anscheinend diese Entblößung nicht verziehen.

Psychologen haben einen Begriff geprägt für die Opfer einer fundamentalistischen religiösen Welt, in der die Bilder sich selbständig gemacht haben und die Menschen sich bilderbuchmäßig verhalten müssen. Solche Menschen können an einer *ecclesiogenen Neurose* erkranken. Bereits im Lukas-Evangelium findet sich ein Jesus zugeschriebenes Gleichnis über jene sich und ihre Umwelt krank machenden Leute, »die sich anmaßten, fromm zu sein«. Als einen solchen Typus schildert das Gleichnis (Lukas 18, 11) den »Pharisäer«, der so betet: »Ich danke dir, Gott, dass ich nicht bin wie die anderen Leute ...«

VII. Magie der Medien

Ein Bild als Waffe

Politik ist die Kunst, den Menschen Bilder zu vermitteln und ihnen damit die Welt zu deuten. Im Sechstagekrieg Israels gegen seine Nachbarn im Jahre 1967 hatte sich der Fallschirmspringer Yitzhak Yifat mit seinen Leuten als erster bis zur Klagemauer im Osten Jerusalems vorgekämpft. Diese ist ein Rest der Umfassungsmauer, die das Plateau des Tempelbergs stützt. Auf dem Berg stand einst der Tempel Salomos, den die Babylonier 586 vor Christus zerstörten. Damals führten die Sieger die Elite Israels in die babylonische Gefangenschaft. Sie endete erst 538 vor Christus, nachdem die Perser die Babylonier unterworfen hatten. Die Heimkehrer errichteten daraufhin den zweiten Tempel. Dieser wurde unter Herodes dem Großen, der unter römischer Oberhoheit Palästina kurz vor der Zeitenwende regierte, erneuert und erweitert. Nach einem Aufstand der Juden zerstörte der spätere römische Kaiser Titus kurz darauf, im Jahre 70, den Tempel endgültig und zerstreute das jüdische Volk in alle Welt. Fromme Juden beten seither an der Klagemauer. Im 20. Jahrhundert gehörte die Altstadt Jerusalems mit der Klagemauer zu Jordanien. Juden hatten, wie schon in den Jahrhunderten zuvor, kaum eine Chance, zur Klagemauer zu gehen – bis 1967 Yitzhak Yifat mit seinen Leuten die Mauer erreichte.

Der Fotograf David Rubinger hat diesen historischen Moment im Bild festgehalten: Der blonde Yitzhak hat als einziger seinen Helm abgenommen und steht, sichtlich ergriffen, mit ein paar seiner Leute an der Mauer. Die jüngste Geschichte dieses Bildes beschrieb die Publizistin Cordelia Edvardson, die heute in Jerusalem lebt (*FAZ*, 26.1.2001): Die israelischen Rechten haben das Foto für ein Plakat im Wahlkampf des Frühjahrs 2001 um das Amt des Premierministers ausgewählt, ergänzt um den Satz »Ich schwöre«. Es fordert zu einer Demonstration auf und dem Bekenntnis, dass »Jerusalem für alle Zeit uns gehören soll«.

Yitzhak Yifat, inzwischen ein Arzt, fühlt sich »lächerlich gemacht und tief gedemütigt«, wenn er heute das Plakat sieht. Sein Bild wird für eine Ideologie – ganz Jerusalem für alle Zeit unter israelischer Herrschaft – in Anspruch genommen, die nicht die seine ist. Der Arzt wollte sich aber nicht benutzen lassen. Auch der Fotograf David Rubinger verwahrte sich gegen die Verwendung seines Fotos in einem Wahlkampf. Denn es wurde aus dem Kontext seiner Entstehung genommen und in einen anderen gestellt. Das Bild hatte sich selbstständig gemacht.

Der Richter Michael Chenin am Obersten Gericht, das die Wahl des israelischen Premierministers beaufsichtigte, wies die Klage Yifats zurück. Das Bild sei mittlerweile in das Eigentum der ganzen Nation übergegangen. Cordelia Edvardson kommentiert: »Am Ende wundert man sich: nicht nur darüber, daß auch israelische Rechtsextremisten eine solche Neigung zu den Idealen des Selbstopfers, der Treue bis in den Tod, der Reinheit und des aufrechten Idealismus haben, sondern vor allem darüber, daß diese Ideale immer wieder denselben Ausdruck finden: junge, meist blonde Männer mit reinen Zügen, die in das Morgengrauen einer neuen Zeit zu blicken scheinen. Auf deutsch sangen sie ›Der morgige Tag ist mein‹. Um so schlimmer, seufzen wir anderen.«

Cordelia Edvardson hat solche Erinnerungen, denn sie ist als »Halbjüdin« und uneheliche Tochter der Schriftstellerin Elisabeth Langässer 1929 in München geboren worden. Bis 1943 lebte sie mit ihrer Mutter in Berlin. Dann deportierte man sie mit einem »Judentransport« nach Auschwitz. In ihrem Buch *Gebranntes Kind sucht das Feuer* (Hanser, 1986) schildert Cordelia Edvardson ein anderes Bild aus ihrer Kindheit, das sich ihr einprägte, und vielleicht hat das mit ihren heutigen Assoziationen zu tun: Von einem Dienstmädchen wurde das Mädchen zur Ehrenparade anlässlich des Geburtstags des Führers mitgenommen. »Nette SA-Männer hoben sie nach vorn, bis zur ersten Reihe ... und als das Auto des Führers vorbeifuhr, warf ihm das Mädchen ein Veilchensträußchen zu. Beseligt schien es ihr, als lächle der Führer gerade ihr zu.«

Je weniger die Fakten zu durchschauen sind, desto wichtiger ist ihre Deutung. Deshalb ist die Präsentation entscheidend. Die Medienkultur unserer Zeit zeugt davon. Zu Zeiten des real existierenden Sozialismus konnten die Menschen in der Sowjetunion, aber auch in der DDR ›zwischen den Zeilen‹ der Parteizeitungen ein Bild der gerade gültigen Machtverhältnisse gezeichnet finden. Wer an welcher Stelle und in welchem Kontext genannt und abgebildet wurde, war wichtig und nicht, wie in westlichen Medien, ob die vermittelte Information neu war. Da nun im Laufe der gut siebzigjährigen Geschichte nach Gründung der Sowjetunion immer wieder wichtige Funktionäre in Ungnade fielen, besonders zu Lebzeiten Josef Stalins, musste die Geschichte immer wieder rückwirkend umgeschrieben werden. Die analogen Verfahrensweisen der Autoren der biblischen Schriften habe ich bereits geschildert.

Um nicht im Nachhinein umschreiben zu müssen, ist es politisch klug, beizeiten das Bild der öffentlichen Meinung zu bestimmen. Einen gerechten Krieg kann es nicht geben. Dennoch bemühen sich alle Krieg führenden Parteien, das Bild von der gerechten Sache zu vermitteln, um die es ihnen jeweils allein geht. Auch das gelingt, wenn überhaupt, nur unter weitgehender Ausblendung der Fakten. Deshalb gilt das stärkste Bemühen den Medien. Sie werden mit ›Bildern‹ gefüttert, die möglichst eindringlich belegen, wer die ›Guten‹ sind in einem Konflikt und wer die ›Bösen‹. Wer leidende oder gar getötete Kinder – Prototypen der unschuldigen Opfer – präsentieren kann, gewinnt die Herzen der Fernsehzuschauer. Die jüngsten Konflikte in Afghanistan, auf dem Balkan, am Persischen Golf oder im Nahen Osten liefern zahlreiche Belege dafür. Bilder sind nicht nur in den Religionen wirkmächtige Instrumente. Die profanen modernen Bilder sind allerdings gewöhnlich kurzlebig und ihre Wirkung entsprechend auch. Wenn die Politik religiöse Bilder verwenden kann, wie das Bild ›Klagemauer‹, ist die Wirkung ungleich tiefer gehender. Das haben die Machthaber schon immer verstanden.

Bilderstürmer gegen Kultbilder

Medien haben schon in der Antike eine wichtige Rolle gespielt. Damals ging es um Kultbilder. Die ersten Christen bekamen massive Probleme mit der römischen Obrigkeit, als sie sich weigerten, das Bild des römischen Kaisers im Kult zu verehren. Soldaten hatten einst den schon erwähnten Konstantin (306 bis 337), den man später den Großen nannte, zum Kaiser ausgerufen. Der Mann war, wie sein Vater, ursprünglich ein Verehrer des Sonnengottes Apollo. Im Jahre 312 rückte er gegen Rom vor. Wenige Jahre später (325) entstand die Legende, Konstantin habe damals eine Vision gehabt. Der um seine Anerkennung ringende Herrscher (und angeblich sein ganzes Heer) hätten am Spätnachmittag am Himmel ein leuchtendes Kreuz aufscheinen sehen, darüber die (griechischen) Worte: *tuto vika!* – in diesem Zeichen siege! Um seine Soldaten ihre abergläubische Scheu vor dem Angriff auf Rom verlieren zu lassen, ließ Konstantin sie vielleicht tatsächlich das Kreuzeszeichen auf ihre Schilde malen. Es kam dann am 28. Oktober 312 zur Schlacht an der Milvischen Brücke bei Rom gegen den »Tyrannen« Maxentius, den Beherrscher der Hauptstadt. Konstantin gewann und schrieb seinen Sieg der Hilfe des Christengottes zu, symbolisiert durch das Zeichen des Kreuzes. So wurde das Kreuz zum Feldzeichen – und ist es in Deutschland, wie ein Blick auf die Flugzeuge der Luftwaffe zeigt, bis zum heutigen Tag geblieben. Seit dem 6. Jahrhundert zeigten die römischen Münzen auf der Vorderseite das Bild des Kaisers, auf der Rückseite das Kreuzeszeichen.

In der antiken Welt hatten alle Religionen ihre Kultbilder. Sie repräsentierten die Anwesenheit der Götter. In dieser Konkurrenz wollten die Christen, deren Glauben sich nach den Jahrhunderten der Verfolgung unter Konstantin zur Staatsreligion entwickelte, nicht zurückstehen. Sie wollten vielmehr auch ihre Bilder. Dadurch gerieten sie aber in Konflikt mit der Tradition des Alten Testaments, in dem als Gebot Gottes steht: »Du sollst keine anderen Götter haben neben mir. Du sollst dir kein Bildnis noch irgendein Gleichnis machen, weder von dem, was oben im Himmel, noch von dem, was unten auf Erden, noch von dem, was im Wasser unter der Erde ist: Bete sie nicht an und diene ihnen nicht!« (2. Mose 20, 2–5). Der Gott Israels und damit auch der Christen wollte allein als geistige Macht angebetet werden. Daraus entstanden heftige Konflikte, denn der Magie der Bilder konnte man sich nur schwer entziehen.

So bat die Tochter Konstantins seinerzeit den Bischof Eusebius, er möge ihr doch ein Porträt Christi verschaffen. Eusebius reagierte heftig. Er selbst habe einer Christin Bilder von Paulus und von Jesus weggenommen. Die Christen dürften ihren Gott nicht als Götzenbild mit sich herumtragen. Damals begann man, wie schon gesagt, die Vorstellung von den zwei Naturen Jesu zu entwickeln. Der Sohn Gottes, so interpretierte man, sei zugleich ein richtiger Mensch und ein wahrer Gott. Eusebius nahm diesen Gedanken auf und verwirrte die Tochter des großen Kaisers mit der spitzfindigen Frage, welche der beiden Naturen des Jesus sie wohl auf dem Bilde vorfinden wolle: Die göttliche sei nicht darstellbar und die menschliche Gestalt von Jesus sei nicht darstellungswürdig. Zur selben Zeit hatte eine Synode die Verehrung von Bildern ausdrücklich verboten – »weil der Gegenstand der Verehrung und Anbetung nicht an die Wand gehört.«

»Du sollst dir kein Bildnis machen.« So steht es als Gebot Gottes im Alten Testament. Doch auf die Dauer konnten die orthodoxen Bilderstürmer gegen die Magie der Bilder nicht ankommen (Ein Byzantinischer Iconoclast (Bilderstürmer) wäscht ein Christusbild weiß, um 900 nach Christus).

Doch die Faszination der Bilder war in einer Welt, die dieses Medium kannte, bereits stärker als die theologische Spekulation. Im Laufe des 4. Jahrhunderts begann man in den Kirchen, die Bilder der Heiligen zu verehren. Den Widerstand der Theologen parierte man mit einer anderen Vorstellung: Im 5. Jahrhundert kam zuerst unter den in Syrien auftretenden *Säulenheiligen* – Menschen, die auf einer Säule lebten, was in unserer Zeit zu einer ›Sportart‹ mutierte – der Glaube auf, ein Heiliger sei mit seiner wundermächtigen Kraft auch in seinem Bild gegenwärtig. Diese Interpretation half, die alten heidnischen Bräuche weiterleben zu lassen. War man vorher in den Tempel der jungfräulichen Göttin Minerva gegangen, so betete man jetzt am selben Ort zur jungfräulichen Maria. Hatte man zuvor bei Krankheit Apollo um Hilfe angefleht, ging man jetzt am selben Platz zum Heiligen Sebastian, der die Aufgaben Apollos übernahm. Hatte man einst die Götterstatuen im Tempel geküsst, so küsste man jetzt die Statuen von Jesus und den Heiligen in der Kirche. Marschierte man einst im Römischen Reich mit Schwein und Rindvieh im Frühjahr über die Äcker und feierte das Fest der Suovetaurilien, marschierte man nun in Prozessionen mit dem Christusbild umher; letzteres seit 1246, auf Veranlassung der ekstatischen Nonne Juliana in der religiös besonders erregten Diözese Lüttich, um den »geschundenen Heiland« – Fronleichnam – zu feiern.

Magie der Medien

Bilder spielten damals eine besonders wichtige Rolle, weil sie für die meisten Menschen das einzige Informationsmedium waren. Schreiben und lesen konnte nur eine Minderheit. Die Bilder seien die Bibel der Analphabeten, beschrieb der Bischof Hypatios von Ephesos im 6. Jahrhundert die Situation (Hans Belting, *Bild und Kult*, C. H. Beck, 1990). Weil die Bilder in der Volksfrömmigkeit eine so große Rolle spielten, entstanden darum herum höchst abenteuerliche Geschichten. Zum Beispiel, dass die Kaiserin Pulcheria (um 450) von ihrer Schwägerin Eudokia aus Jerusalem ein Bild der Maria, der Mutter von Jesus, bekommen habe. Der Evangelist Lukas soll es gemalt haben, wobei ihm Maria Modell gestanden habe. Oder: Petrus, der Jünger Jesu, habe ein Bild von Jesus malen lassen und es dem heiligen Pankratius auf seiner Missionsreise nach Sizilien mitgegeben.

Im 8. Jahrhundert begann dann eine Gegenbewegung und zwar in Byzanz, der oströmischen Metropole, die sich im Gegensatz zur lateinischen Welt von Rom als rechtgläubig (orthodox) verstand. Der Kaiser in Byzanz und die Armee standen als Bildverächter gegen die Bilderverehrer, die Mönche und das Volk – sowie den Papst in Rom. Die Bilderfrage wurde zum Politikum: Man war schon auf dem Wege zur Kirchenspaltung, auch wenn diese erst am 16. Juli 1054 formal vollzogen wurde. Erst im 11. Jahrhundert verstummte der Protest gegen die Bilderverehrung – um dann in der Reformationszeit noch einmal voll zu entbrennen. In den reformierten Kirchen haben Bilder bis heute keinen Platz. Martin Luther dagegen versuchte zu differenzieren: Es ist nicht das Bildnis an sich das Problem, sondern die Einstellung, die man dazu entwickelt.

Worte als Waffen

Politische Parteien müssen, wenn sie die Bevölkerung und damit auch Wahlen gewinnen wollen, Bilder von sich vermitteln, die die Menschen bewegen. Und sie müssen diese Bilder auch verbalisieren, indem sie Schlagworte – ein buchstäblich treffendes Bild – für den Meinungsstreit finden. Etwa, um zu suggerieren, sie seien die jeweils neue ›Mitte‹, sie würden – in unsicheren Zeiten besonders wichtig – innere und äußere Sicherheit garantieren, kurz: sie hätten die ›Kompetenz‹ wofür auch immer. Nicht von ungefähr hat der frühere CDU-Generalsekretär Heiner Geissler öffentlich sein Tun reflektiert, indem er Epiktet so übersetzte: »Nicht die Taten bewegen die Menschen, sondern die Worte über die Taten.«

Die Art, wie in den Lehrbüchern und Zeitungen der kommunistischen Machthaber – zum Spott des Westens – die Historie umgeschrieben wurde, folgte einem Muster, das wir alle in unserem individuellen Leben kennen. Auch unsere Erinnerungen verändern sich ständig. Zum Beispiel erfahren wir als glücklich Liebende unser Leben mit einem Partner ganz anders, als wir es rückwirkend dann anschauen, wenn diese Partnerschaft gescheitert sein sollte. Dasselbe gilt für die Politik allgemein und nicht nur für die Sowjetunion – auch hier nach der 2000 Jahre alten Beschreibung Epiktets. Deshalb konnte die CDU-Parteivorsitzende Angela Merkel im Sommer 2000 die Forderung an ihre eigene Partei richten, die CDU müsse »die Deutungshoheit über die Geschichte, unsere eigene Geschichte« behalten (*Die Welt*, 24. 8. 2000).

Wie dies geschieht, hat – am Beispiel der zur Jahrtausendwende die Bundesrepublik erschütternden Parteispendenaffäre der CDU – der Germanist Armin Burkhardt (Universität Magdeburg) Ende des Jahres 2000 zu analysieren versucht. Burkhardt ist Vorsitzender der wissenschaftlichen Arbeitsgemeinschaft »Sprache in der Politik«. Ganz im Sinne von Epiktet weiß auch Burkhardt: Die Politikersprache in Zeiten von Affären und Skandalen hat ganz eigene Stilformen entwickelt. Zunächst findet man *Euphemismen* – beschönigende Formulierungen. Der frühere Bundeskanzler und CDU-Vorsitzende Helmut Kohl bezeichnete die illegale Annahme von ›Spenden‹ (schon das ist ein Euphemismus, denn es geht bei solcherart »Spenden« nicht um karitative Aktionen, sondern um Zuwendungen im Interesse des »Spenders«) als *Fehler*; damit werden seine Taten durch ihn selbst schon mit der Wortwahl verharmlost. Kohls Parteifreund, der hessische Ministerpräsident Roland Koch, wiederum nannte seine Lüge, bestimmte Gelder seien »Kredite« gewesen, *eine Dummheit*. Der frühere Bundesinnenminister Manfred Kanther, der öffentlich zugeben musste, am Transfer von Schwarzgeldern ins Ausland beteiligt gewesen zu sein, legte danach auf öffentlichen Druck sein Bundestagsmandat nieder. Er tat dies mit dem Satz: »Die Treibjagd ist vorbei.« Dazu der Germanist Burkhardt: »In dieser Jagd-Metapher stilisiert sich Kanther selbst zum ›Hasen‹, das heißt zum Opfer, das von der ›Meute‹ zur Strecke gebracht worden ist. Deutlicher als durch diese Metapher hätte er sein mangelndes Unrechtsbewusstsein wohl nicht zu erkennen geben können.«

Es sei Aufgabe der Sprachkritik, auf die »unterschwelligen Botschaften« hinzuweisen. Zum Beispiel, wie der damalige CDU-Partei- und Bundestagsfraktionschef der Union, Wolfgang Schäuble, mit dem Begriff *Entschuldigung* operierte. Schäuble hatte vor dem Bundestag gelogen. Viel später stellte er das vor dem Hohen Hause so dar: Die Debatte sei sehr lebhaft gewesen. »Dabei ist mir passiert – dafür möchte ich mich entschuldigen, Herr Präsident, verehrte Kolleginnen und Kollegen –, dass ich auf Zurufe aus den Reihen der Regierungskoalition nicht so reagiert habe, wie ich hätte reagieren müssen. Ich bedauere das und entschuldige mich dafür.« Die Entschuldigung, so Burkhardt, sei ein Sprechakt, der die Einsicht des Sprechers in die eigene Schuld gegenüber dem Hörer als ›Aufrichtigkeitsbedingung‹ einschließe. Diese sei eine wichtige Voraussetzung für die Überwindung einer durch das Fehlverhalten eines Partners hervorgerufenen Beziehungskrise und könne einen Neuanfang markieren. »Für Schäuble scheint jedoch der öffentliche Vollzug der Entschuldigung selbst schon auszureichen, um die eingestandene Verfehlung zu kompensieren und zu business as usual überzugehen. Die Entschuldigung wird hier gleichsam – in einem degenerierten Sinne – als deklarativer Sprechakt behandelt, der durch sich selbst verwirklicht wird.« Bezeichnenderweise hat nämlich Schäuble nicht etwa das Parlament um Entschuldigung *gebeten*, sondern sich selbst entschuldigt – Sprache ist verräterisch. Gegen Ende des Jahres 2001 ist der Begriff *Spendenaffäre* aus dem offiziellen Wortschatz der CDU gestrichen worden. Die Affäre wird nunmehr als für die Partei *schwere Zeit* schöngeredet.

Worte gegen Bilder

Seit es das Fernsehen gibt, hat sich das Problem dramatisch verschärft. Der Bürger ist einem permanenten Bilderstrom ausgesetzt. Er muss sehr viel wissen, um die mit den Bildern bezweckte Botschaft nicht mit der Realität zu verwechseln. Denn auch hier gilt die Weisheit Epiktets: Die Bilder, die wir uns von den Fakten machen, sind das Entscheidende. In den achtziger Jahren des 20. Jahrhunderts sprachen zum Beispiel die Bilder aus dem deutschen Wald etwas an, was den Menschen in der Bundesrepublik offensichtlich ›an die Nieren ging‹ – nebenbei gesagt: auch ein Bild, das medizinische Erfahrungen widerspiegelt. Das sichtbare *Waldsterben* machte den Menschen große Angst – eine Angst, welche Politiker dadurch zu bekämpfen suchten, dass sie das Waldsterben aus dem amtlichen Sprachgebrauch eliminierten und nurmehr von *neuartigen Waldschäden* sprechen.

Dies war nicht die einzige sprachschöpferische Leistung der Zeit, die Bilder konterkarieren sollte. Als man in den fünfziger Jahren des letzten Jahrhunderts begann, die Atomenergie »friedlich« zu nutzen, lange bevor Unfälle wie der von Tschernobyl viele Menschen daran zweifeln ließ, dass es eine solche friedliche Nutzung auf Dauer überhaupt geben kann, war bereits der Begriff »Atom« wegen seiner Nähe zur Atombombe und den damit verbundenen Bildern von Hiroshima und Nagasaki politisch unerwünscht. Man sprach deshalb kurzerhand statt von *Atomenergie* von *Kernenergie*. Gemeint ist in beiden Fällen die aus der Spaltung oder der Verschmelzung (Fusion) von Atomkernen freigesetzte Energie. ›Kernenergie‹ klang zunächst unverfänglicher. Und so nannte man die entsprechenden staatlichen Einrichtungen *Kernforschungszentrum Karlsruhe* und *Kernforschungsanlage Jülich*. Als diese kosmetische Operation nicht mehr half, weil eine Mehrheit der Deutschen auf die Nutzung der Kernenergie verzichten wollte, veränderte man abermals die Namen. Die Silbe »Kern« verschwand, und übrig blieben das *Forschungszentrum Karlsruhe* und das *Forschungszentrum Jülich*. Der Versuch, statt von Kernreaktoren von Nuklearanlagen zu sprechen (von lateinisch Nukleus gleich Kern) machte die Technik auch nicht beliebter.

Nicht nur die Deutschen bemühen sich, mit Wortschöpfungen angsteinflößenden Bildern zu begegnen. Die Briten versuchten in den letzten Jahren, der Bevölkerung die Angst davor zu nehmen, dass die Gentechnik mittels Klonen (genetischen Kopien) dem Menschen seine individuelle Einmaligkeit nehmen könnte. Man spricht nunmehr vom »therapeutischen Klonen« – ein Begriff, den die deutschen Gentechniker dankbar aufgegriffen haben – und suggeriert damit einen therapeutischen Nutzen, was um die Jahrtausendwende nicht mehr ist als eine Hoffnung der einschlägig arbeitenden Wissenschaftler.

Die diffuse Angst vor dem Waldsterben in den siebziger und achtziger Jahren des 20. Jahrhunderts in Europa hatte durchaus positive

Auswirkungen: In relativ kurzer Zeit sind die Gesetze über den technischen Umweltschutz drastisch verschärft worden. Wasser, Boden und Luft wurden sichtbar sauberer.

Hier ging es, wie gesagt, um technischen Umweltschutz. Die Einführung des Katalysators hat Motorabgase sauberer gemacht, aber das Auto an sich – dessen Bild gerade in den Seelen der Deutschen so tiefgreifende Wirkungen entfaltet – nicht in Frage gestellt.

Ein Bild macht sich selbständig

In der guten alten Zeit wollten sich der fabelhafte Graf Bobby und Baron Mucki aus Wien einen Jux machen. Der Graf rief also laut: »Feuer, in der Florianigasse brennt's, Feuer, Feuer!« Mehr und mehr Leute glaubten dem Lauf-Feuer-Gerücht und rannten los, Richtung Florianigasse. Zuletzt wurde Graf Bobby selbst ganz unruhig: »Ich muss in die Florianigasse und nachschauen«, erklärte er dem verdutzten Baron, »vielleicht brennt es da wirklich.« Bobbys Feuerbild hatte sich selbständig gemacht.

Nach der totalen Sonnenfinsternis in Süddeutschland, im August 1999, rief eine besorgte Leserin bei ihrer Zeitung an. Sie fragte, ob es gefährlich sei, dass sie ohne Schutzbrille in die Sonne geblickt habe – auf dem Fernsehbildschirm. Die Medien waren vor dem Ereignis voll von Warnungen, ja nicht mit bloßen Augen in die Sonne zu schauen. So hatte sich die Frau ein Bild gemacht, das sich verselbständigte. Es ist freilich nicht immer amüsant, wenn Bilder ein Eigenleben entfalten.

Ich habe schon darauf hingewiesen, dass über sechs Milliarden Menschen auf der Welt um Aufmerksamkeit kämpfen. Der Wiener Raumplaner Georg Franck (*Ökonomie der Aufmerksamkeit*, Hanser Verlag, 1998) weist darauf hin, was wir alle natürlich wissen, aber kaum reflektieren: Aufmerksamkeit ist eine nicht vermehrbare Ressource. Ein Mensch kann nur rund 16 Stunden am Tag achtsam sein. In dieser Zeit mühen sich ganz nebenbei auch unzählige Werbemedien darum, seine Aufmerksamkeit zu erringen für ihre ›Botschaften‹.

Wie gesagt, es geht um beides: Auf etwas aufmerksam gemacht zu werden und auf sich selbst aufmerksam zu machen. Larry Jacoby und Kollegen von der McMaster-Universität in Kanada haben 1989 demonstriert, wie Berühmtheit entsteht (*Becoming Famous Overnight*, Über Nacht berühmt werden). Die Wissenschaftler legten ihren Versuchspersonen Namen unbekannter Personen vor – etwa Max Mueller – und befragten sie, ob der »No-Name« eine Berühmtheit darstelle, was diese natürlich verneinten. Am nächsten Tag wurden die Probanden wieder gefragt, ob sie Max Mueller kennen würden. Er kam ihnen irgendwie vertraut vor – war also bereits ein bisschen berühmt geworden. Berühmt wird also der, dessen Name häufig genug genannt wird. Und man muss hinzufügen, dessen Bild von jedermann zu sehen ist – selbst wenn er oder sie nur die Lotto-Zahlen im Fernsehen abliest, wird er, wird sie damit ein »Fernseh-Star«. Während der Star früher ein öffentliches Bild vermittelte – Greta Garbo etwa als *die Göttliche* – aber sein Privatleben versteckte, kennt der Star von heute kein Privatleben. Und er muss auch überhaupt nichts Besonderes vorweisen. Die Serie *Big-Brother* im deutschen Privatfernsehen zeigte, dass die »Inszenierung exemplarischer Banalität« und »die Vorspiegelung totaler Authentizität« (Miriam Meckel, *Das Magazin*, 4, 2000) genügen, um einen Star zu machen. Natürlich erlischt eine solche Sternschnuppe rasch, und es ist, als hätte es sie nie gegeben – während das Bild einer ›Göttlichen‹ weiterhin die Menschen fasziniert.

Prominenz hat die Tendenz, sich selbst zu verstärken. Es drängt andere, sich im Glanze eines Stars zu sonnen und damit ein bisschen von der Prominenz abzubekommen. Man schmückt sich eben gerne mit einem »Promi«. Wer prominent ist, kann sich vor Einladungen – auch vor die Fernsehkameras – nicht retten, und wird damit noch berühmter. »Prominenz und Reputation haben die Tendenz, sich selbst zu verstärken und zu vermehren. Diese Erscheinung wird als Matthäuseffekt bezeichnet«, schreibt Lydia Lange vom Max-Planck-Institut für Bildungsforschung in Berlin (*Psychologie heute*, Mai 2000). Im Matthäus-Evangelium der Bibel (13, 12) heißt es nämlich: »Wer da hat, dem wird gegeben, dass er die Fülle habe; wer aber nicht hat, dem wird auch genommen, was er hat.« Um prominent zu sein, muss man keinen guten Ruf haben – auch Verbrecher können prominent sein. Ein gewisser Herostratos äscherte anno 356 vor Christus den Tempel der Artemis in Ephesos ein – nur um für alle Zeiten unvergessen zu bleiben, was ihm denn auch gelungen ist. Seither spricht man bei solcherart Ruhmsucht von Herostratentum. Um dagegen angesehen zu sein, ist der gute Ruf wichtig – das Bild, das in der Öffentlichkeit entsteht.

Markennamen als Trivialmythen

Aber wann entsteht überhaupt ein Bild? Der Durchschnittsdeutsche hat einen Wortschatz von zehntausend Vokabeln. Gleichzeitig sind im Lande etwa 400.000 Markennamen registriert. Warum bemerkt man und merkt man sich einige wenige Namen? Klaus Kocks, Kommunikationsvorstand der Marke *Volkswagen* hat notiert (*Glanz und Elend der PR*, Westdeutscher Verlag, 2001), dass bei Coca-Cola, Nike und Marlboro der Börsenwert allein des Namens 80 Prozent des Börsen-Gesamtwertes ausmachen. Wie entstehen große oder gar Welt-Marken? An der besonderen Qualität der Produkte liegt es gewiss nicht. Markennamen sind, so Kocks, »hoch komplexe Trivialmythen«. Auch Menschen sind weltweit oder regional zu ›Mythen‹, oder, wie man heute sagt, ›Kult‹ gemacht worden; natürlich nicht die Menschen selbst, sondern ihr Bild in der Öffentlichkeit: Marilyn Monroe, oder Lady Di – oder, eher regional, ein schlichter Fußballspieler namens Franz Beckenbauer zum »Kaiser Franz«. Mit solchen Namen verbinden sich Geschichten nach uralten Motiven – etwa vom armen, schönen Kind, das den Prinzen heiratet; oder vom hässlichen Entlein, aus dem ein schöner Schwan wird, von Liebe und Tod, von Glück und Unglück ...

Der Name entscheidet wesentlich über Erfolg oder Misserfolg eines Markenprodukts. »Die Stellung eines Produktes am Markt wird letztlich durch die Persönlichkeit einer Marke bestimmt und nicht durch irgendwelche Produktunterschiede.« Das ist ein Satz von David Ogilvy, beziehungsweise von seinem Übersetzer, der es im Deutschen etwas geschwollen ausdrückt (*Geständnisse eines Werbemannes*, Econ). Was er meint, ist klar: Waschpulver- oder Zigaretten-Sorten als Massenware unterscheiden sich kaum voneinander, wohl aber in dem Bild, das sich der potenzielle Käufer macht, dem Bild, das Werbeleute entwickelt haben. Es verleitet zum Kauf – oder eben nicht. Selbst der Name eines Schriftstellers kann ein Markenprodukt sein, höchst sorgsam ausgewählt. Der vielseitige US-Autor Dan Ross wählte sich *Monique Ross* als Pseudonym für mittelalterliche Novellen, *Dun Roberts* für Western und *Rose Dona* für Medizinratgeber.

Der Name entscheidet über den Erfolg als Markenprodukt. »Opel« ist eine Weltmarke geworden, auch wenn unter diesem Namen nicht mehr Fahrräder verkauft werden.

Kultur der Inszenierungen

Selbst wenn nach Shakespeare »Alle Fraun und Männer bloße Spieler« sind, gibt es doch beträchtliche Unterschiede in der Art des Spielens auf den Bühnen des Lebens. Heute wird dieses Spiel mit dem größten Erfolg durch die Fernsehkamera bestimmt. Die Allgegenwart der Fernsehbilder provozierte die Theatralisierung der Gegenwartskultur. »Unsere zeitgenössische Kultur ist eine Kultur der Inszenierung« (Lothar Laux). Das Leben ist zur *Performance* geworden. Ein Blick ins Werbefernsehen genügt, um festzustellen, dass bereits der Verzehr eines Joghurts zur Inszenierung wird. Aber auch in den seriösen Tageszeitungen kommt es zunehmend auf die Art der Präsentation, der Aufbereitung der Informationen, die »Anmutung« an, nicht auf die Information an sich.

Noch vor wenigen Jahrzehnten artikulierten sich in Deutschland die politisierten Studenten und wenige Jahre später nicht anders die Ökobewegung in Texten, deren Charakteristikum eine – aus heutiger Sicht – völlig unattraktive Präsentation in einer für Uneingeweihte unverständlichen Sprache war. Gleichzeitig begann aber bereits die inzwischen selbstverständliche mediengerechte Darstellung politischer Anliegen. »Unter den Talaren, der Muff von tausend Jahren«, dieses Bild ebnete den Weg zu einer Hochschulreform in Deutschland. »Make love, not war«, war das Motto der Jugend in den USA, das den Vietnamkrieg beenden half. Bestimmte Gesten wurden erst durch die mediale Verbreitung zum Politikum: Der Kniefall Bundeskanzler Willy Brandts in Warschau oder die Ohrfeige, die eine Frau, Beate Klarsfeld, seinem Vorgänger, Kurt Georg Kiesinger, wegen dessen NS-Vergangenheit öffentlich gab.

Was ursprünglich sehr politisch ausgerichtete Aktionen waren, erstreckt sich mittlerweile auf das Privatleben. Bestimmte soziale Gruppen fallen durch permanente öffentliche Inszenierung auf; zum Beispiel in den Paraden zum ursprünglich in New York aufgekommenen *Christopher-Street-Day*. Dies ist die »Theatralisierung gleichgeschlechtlicher Liebe« (Lothar Laux).

VIII. Bemühungen, die Welt zu durchschauen

Der Mangel an Vorstellungsvermögen

Der Mensch ist ein kopflastiges Säugetier; Ergebnis einer mehrere Millionen Jahre dauernden Evolution der Gattung. Er ist zwar klug genug, seine Beschränktheit erkennen zu können, aber er hat nur wenig Spielraum, um daraus auszubrechen. Hauptproblem ist sein Mangel an Vorstellungsvermögen.

Die längste Zeit in der Geschichte der Menschheit sieht die Welt heute so aus, wie sie bereits gestern ausgesehen hat. Heute ist morgen gestern, doch damit änderte sich über sehr lange Zeiträume nichts. Tatsächlich gab es natürlich gewaltige Veränderungen: Eiszeiten und Warmzeiten, Regen- und Trockenperioden. Sie spiegeln sich in den Mythen der Menschheit, zum Beispiel dem Mythos von der Sintflut.

Aber im Laufe eines einzelnen Menschenlebens veränderte sich über Jahrhunderttausende fast nichts. Erst in den letzten zweihundert Jahren hat sich die Welt auch jeweils schon innerhalb einer Generation deutlich gewandelt.

»Der Mensch ist unfähig zur Voraussicht«, sagt der Bamberger Psychologe Dietrich Dörner. Und zwar angeborenermaßen. Denn in der etwa zwei Millionen Jahre umfassenden Evolutionsgeschichte der Gattung Homo bestand keine Notwendigkeit, eben eine solche Fähigkeit zur Voraussicht besonders zu entwickeln. Etwa 130.000 Jahre lang existiert *Homo sapiens*, seit seinem ersten Auftreten in Afrika. Da spielen die letzten 200 Jahre evolutionsgeschichtlich keine Rolle. Natürlich hat man auch früher an die eigene Zukunft gedacht. Die ägyptischen Pharaonen haben zum Beispiel vor allem für die Zeit nach ihrem Tode vorzusorgen versucht. Aber sie konnten sich ein Leben im Jenseits nur so vorstellen, wie sie das Diesseits erlebt hatten. Das spiegelt sich in den Gräbern und Pyramiden der Könige wider.

Dass wir unfähig sind zur Voraussicht, hat heute fatale Folgen. Denn obwohl wir ziemlich genau ausrechnen können, welche lebensbedrohenden Konsequenzen die menschlichen Verhaltensweisen für die Zukunft haben werden, können wir uns kein Bild davon machen. Wir wissen, dass unser *way of life* aberwitzig ist, weil wir die Ressourcen – zum Beispiel die Reserven an fossilen Energien – verpulvern. Wir wissen, dass dies auch naturgesetzlich notwendig das Erdklima verändern wird. Aber wir können uns kein Bild davon machen, das wirkmächtig genug ist, um Veränderungen in unserem Verhalten zu provozieren. Im Gegenteil, wir hängen an den alten Bildern.

Die Unfähigkeit zur Voraussicht lässt sich auch so illustrieren: Ein Mensch fällt aus dem Fenster im obersten Stock eines Hochhauses. Im Hinunterfallen sieht er die entsetzten Gesichter der an den Fenstern stehenden Leute. Auf der Höhe des 1. Stockwerks sagt er zu sich: »Ich weiß nicht, was die wollen, bis jetzt ist doch alles gut gegangen.«

Kopf-Geburten

Zu wissen, dass wir uns die Welt ständig neu im Kopfe erschaffen, ist eine Voraussetzung dafür, sie wenigstens ein bisschen zu durchschauen. Traditionell verstehen sich in unserer Kultur die Geisteswissenschaften als dazu besonders befähigt. Ich versuche nun zu zeigen, dass erst das in komplexen naturwissenschaftlichen Experimenten gewonnene Wissen dem Menschen helfen kann, etwas über die Wirklichkeiten hinter den Bildern, die er sich macht, zu erfahren. Physiker entdeckten Anfang des vorigen Jahrhunderts, dass scheinbar selbstverständliche Aussagen wie »vorher« oder »nachher« naturgesetzlich relativ sind; eine Sache des Weltbildes. Das lässt sich in der Sprache der Mathematik exakt beschreiben. In den letzten Jahrzehnten können Neurologen eine andere Relativität zunehmend genauer erklären: dass und wie die Welt im Kopf entsteht.

Wenn einen Menschen die Füße schmerzen, muss etwas im Kopf passieren, damit er dies wahrnimmt. Der Phantomschmerz entsteht sogar nur im Kopf. So kann ein Fuß wehtun, selbst wenn er bereits amputiert, also gar nicht mehr vorhanden ist.

Unser Gehirn analysiert die verschiedensten ›Informationen‹ – optische und akustische, Geruchs-, Tast- und Geschmacksreize. Diese Reize laufen verschieden schnell ein und werden unterschiedlich schnell verarbeitet. Trotzdem entsteht ein konsistentes Weltbild. Erst das Gehirn stellt Gleichzeitigkeit her. Es synchronisiert die unterschiedlich rasch wahrgenommenen Sinneseindrücke. Wir sind darauf angelegt, die Welt ganzheitlich (um ein hier passendes Modewort zu verwenden) zu erfahren.

Der freie Wille

In der christlich-abendländischen Kultur gilt als selbstverständlich, dass der Mensch einen freien Willen hat, sich also frei entscheiden kann. Gehirnforscher wie Wolf Singer sind sich gewiss, dass der Mensch diese Freiheit nicht hat. Offenbar verhält es sich hier wie mit Albert Einsteins Relativitätstheorie: Es kommt auf den Standort, auf das Koordinatensystem an. Aus der Ich-Perspektive gesehen, sagt Singer, teilen fast alle Menschen unseres Kulturkreises die Erfahrung, einen freien Willen zu haben. »Solcher Konsens gilt im Allgemeinen als hinreichend, einen Sachverhalt als zutreffend zu beurteilen« (*Spektrum der Wissenschaft*, Februar 2001). Aus der Perspektive einer dritten Person, also von außen gesehen, sei jedoch die Feststellung der Neurobiologen »konsensfähig, ... dass alle Prozesse im Gehirn deterministisch sind und Ursache für eine jegliche Handlung der unmittelbar vorausgehende Gesamtzustand des Gehirns ist«.

Die Erkenntnisse der Neurowissenschaften verändern allmählich unser herkömmliches Bild vom Menschen. Das Problem des freien Willens rührt nach Singer daher, »dass wir Kulturwesen sind, Wesen mit Gehirnen, die uns in die Lage versetzt haben, eine Theorie des Geistes zu erstellen und damit kulturelle Konstrukte und soziale Realitäten aufzubauen, die für uns dann wiederum als Realitäten erfahrbar werden«.

Zwar sei die Erfahrung, einen freien Willen zu haben, tatsächlich »etwas Reales«. Aber »aus Sicht der Naturwissenschaft ergibt sich die mit der Selbstwahrnehmung unvereinbare Schlussfolgerung, dass der ›Wille‹ nicht frei sein kann« (*Der Spiegel*, 1, 2001). Der Vorgang, ein Selbstbildnis vom freien Willen zu haben, lasse sich in der Kindesentwicklung nachvollziehen: »Am Anfang trennen die Kleinen nicht zwischen sich und draußen. Für sie ist der Wille der Mutter ihr eigenes Anliegen. Sie empfinden sich nicht als Individuum und schon gar nicht als eines, das frei entscheiden kann. Doch das Baby ist eingebettet in ein soziales Umfeld, in dem es immer wieder hört: ›Tu das nicht, sonst mache ich das.‹ Nolens volens muss das Kind daraus schließen, es habe die Freiheit, Entscheidungen zu treffen. Dieser ganze Lernvorgang vollzieht sich während der ersten drei Lebensjahre. Weil sich in dieser Zeit noch kein episodisches Gedächtnis entwickelt hat, erinnern wir uns nicht mehr, was die Erfahrung, frei zu sein, verursacht hat.« Nach Interpretation der Gehirnforscher ist unser Gefühl eines willentlichen Entschlusses zu einer Tat nicht die Ursache dieser Handlung, sondern es ist eine Begleiterscheinung, die auftritt, nachdem der Entscheidungsprozess im Gehirn bereits begonnen hat. Es geht der Handlung etwas voraus, dessen man sich aber noch nicht bewusst ist. Das Bewusstwerden der zerebralen Aktion kommt erheblich später als die Aktivität, die ankündigt, dass etwas passieren wird.

Susan A. Greenfield, die an der Universität Oxford in Großbritannien als Pharmakologin über degenerative Hirnerkrankungen arbeitet, schilderte in einem Interview (*Die Welt*, 26.1.2001) ihre Erfahrungen in Tests ihres freien Willens: »Da muss man auf eine Uhr schauen und sich irgendwann entscheiden, einen Knopf zu drücken. Es stellt sich heraus, dass die Gehirnwellen, die diese Entscheidung anzeigen, geraume Zeit vor der bewussten Entscheidung auftauchen. Das subjektive Empfinden und die objektiven Messdaten sind schwer zu vereinbaren. Aber in meinem Alltagsleben muss ich Entscheidungen treffen. Wenn ich einen Hamburger will, muss ich ihn bestellen. Ich kann nicht darauf warten, dass meine Gehirnwellen die Sache für mich erledigen. Der freie Wille mag eine Illusion sein, aber das ist es, was ich erlebe. Und das Erleben der Gegenwart ist die Essenz des Bewusstsein.«

Wenn aber der freie Wille tatsächlich eine Illusion ist, wie die Gehirnforscher aus ihren Experimenten schließen, dann hat das Konsequenzen für das christliche Weltbild ebenso wie für unser Rechtssystem. Dann stimmt das Prinzip von Schuld und Sühne nicht mehr. Juden und Christen und ähnlich wohl auch die Moslems glauben, dass der sündige Mensch ›umkehren‹ müsse. Dass er dies nicht so einfach kann, hat der Apostel Paulus eindringlich beschrieben: »Das Gute, das ich will, das tue ich nicht; sondern das Böse, das ich nicht will, das tue ich« (Römer 7, 19). Wolf Singer sieht die Konsequenz seiner Forschung so: »Wir kämen durch die Aufgabe dieses unverbrüchlichen, aber auch mit sehr viel Selbstbewusstsein und gelegentlich Arroganz behafteten Freiheitsbegriffes wohl zu einer demütigeren, toleranteren Haltung ... Ich könnte mir vorstellen, dass dabei humanere Systeme entstehen, als wir sie jetzt haben. Auch würden all jene unglaubwürdig werden, die vorgeben, sie wüssten, wie das Heil zu finden ist.«

Nun könnte man es als Zeichen von Größenwahn ansehen, wie weitgehende Schlüsse manche Forscher daraus ziehen, dass sie das »Feuern« oder »Nichtfeuern« von Nervenzellen – das Abgeben oder Nicht-Abgeben elektrischer Impulse – beobachten. Doch um diese Zweifel gleich wieder ein bisschen zurückzunehmen, sei ein kleines Experiment geschildert. Es zeigt, welche pfiffigen Schlüsse Wissenschaftler tatsächlich daraus ziehen können, dass sie die Aktivitätsmuster im Gehirn studieren. Daniel Margoliash und sein Team an der Universität von Chicago studierten die Gehirne junger Zebrafinken (*Geo*, Nr. 2, 2001). Und sie glauben, zuverlässig zu wissen, wovon die Vögel nachts träumen – vom Singen nämlich.

Um die Aktivitätsmuster der einzelnen für den Gesang zuständigen Nervenzellen abbilden zu können, implantierten die Forscher feine elektrisch leitende Drähte in die Gehirne der Vögel. Diese Drähte leiten die elektrischen Impulse der feuernden Neuronen in ein Aufzeichnungsgerät. Während die Vögel schliefen, zeigten die Nervenzellen dieselben Aktivitätsmuster wie tagsüber beim Singen, obwohl die Jungfinken natürlich keinen Laut von sich gaben. »Offenbar speichern die Vögel die neuronalen Muster, die beim Singen entstehen, und rufen sie in der Nacht wieder ab«, sagt Margoliash. Von den üblichen Mustern manchmal zu beobachtende Abweichungen der Gehirnstrombilder deuten darauf hin, dass die Vögel im Traum sogar improvisieren.

Das heißt, die Vögel üben nachts das Singen im Traum. Margoliash weiß auch eine Erklärung dafür: Im wachen Zustand haben die jungen Finken nicht genug Zeit zum Üben, denn sie müssen gleichzeitig dem Gesang ihrer Eltern lauschen und versuchen, ihn nachzuahmen. Für die Feinarbeit bleibe da zu wenig Zeit. Die Schlussfolgerungen sind natürlich eine Spekulation. Doch wer hätte vor wenigen Jahren gedacht, dass man mit einiger Plausibilität wissen kann, wovon ein junger Fink nachts träumt – und dies, indem man Bilder interpretiert?

In jedem Menschen steckt ein riesengroßes Stück Naturgeschichte des Lebens und zwar in Form von allerlei uralten, neueren und neuesten Bauplänen; solchen, nach denen früher gebaut wurde und aktuelle Bauanweisungen für das individuelle Leben. Diese Baupläne sind in den Genen kodiert und damit gewissermaßen auch ein Bilderbuch der Evolution: »Es gibt einen hohen Grad der Verwandtschaft zwischen Genen verschiedener Tiere. So sieht man in etwa der Hälfte der Gene des Menschen deutliche Ähnlichkeiten mit solchen von Hefe, Fliege oder Wurm.« So beschrieb nach der (weitgehenden) Entzifferung des menschlichen Erbguts die deutsche Entwicklungsbiologin und Medizin-Nobelpreisträgerin des Jahres 1995, Christiane Nüsslein-Volhard, den Befund der Genetiker (*FAZ*, 23. 2. 2001). Gene bei Mensch, Maus und Fliege seien in den seltensten Fällen völlig gleich, »aber man erkennt immer noch deutlich, daß sie auf einen gemeinsamen Ursprung zurückgehen«. Und in diesem Zusammenhang zitiert Nüsslein-Volhard Johann Wolfgang von Goethe: »Alle Glieder bilden sich aus nach ewigen Gesetzen, doch die seltenste Form bewahrt im Geheimen das Urbild.« Dieselben Gene, die bei der Fruchtfliege *Drosophila melanogaster* die innere Uhr stellen, ticken auch im Menschen. Das Genom – die Gesamtheit der Erbanlagen – von Mensch und Schimpanse ist zu fast 99 Prozent das gleiche; vermutlich nur ein paar hundert Gene machen den Unterschied aus zwischen einem Affen und der »Krone der Schöpfung«. Und das betrifft selbstverständlich nicht nur körperliche Merkmale. »Manches, was wir für eine freie Entscheidung des Willens halten, ist nicht viel mehr als die Wirkung des uralten Erbes, das auch in unseren Genen steckt – aber eben nicht körperliche Merkmale erzeugt, sondern ›Entscheidungen‹ und Verhalten.« Das schrieb Josef Reichholf in *natur & kosmos* (Februar 2001) unter dem Titel »Wie modern ist der Mensch?«.

Die Erkenntnisse über den unfreien Willen können uns lehren, wie wichtig die Erziehung ist. Sie bestimmt unsere scheinbar willentlichen Entscheidungen und unser Verhalten, freilich in jenen Grenzen, die in unseren Genen programmiert sind. Erziehung hat im positiven Sinne mit dem Vermitteln von Bildern zu tun. Die deutsche Sprache verrät den Zusammenhang im Wortstamm *Bildung*. Und so schließt sich der Kreis.

Warum wir nach dem Warum fragen

»Die Philosophen stellen seit mehr als zweitausend Jahren dieselben Fragen: Was ist das Ich? Was geschieht nach dem Tod? Sie kommen nicht voran, weil sie immer nur grübeln.« Vilayanur S. Ramachandran, aus Indien stammender Psychologe und Neurowissenschaftler an der Universität von Kalifornien in San Diego, beklagt dies und stellt dagegen die experimentellen Beobachtungen der Neurowissenschaften (*SZ-Magazin*, 19.1.2001). Auch von seinem Ansatz her kommt Ramachandran zu der Erkenntnis, dass wir uns Bilder von der Welt machen, die eben nur Bilder sind. Das zeigt sich besonders deutlich bei Menschen

Die Bilder, die wir uns von der Welt machen, setzen funktionierende neuronale Strukturen beider Gehirn-Hemisphären voraus. Zeichnung eines Patienten, der einen Schlaganfall in der hinteren Region der rechten Hemisphäre erlitten hatte. Er sollte die links gezeigten Vorlagen vollständig abmalen.

mit einer Behinderung, etwa nach einem Schlaganfall. Ramachandran erzählte dem *SZ-Magazin* (19. 1. 2001) die folgende Geschichte: »Wir hatten eine Frau, die halbseitig gelähmt war, aber durch die Schädigung ihres Gehirns nichts davon wusste – obwohl der Verstand völlig normal arbeitete. Ich bat sie, mit der linken Hand an meine Nase zu fassen. Sie konnte es nicht, weil ihr Arm gelähmt war. ›Frau D., berühren Sie jetzt wirklich meine Nase?‹ fragte ich sie. ›Natürlich‹, antwortete sie empört. ›Ich sehe meine Finger keine fünf Zentimeter vor Ihrem Gesicht.‹ Sie sah die Finger wirklich: Ihr Gehirn hatte sich diese Wahrnehmung zusammengezimmert.« Dieser Effekt, eine Störung nicht zur Kenntnis nehmen zu können, tritt auf, wenn die rechte Gehirnhälfte (bei Rechtshändern) geschädigt wurde. Das will die linke Gehirnhälfte nicht wahrhaben.

So ganz anders ist das beim Gesunden auch nicht. Ramachandran beschreibt das, indem er die übliche Aufgabenverteilung im Gehirn erklärt: Die linke Gehirnhälfte ist ein Geschichtenerzähler. »Sie ist unter anderem damit beschäftigt, fortwährend Theorien über die Welt zu erfinden. Das ist nützlich, weil wir oft nicht genügend Informationen haben, um Entscheidungen zu treffen. So legt sich die linke Hemisphäre den Rest einfach zurecht und konstruiert eine Story, die schlüssig erscheint. Die rechte Hälfte hingegen überprüft diese Ideen anhand der

Wirklichkeit.« – »Mehr als neunzig Prozent dessen, was wir zu wissen glauben, vermuten wir nur. Diese Vermutungen verkauft uns das Hirn als Realität.« Johann Gottfried Herder, Kollege und Gesprächspartner Goethes in Weimar, ahnte bereits: »Wir leben immer in einer Welt, die wir uns selbst einbilden.« Und der Philosoph Friedrich Nietzsche meinte gar: »Tatsachen gibt es nicht, nur Interpretationen.«

Die linke Gehirnhälfte versteht sich also auf die Kunst, sich Illusionen zu machen, während die rechte illusionslos ist. Neunzig Prozent der amerikanischen Bevölkerung halten sich für überdurchschnittlich intelligent. Wie ist das möglich? Wir sind chronisch optimistisch infolge netter »Schmeicheleien aus der linken Gehirnhälfte«, so Ramachandran. Leicht depressive Menschen seien dagegen oft realistischer. Die Zeitschrift *Psychologie heute* hatte im November 2001 ähnliche Beobachtungen zur Titelgeschichte gemacht: »Melancholie – das Gefühl, das uns klüger macht«. Für Ramachandran »ist das Ich Einbildung – ein flüchtiges, oft tragisches Konstrukt des Gehirns. Dasselbe behaupteten die Weisen Indiens schon vor Jahrtausenden.«

Es gibt Menschen, denen hat man wegen schwerer epileptischer Leiden den »Balken« – *Corpus callosum* – durchtrennt, die neuronale Verbindung der beiden Gehirn-Hemisphären. Erst die Beobachtung solcher *Split-Brain*-Patienten ermöglicht es, zu sehen, wie sich die beiden Hemisphären voneinander unterscheiden. Deshalb weiß Ramachandran, dass die linke Gehirnhälfte mit der Gabe, Geschichten um die Tatsachen herum zu erfinden, die Hemisphäre ist, die nach dem »Warum?« fragt. Für den Neurowissenschaftler Michael S. Gazzaniga, einen der Initiatoren der Split-Brain-Forschung vom Dartmouth-College in Hanover (New Hampshire, USA) erklärt sich das so: »Die Vorteile eines solchen Systems sind offensichtlich. Indem es sich nicht damit begnügt, Ereignisse nur zu beobachten, sondern nach den Ursachen fragt, kann es im Wiederholungsfall besser damit fertig werden« (*Spektrum der Wissenschaft*, Digest 2, 2001). Im Zusammenhang dieses Buches ist eine zentrale Erkenntnis, dass die Neigung, sich Welt-Bilder zu schaffen, die diese Welt deuten, bereits im menschlichen Gehirn angelegt ist.

Wie das Bewusstsein in die Welt kam

Fast hundert Jahre älter als die Erkenntnisse der Neurobiologen sind die der Tiefenpsychologen. Im Alltag unterscheiden wir, wie ich gezeigt habe, nicht eben scharf zwischen Bild und Wirklichkeit. Wir können es gar nicht. Denn die Bilder sind oft ungemein zwingend. Immerhin wissen wir oder könnten wir jedenfalls wissen, dass dies so ist. Menschen erfahren zum Beispiel von anderen Menschen ihrer Umgebung Zuneigung oder Abneigung – und sind damit eigentlich gar nicht gemeint. Sigmund Freud verdanken wir die Erkenntnis der *Übertragung*. So nennt man die Tatsache, dass ein Patient gegenüber seinem Arzt Gefühlsbeziehungen positiver oder feindseliger Art entwickelt, die gar nicht in der realen Situation begründet sind, sondern Projektionen der Beziehung des Patienten zu seinen eigenen Eltern, Partnern oder auch Geschwistern. Es ist schon eine besondere Leistung Freuds gewesen, dies – entgegen dem eigenen Gefühl – überhaupt entdeckt zu haben. Allerdings hat bereits den Philosophen Ludwig Feuerbach (1804 bis 1872) der Gedanke einer Übertragung beschäftigt, freilich in einem speziellen Zusammenhang. Feuerbach interpretierte, dass an unserem Gottesbild alles Projektion sei und formulierte: Der Mensch schuf Gott nach seinem Bilde.

Freud hatte entdeckt, dass, wenn Kranke ihren Arzt ›vergöttern‹, sie diesen gar nicht meinen, sondern ein inneres Bild auf ihn übertragen. Die meisten Ärzte haben dies wohl bis heute nicht begriffen. Aber auch die Psychotherapeuten »genießen die liebevolle Bewunderung ihrer Analysanden ohne Rücksicht darauf, wieweit sie es verdienen«, konstatierte der Psychoanalytiker Erich Fromm (*Sigmund Freuds Psychoanalyse – Größe und Grenzen*, dtv, 1981).

Zu ähnlichen Übertragungsprozessen wie zwischen Patient und Therapeut kommt es zwischen anderen Menschen mit Gefühlsbindungen: zwischen Eheleuten, Freunden, Arbeitskollegen ... Übrigens gibt es auch den Vorgang der *Gegenübertragung*. Dabei projiziert zum Beispiel der Therapeut seine Bilder in den Patienten, der damit gar nicht gemeint ist. Heute gilt es als Kunstfehler, wenn ein Psychotherapeut diese natürlichen Vorgänge nicht beachtet.

Im 20. Jahrhundert haben wir durch Sigmund Freud und seine Nachfolger viel über das erfahren, was dem Menschen unbewusst ist. Sehr viel weiter in der Erkenntnis dessen, was Bewusstsein ist, sind allerdings die Naturwissenschaftler nicht gekommen. Unsere Wahrnehmungssysteme sind, um wieder Wolf Singer zu zitieren, in hohem Maße interpretativ. »Die Bilder, die sie erzeugen, stimmen nicht unbedingt mit physikalischen Gegebenheiten überein.« Das Nachrichtenmagazin *Spiegel* fragte Wolf Singer Anfang des Jahres 2001, wozu es für den Menschen gut sei, Bewusstsein zu haben. Es muss für das Überleben einen Vorteil gebracht haben, sonst hätte es sich nicht entwickelt. Singers Antwort: »In vielen Situationen ist es sinnvoll, wenn das Gehirn zwischen der primären Verarbeitung von Sinnesinformation und den daraus abgeleiteten Reaktionen noch Zwischenstufen einschieben kann. Diese zusätzlichen Verarbeitungsschritte erlauben es uns, dank früher gemachter Erfahrungen, Überlegungen anzustellen oder Voraussagen zu machen über das, was eintreten wird, wenn dieses oder jenes der Fall ist. So können wir Gefahren aus dem Weg gehen, ohne uns ihnen durch Ausprobieren auszusetzen.« Ein Gehirn, das in der Lage ist, sich vorzustellen, was wäre wenn, kann, so Singer, natürlich auch versuchen zu ergründen, was im Gehirn einer anderen Person in einem bestimmten Moment vorgeht. Dies ist im Zusammenleben von Vorteil. »Wenn sich das Gehirn aber ein Modell von den Vorgängen eines anderen machen kann, kann es das Erkannte auch auf sich selbst beziehen. Es kann sich in den Beurteilungen des anderen spiegeln und sich seiner selbst vergewissern. So könnte das, was wir Bewusstsein nennen, in die Welt gekommen sein.«

Der Pygmalion-Effekt

Der römische Dichter Ovid hat vor 2000 Jahren die griechische Sage von Pygmalion aufgeschrieben – Vorbild für George Bernhard Shaws 1913 uraufgeführte Komödie gleichen Namens, die wiederum Vorbild für das Musical »My Fair Lady« wurde. Der sagenhafte Pygmalion war ein Bildhauer, der zur Zeit des Untergangs von Troja auf Zypern lebte. Pygmalion fand keine Frau, die ihm gefiel. So schnitzte er sich aus Elfenbein ein Mädchen ganz nach seiner Vorstellung und verliebte sich prompt in dieses Bild. Pygmalions Liebe zu seinem Geschöpf war so groß, dass die Göttin der Liebe, Aphrodite (die Römer nannten sie Venus), seine Bitte erhörte und die Elfenbeinstatue lebendig werden ließ. Die beiden hatten sogar ein Kind miteinander gezeugt, die Paphos. Den Namen trugen im Altertum zwei Städte auf Zypern; eine davon berühmt durch einen Tempel der Aphrodite.

An diesen Pygmalion erinnerten sich Pädagogen, als sie in den ersten Jahrzehnten nach dem Zweiten Weltkrieg Vor-Urteile von Lehrern studierten. Es stellte sich nämlich heraus, dass die Noten, die ein Schüler oder eine Schülerin erhalten, davon abhängen, welches Schülerbild der Lehrer zuvor von außen vermittelt bekommen hat. Ein Schüler, dem der – völlig unbegründete – Ruf vorausgeht, gut zu sein, bekommt bessere Noten als derjenige, der, ebenso unbegründet, einen schlechten Ruf hat. *Self-fulfilling prophecy* wurde das in den vierziger Jahren genannt. Seit den sechziger Jahren nennt man dies *Pygmalion-Effekt*, womit gemeint ist, dass ein Bild von einer Person – eben dem Schüler oder der Schülerin – für den Lehrer lebendig wird; ein Bild und nicht der tatsächliche Mensch. Die Bemühungen der Pädagogen, die Welt zu durchschauen, sind hier nicht ganz vergeblich. Denn wenn ein Lehrer oder eine Lehrerin auf diesen Sachverhalt aufmerksam gemacht werden, und sie erfahren davon mittlerweile bereits während der Ausbildung, lässt dessen Wirksamkeit rapide nach.

Nicht minder wichtig ist eine weitere Erkenntnis der Pädagogen über den Umgang mit Bildern, die sich ähnlich sind: Das Gesetz der Ähnlichkeitshemmung. Wer kennt die Situation nicht, da begegnet man nach langer Zeit wieder einmal Herrn Huber, oder heißt er Hübner? Nein, doch Huber, oder doch nicht? Wir sind Opfer des *Ranschburg-Phänomens* geworden. So nennt man laut Meyers Enzyklopädie »die 1905 von dem Psychologen Ranschburg nachgewiesene Hemmung des Gedächtnisses bei der Reproduktion von ähnlichen Lerninhalten durch Mangel an gestaltlicher Differenzierung.« In der Schule lernten wir: ›Wieder‹ im Sinne von ›noch einmal‹ schreibt sich mit ›ie‹; im Gegensatz zu ›wider‹ im Sinne von ›gegen‹, was sich mit einfachem ›i‹ schreibt. Das kann man sich merken. Das heißt aber, man muss sich jedes Mal wieder ›ausrechnen‹, mit welcher Art wi(e)der man es zu tun hat.

Wer nicht das Glück hatte, sich in diesem Sinne wünschenswerte Bilder machen zu können, muss sich auch sonst die Zusammenhänge errechnen, was mühsam sein kann, wie jener Witz aus längst vergangener Zeit zeigt, den uns Salcia Landmann übermittelt hat (*Der jüdische Witz*, Walter-Verlag, 1960):

»Ein Jude will am Bahnschalter in Wien eine Karte nach Pinczew lösen – da sieht er, wie ein eleganter Herr ebenfalls eine Karte nach Pinczew in Empfang nimmt. Der Jude ist verblüfft. Vielleicht hat er sich geirrt. Er geht dem Herrn nach – der Herr steigt tatsächlich in denselben Zug, in den auch er steigen muß. Also setzt er sich dem Herrn gegenüber hin und fängt an zu grübeln: ›Aus Pinczew ist er nicht, ich kenne alle dort. Also was kann er dort wollen? Vielleicht eine Partie? Aber mit wem? Des reichen Doliner Tochter hat doch kürzlich geheiratet, und was sonst zu haben ist ... Nein, das ist nichts für ihn. Also vielleicht etwas Geschäftliches? Aber es läuft ja momentan rein nichts in Pinczew.

Also was in aller Welt ... Ah, ich weiß schon! Der Salmen Karo, dieser Lump, will sich wieder einmal mit seinen Gläubigern ausgleichen, und das wird ihm jetzt, wo es schon das dritte Mal ist, ohne juristischen Beistand nicht gelingen. Also ist der Herr sein Rechtsanwalt ... Aber ein Anwalt aus Wien – das kostet doch ein Vermögen! Wird sich der Karo, dieser kleinliche Kerl, das wirklich leisten wollen? ... Ah, ich weiß schon! Da war doch einmal ein Neffe von ihm, dem die Eltern früh gestorben sind. Der hat später in Wien die Rechte studiert. Und der Karo hat ihm derweil das Vermögen seiner Eltern verwaltet. So viel möchte ich in zehn Jahren verdienen, wie der alte Lump dabei für sich eingesteckt hat! Aber dem Jungen hat er natürlich eingeredet, daß er sich für ihn die Beine ausreißt und daß er ihm folglich dankbar sein muß. Und das scheint ihm der junge Mann geglaubt zu haben, und folglich kommt er womöglich gratis zu seinem lieben Onkel, um ihm aus der Patsche zu helfen ...

Kohn hat der Junge geheißen, ich weiß es noch genau ... Aber hat es nicht geheißen, daß er große Karriere gemacht hat? Hofrat soll er sogar geworden sein! ... Na – da wird er sicher längst getauft sein ... Und wenn er sich getauft hat, dann heißt er natürlich schon lange nicht mehr Kohn ... Also wie kann er jetzt heißen? Koner vielleicht? Das ist noch zu nah, zu verdächtig. Vielleicht Korner? Auch noch zu ähnlich. Vielleicht Körner oder vielleicht Kerner? – Ja, das könnte schon gehen! ... Guten Tag, Herr Doktor Kerner!‹ ›Guten Tag. Aber ich kenne Sie ja gar nicht. Woher wissen Sie meinen Namen?‹ ›Den habe ich mir ausgerechnet.‹«

Man kommt, wie zu sehen, weit beim Ausrechnen, aber es ist etwas mühselig. Genau genommen liegt ja darin der Witz, dass man sich den

Namen eines Fremden normalerweise eben nicht ausrechnen kann. Und die Wege im unwahrscheinlichen Fall sind für den Unbeteiligten – wohl hundert Jahre später – nur nachzuvollziehen, wenn er kulturhistorisch einigermaßen mit der uns heute fremden Welt vertraut ist.

In der Erziehung geht es freilich darum, dass Kinder sich Bilder einprägen: Namen, Vokabeln, Begriffe. Eine Konsequenz aus der Kenntnis des Ranschburg-Phänomens ist: Man darf einem Kind nie gleichzeitig zwei Bilder zeigen, um ihm einen Sachverhalt beizubringen. Was rechts ist und was links, darf man also nicht etwa in der Art vermitteln: »Dies ist das schöne Händchen und jenes das hässliche.« Vielmehr muss es erst nur »links« üben, dann nur »rechts« – oder umgekehrt – und sich jeweils das Bild einprägen. Meine Mutter wollte, selbst noch ein Kind, ihre kleine Schwester ärgern, indem sie ihr richtig – wenn auch heutigem Wissen unpädagogisch – zeigte: »Dies ist die rechte Hand und jenes die linke« – dann aber verschmitzt hinzufügte: »Und bei den Füßen ist es umgekehrt«. Die Verwirrung der Schwester hielt lange an.

Das Komplementaritätsprinzip

Ich versuche, in diesem Kapitel zu zeigen, in welchem Ausmaß es gelingen kann, trotz aller Bilder-Gebundenheit die Welt zu durchschauen. Einen Durchbruch erzielten dabei im 20. Jahrhundert die Physiker – mit der Folge, dass sie ihr Weltbild aufgeben mussten. Sie wissen nun, dass der Augenschein trügt. Und sie müssen akzeptieren, dass man den selben Sachverhalt mit unterschiedlichen Bildern beschreiben kann, die sich dazu sogar noch gegenseitig ausschließen.

Mitte des 19. Jahrhunderts schien alles klar zu sein. Die Physiker glaubten, sie hätten die Welt verstanden – eine Welt, die so ähnlich wie ein Uhrwerk funktioniert. 1881 hatte Jacques Offenbach den Physiker Spalanzani in *Hoffmanns Erzählungen* eine selbstgebastelte Puppe als seine Tochter Olympia vorführen lassen – Triumph der Mechanik. Als der 16-jährige Max Planck sich 1874 nach bestandenem Abitur an der Universität München nach den Aussichten eines Studiums der Physik erkundigte, riet ihm der Fachvertreter Philipp von Jolly – Erfinder des Luftthermometers und der Federwaage – dringend ab: In der Physik sei schon alles Wesentliche erforscht; ein großer Irrtum, wie wir heute –

auch dank der Arbeiten von Max Planck – erkennen können. Zu Zeiten des angehenden Studenten Planck war das Weltbild der Physiker anschaulich. Aber wie wir heute wissen, erschien ihnen das nur so, weil sie ein Bild von der Welt hatten, das zwar mit dem Augenschein übereinstimmt, aber nicht mit der Wirklichkeit.

Einer der bedeutendsten Denker und zugleich menschlich von ungewöhnlicher Größe war der bereits genannte dänische Physiker Niels Bohr (1885 bis 1962). Ohne seine Deutung wären die Experimente und Theorien der Wissenschaftler seiner Zeit nicht so rasch zu einem neuen Weltbild der Physik verschmolzen. Der Brite Ernest Rutherford hatte 1911 in der Interpretation seiner eigenen Versuche die Vorstellung entwickelt, dass das Atom aus einem elektrisch positiv geladenen Kern besteht sowie einer Hülle aus elektrisch negativ geladenen Elektronen. 1914 entdeckte er den Wasserstoffatomkern und nannte ihn Proton. Niels Bohr entwickelte etwa gleichzeitig eine Vorstellung, die die Entdeckungen Max Plancks aus dem Jahre 1900, wonach Energie aus kleinsten Einheiten, den Quanten, besteht, mit den Ideen Rutherfords verband. Es entstand das »Bohrsche Atommodell«, wonach die Elektronen den Atomkern auf bestimmten Bahnen umkreisen, ähnlich wie die Planeten die Sonne.

Beobachtungen, wonach das Licht eine elektromagnetische Welle ist, sowie andere, diesem Bild aber total widersprechende Feststellungen, nämlich, dass Licht in Form von Teilchen (Photonen) existiert, irritierten die Physiker in den ersten Jahrzehnten des 20. Jahrhunderts. 1923 konnte der französische Forscher Louis de Broglie zeigen, dass jedem »Elementarteilchen«, etwa einem Elektron, auch eine Welle zugeordnet werden kann. Der Österreicher Erwin Schrödinger beschrieb dies 1926 in der nach ihm genannten *Schrödingerschen Gleichung*. Niels Bohr entwickelte daraufhin 1927 das *Komplementaritätsprinzip*. Danach lässt sich die atomare Welt in einander ausschließenden Bildern darstellen, wobei diese Bilder zusammengenommen erst die Wahrheit spiegeln. In den zwanziger und dreißiger Jahren ist das Bohrsche Institut für Theoretische Physik an der Universität Kopenhagen übrigens von einer Brauerei gefördert worden; »der größte Beitrag des Biers zur theoretischen Physik seit den Tagen Joules«, wie Isaac Asimov 1973 schrieb. James P. Joule, der 1847 die Gleichheit von mechanischer und Wärme-Energie feststellte (die Energie wird heute in Joule gemessen), war nämlich Sohn eines reichen englischen Bierbrauers.

Die Relativitätstheorie

»Gebt mir einen Punkt, und ich hebe die Welt aus den Angeln.« So soll der Grieche Archimedes (etwa 287 bis 212 vor Christus) seine Entdeckung der Hebelgesetze beschrieben haben. Wenn es nicht stimmt, so ist es doch gut erfunden. Denn jeder Hebel braucht nun einmal einen Angriffspunkt, um seine Wirkung zu entfalten. Gebt mir einen Punkt und einen Strich, so könnte man den Gedankengang fortsetzen, und ich bilde euch die ganze Welt ab. Punkt und Strich bilden das Morsealphabet. Man kann auch plus und minus sagen oder Null und Eins. Die ganze digitale Welt ist darauf aufgebaut. Filme, Bilder, Töne, alles lässt sich digitalisieren und so bequem speichern und transportieren. Offensichtlich beschreiben die Naturwissenschaftler die – digitalisierbare – Welt genau genug mit ihren Formeln. Andernfalls könnte man sie nicht so präzise abbilden. Es gibt sogar Bilder, die werden ausdrücklich als »Vermutungen« gekennzeichnet. Diese Vermutungen der Mathematiker gehören ins Weltbild; es sei denn, jemand könnte sie wiederlegen. Da gibt es zum Beispiel die 1742 von dem Mathematiker Ch. von Goldbach aufgestellte – aber unbewiesene – Vermutung, wonach jede gerade natürliche Zahl als Summe zweier (nicht durch andere Zahlen teilbare) Primzahlen darstellbar ist. Wir haben gesehen, dass die exakten Naturwissenschaftler an ihren Bildern genauso lange festhalten, bis sie Unbeschreibliches entdecken; nämlich ein Phänomen, dass nicht in den bekannten Formel-Raster passt. Dann versuchen sie, neue Bilder, neue Formeln zu finden, die das zuvor Unbeschreibliche beschreibbar machen. Albert Einstein (1879 bis 1955) war so ein Bilderstürmer. Er ersetzte die klassische Physik durch die relativistische.

Im Jahre 1905 veröffentlichte Einstein seine *Spezielle Relativitätstheorie*. Seither wissen wir – auch wenn wir es uns kaum vorstellen können – dass alle wohl bekannten und als selbstverständlich angesehenen Phänomene der Gleichzeitigkeit relativiert werden müssen. Es kommt auf das Koordinatensystem an. Eine Uhr in einem Flugzeug geht – von der Erde aus gesehen – desto langsamer, je schneller es fliegt. Im Flugzeug selbst merkt man nichts davon – wie sollte man? Auch Längenmaßstäbe sind etwas Relatives. Wenn sich ein starrer Stab in seiner Längsrichtung bewegt, schrumpft seine Länge, wiederum von der Erde aus gesehen, desto stärker, je rascher er sich bewegt.

Es ist eben alles relativ. Das war die historische Erfahrung nach dem Zusammenbruch der Alten Welt und ihrer Maßstäbe 1917/18. »Der Zar abgedankt, der Papst verheiratet« – so hieß eine immerhin zur Hälfte wahre Schlagzeile gegen Ende des Ersten Weltkriegs. Auch mit der weltgeschichtlichen Entwicklung einer Relativierung aller Werte dürfte zusammenhängen, dass der Verfasser der Relativitätstheorien so plötzlich weltberühmt wurde.

In dem Weltbild Anfang des 20. Jahrhunderts, wie es bereits Isaac Newton (1643 bis 1727) beschrieben hatte, existieren Raum und Zeit unabhängig voneinander. Aber die Wissenschaft hatte die Begriffe Raum, Zeit und körperliches Objekt aus dem vorwissenschaftlichen Denken übernommen. 1916 formulierte Einstein seine *Allgemeine Relativitätstheorie* und wies nach: »Das ›Jetzt‹ verliert für die räumlich ausgedehnte Welt seine objektive Bedeutung. Damit hängt zusammen, dass man Raum und Zeit objektiv unauflösbar als vierdimensionales Kontinuum auffassen muß, wenn man den Inhalt der objektiven Beziehungen ohne entbehrliche konventionelle Willkür ausdrücken will.« Entgegen dem Augenschein postulierte Albert Einstein: Es gibt nicht den Raum an sich – sondern er wird durch (Gravitations-)Felder bestimmt. Einstein 1916: »Es gibt keinen feld-leeren Raum.«

Die Unschärferelation

Nicht nur das kosmologische Weltbild erwies sich als allenfalls in gewissen Grenzen gültig. Im Jahre 1927 formulierte der Physiker Werner Heisenberg (1901 bis 1976) eine mathematische Gleichung, die später nach ihm benannte *Heisenbergsche Unschärferelation*. Danach ist es nicht möglich, präzise zugleich den Ort und die Geschwindigkeit (genauer: den Impuls) eines sich bewegenden Elementarteilchens zu bestimmen. Die Messung selbst beeinflusst das Messergebnis. Heisenberg wurde für seine Arbeiten zur Quantenmechanik 1932 mit dem Nobelpreis ausgezeichnet. Viele auch namhafte Physiker seiner Zeit, wie zum Beispiel Philipp Lenard, Nobelpreisträger des Jahres 1905, und Johannes Stark, Nobelpreisträger von anno 1919, lehnten das neue – durch Einsteins Relativitätstheorien und Heisenbergs *Quantenmechanik* gekennzeichnete – Weltbild ab. Sie wünschten sich – mit antisemitischem

Unterton – eine anschauliche »Deutsche Physik«, konnten damit jedoch die weltweite Entwicklung nicht aufhalten. Wohl aber trugen sie dazu bei, dass ihre angefeindeten jüdischen Kollegen, wie Albert Einstein oder Lise Meitner, das Land verließen, solange sie noch emigrieren konnten. Bizarrerweise lässt sich der von Johannes Stark entdeckte »Stark-Effekt« – die Aufspaltung der Spektrallinien des Lichts durch ein starkes elektrisches Feld – nur durch die ihm verhasste Quantenmechanik erklären. Max Planck erklärte einmal den langen Weg von der klassischen zur modernen Physik so: »Irrlehren der Wissenschaft brauchen fünfzig Jahre, bis sie durch neue Erkenntnisse abgelöst werden, weil nicht nur die alten Professoren, sondern auch deren Schüler aussterben müssen.«

Die moderne Physik basiert heute selbstverständlich auf den Erkenntnissen Albert Einsteins, Niels Bohrs, Werner Heisenbergs und einer großen Anzahl anderer Gelehrter. »Es gibt so etwas wie ein prinzipielles Bekenntnis zur Quantenphysik. Aber viele Leute, die davon sprechen, nehmen die Konsequenzen, die das für unser Weltbild hat, nicht wirklich ernst. Je mehr ich damit experimentiere, desto mehr sehe ich, wie radikal dieses neue Weltbild eigentlich ist. Die Dinge sind, die Welt ist viel weniger determiniert, als man annimmt.« Das ist ein Bekenntnis des österreichischen Physikers Anton Zeilinger (*Süddeutsche Zeitung*, 15.12.1999). Zeilinger, der an der Technischen Universität München lehrt, gehört zu einer kleinen Gruppe von Forschern auf der Welt, die experimentell nachgewiesen haben, dass jene von Albert Einstein postulierten »geisterhaften Fernwirkungen« zwischen den Dingen tatsächlich real sind. »Beamen«, die blitzschnelle Fernübertragung von Objekten in Form purer Information, ist nämlich mittlerweile nicht mehr Science-Fiction, sondern Science-Reality. Manipulationen an einem einzelnen Lichtquantenteilchen, einem Photon, haben zeitgleich Konsequenzen für ein weiteres von demselben Atom abgestrahltes Photon – selbst wenn die Teilchen sich an verschiedenen Enden des Universums befinden. Man spricht von *Quantenteleportation* und von *verschränkten Teilchen*.

Zeilinger beschreibt das, worum es hier geht, so (*Spektrum der Wissenschaft*, Juni 2000): Zwei quantenmechanisch verschränkte Teilchen gleichen einem Paar von Würfeln, bei dem zwar keiner der beiden Würfel für sich genommen »gezinkt« ist – bei jedem Wurf liegt zufällig einmal eine eins oder eine drei oder eine sechs und so weiter oben.

Doch bei jedem Doppelwurf zeigen stets beide Würfel dieselben Zahlen: zweimal eins oder zweimal zwei ... Die Rolle dieser absonderlichen Würfel spielen nun Paare von Photonen, Lichtteilchen also. Diese entsprechen elektromagnetischen Schwingungen. Die »Polarisation«, das heißt, die Ausrichtung der elektrischen Schwingungskomponente der »verschränkten« Photonen, ist nun stets gleich, obwohl die Photonen-Wellen selbst völlig zufällig mal so und mal so schwingen. Angenommen, zwei Menschen, Alice und Bob, besitzen jeweils eines der – mit Hilfe einer recht komplexen experimentellen Einrichtung – verschränkten Photonen. Wenn Alice die Polarisationsebene ihres Photons misst, um festzustellen, ob es horizontal oder vertikal polarisiert ist, die elektrische Schwingungsebene also waagerecht oder senkrecht ausgerichtet ist, beträgt die Wahrscheinlichkeit für jede der beiden Möglichkeiten 50 Prozent. Dieselbe Wahrscheinlichkeit besteht auch für Bobs Photon. Aber die Verschränkung bedeutet nun: Sobald Alice das Resultat ihrer Messung, horizontal, beobachtet, weiß sie, dass auch Bobs Photon horizontal polarisiert sein muss. Vor Alices Messung besitzen die beiden Photonen keine individuellen Polarisationen. Der verschränkte Zustand legt aber fest, dass die Messung an einem der beiden Photonen die Ausrichtung des anderen – und sei es mittlerweile am andern Ende der Welt angelangt, und ohne dass mit diesem zweiten Photon irgendetwas geschehen ist – denselben Wert ergibt.

Mittels heutiger Technik lassen sich Photonen verschränken. Nachweislich funktioniert Teleportation über einen Meter weit. Auch die Möglichkeit einer Verschränkung von Atomen ist bereits demonstriert worden. Zeilinger erwartet die Verschränkung von Molekülen und ihre anschließende Teleportation »innerhalb des nächsten Jahrzehnts«. Das Phänomen lässt sich anscheinend technisch zur Informationsübertragung in einem *Quantencomputer* ungeahnter Leistungsfähigkeit ausnutzen, hat aber auch wesentliche Konsequenzen für unser Weltbild.

Zum Beispiel stellt sich die Frage, ob tatsächlich die Biologen die Natur exakt genug beschreiben können, wenn sie dazu die Methoden der klassischen Physik und Chemie verwenden. Möglicherweise muss man zum Verständnis der Vorgänge quantenmechanische Prozesse berücksichtigen. Für jene Esoteriker, die von der Physik die Erklärung »übersinnlicher« Phänomene erhoffen, ohne davon wirklich selbst etwas zu verstehen, hat Zeilinger allerdings nur Spott übrig: »Die gehen immer von sehr simplen Ursache-Wirkungs-Zusammenhängen aus.

Man redet zum Beispiel von Wellen und denkt an solche, wie sie aus der klassischen Physik, etwa als elektromagnetische Wellen, bekannt sind. Die Vorstellungen sind nicht wirklich radikal genug, um der Quantenphysik zu entsprechen.«

Genau genommen geht es nach den Erkenntnissen der modernen Physik im Sinne Zeilingers um Folgendes: Im Weltbild der klassischen Physik, das auch von der modernen Biologie einschließlich der Gentechnologie voll übernommen wurde, ist die Wirklichkeit das Primäre, die Information das Sekundäre. Die Welt existiert zunächst einmal ›da draußen‹, und die Information, die wir besitzen, ist davon abgeleitet. Sie erzählt von etwas, das unabhängig von jeder Beobachtung existiert. In der Quantenphysik ist das nicht so einfach. Die objektive Wirklichkeit ist – wie deren Experimente zeigen – nicht unabhängig davon, was über sie gesagt werden kann. Denn es zeigt sich, so Zeilinger, dass »der Akt der Beobachtung und Wahrnehmung selbst Realität schafft.«

Albert Einstein hat seinerzeit die Quantentheorie scharf kritisiert. Er bestand darauf, dass die Physik versuchen müsse, eine Realität zu erfassen, die unabhängig von ihrer Beobachtung existiere. Niels Bohr dagegen argumentierte, dass man das gesamte System in Betracht ziehen müsse – im Falle eines verschränkten Paares von Photonen also die Gesamtheit beider Teilchen. Zeilinger heute: »In der Tat würde ich wie Bohr argumentieren, dass wir die Quantenmechanik verstehen können, wenn wir anerkennen, dass die Wissenschaft nicht beschreibt, wie die Natur an sich ist, sondern nur ausdrückt, was wir über die Natur zu sagen vermögen.«

Die Physiker selbst wissen am besten, wie unvollkommen ihre Theorien – obwohl sie doch in den vergangenen hundert Jahren so viel komplizierter und zugleich so viel weniger anschaulich geworden sind – die Welt beschreiben. Ein genaueres Bild setzt genauere experimentelle Befunde voraus. Erst Erfahrungen mit Teilchenbeschleunigern, die noch im Bau sind, könnten zum Beispiel ermöglichen, das so genannte Standardmodell der Teilchenphysik zu erweitern und die »Große Vereinheitlichte Theorie« aller Kräfte in der Natur zu schaffen.

Steven Weinberg, Leiter der Theorie-Abteilung der Universität von Texas in Austin und Physik-Nobelpreisträger des Jahres 1979, ist einer der Forscher, die daran arbeiten. Das kann, so glaubt er, bis zum Jahre 2050 oder sogar noch einige Jahrzehnte länger dauern. Dass die erhoffte Theorie dann die Welt richtig beschreibt, wird man, so Weinberg, daran erkennen, dass sie die gemessenen Werte bestimmter physikalischer Konstanten richtig wiederzugeben vermag. Eine solche Theorie wäre freilich nicht das Ende der Physik, so Weinberg, sondern sie würde allenfalls »das Ende einer bestimmten Art von Forschung sein: der Suche nach einer vereinheitlichten Theorie, die alle Facetten der Physik umfasst« (*Spektrum der Wissenschaft*, Digest, 1, 2001).

Wenn man die Theorie hätte, müsste man nicht mehr nach ihr suchen. Und das wäre alles? Weinberg wagt immerhin noch eine weitere Prognose: »Die Entdeckung einer vereinheitlichten Theorie ... wird uns in die Lage versetzen, eine der grundlegendsten Fragen der Kosmologie zu beantworten. Hatte die expandierende Wolke von Galaxien, die wir Urknall nennen, zu einem bestimmten Zeitpunkt in der Vergangenheit einen Anfang? Oder ist unser Urknall nur eine Episode in einem viel größeren Kosmos, in dem seit Ewigkeiten große und kleine Universen entstehen?« Gesetzt den Fall, es gibt viele Universen – ohnedies etwas, das man sich nicht vorstellen, aber möglicherweise tatsächlich einmal ausrechnen kann – dann würde Steven Weinberg die Frage interessieren, ob sich »die Naturgesetze in den einzelnen Universen unterscheiden?«

Die Sprache ist ein Gefängnis

Wenn wir etwas sehr genau beschreiben wollten, dann müsste diese Beschreibung sehr abstrakt sein. Eine Aussage wie: »Der Baum ist grün«, ist bereits eine starke Vereinfachung. »Welches Grün?« könnte man fragen, wenn man es genau wissen wollte, oder: »Wann ist der Baum wie grün?« Dasselbe Grün sieht nämlich im Morgen-, oder Mittags- oder Abendlicht höchst unterschiedlich aus. Wir können freilich die Eindrücke im Kopf so verarbeiten, dass wir trotz unterschiedlichen Aussehens das Bild »grün« identifizieren und uns darüber verständigen.

Jedes Wort, das wir – als ein Bild – verwenden, ist die Abstraktion eines komplizierten Zusammenhangs. Ein Dolmetscher weiß, dass es keine Eins-Zu-Eins-Übersetzung geben kann, weil die Wörter zugleich ihre je nach Sprache verschiedene ›Tönung‹ haben. Deren Geltungsbereich ist manchmal nur auf eine kleine Gruppe, eine Region und eine bestimmte Zeitspanne beschränkt. Man denke nur an bestimmte

Begriffe der Jugendsprache, die ausdrücken, dass man etwas gut findet. Früher einmal war das »dufte«, später wurde daraus »spitze«, oder »super« oder »geil«, oder »super-affen-titten-geil«. Aus dem »Softi« der späten siebziger Jahre des 20. Jahrhunderts – als Gegensatz zum »Macho« – wurde bis zur Jahrtausendwende das »Weichei« oder der »Warmduscher«.

Erst bei sehr starker Abstraktion lassen sich eindeutige Aussagen machen. Zum Beispiel gelingt das in der Mathematik. Und nicht einmal hier ist das selbstverständlich. Der Begriff »unendlich« ist zum Beispiel vieldeutig, wie die Mathematiker feststellen mussten. Wenn es sich um unendlich, aber zugleich abzählbar viele Objekte handelt, wie es die natürlichen Zahlen sind, ergibt das eine andere Unendlichkeit als die Anzahl der Ziffern, welche die Zahl Pi ausmacht: 3,14159 ... und so unendlich lange weiter, aber nicht nach einem *Schema* wie die unendliche Reihe 1, 2, 3, 4 ... Selbst die rationale Welt mit ihren genau definierten Spielregeln ist also nur auf hohem Abstraktionsniveau eindeutig. Die Bilder, die sich der Mensch hier geschaffen hat, etwa die Ziffern, dienen eben dem Bemühen um Eindeutigkeit. Die Sprache der Physik ist die Mathematik. Diese Sprache hat sich im Laufe der Zeit natürlich weiterentwickelt. Das war wiederum die Voraussetzung für eine Weiterentwicklung der Physik.

In den dreißiger Jahren des vorigen Jahrhunderts hat der amerikanische Linguist Benjamin Lee Whorf (1897 bis 1941) eine in diesem Zusammenhang bemerkenswerte Entdeckung gemacht. Whorf studierte Indianersprachen und kam zu der Erkenntnis, dass in der Sprache selbst vorherbestimmt ist, wie derjenige, der sie spricht, »Phänomene und Zusammenhänge bemerkt oder übersieht, sein Nachdenken kanalisiert und das Gehäuse seines Bewusstseins baut.«

»Keine Regel ohne Ausnahme«, das scheint ein sehr weiser Satz zu sein. Ist es aber nicht. Eine Regel mit absolut keiner Ausnahme, so argumentiert Whorf, könnten wir nicht ohne weiteres erkennen, weil sie Teil eines »Hintergrundes unserer Erfahrung bleibt, dessen wir uns selten bewusst werden«. Der Linguist erläuterte das an einem Beispiel: Nehmen wir an, es gebe eine menschliche Art, die aufgrund eines physiologischen Defektes nur die blaue Farbe sehen kann. Die Menschen dieser Art würden wohl kaum in der Lage sein, die Regel zu erkennen und zu formulieren, dass sie nur Blau sehen. Der Terminus Blau hätte für sie keinen Sinn. Ihre Sprache würde gar keine Termini für Farben enthalten. Und die Wörter, mit denen sie ihre verschiedenen Blauempfindungen bezeichnen würden, entsprächen unseren Wörtern hell, dunkel, weiß, schwarz, nicht aber unserem Wort blau. Um die Regel oder Norm »Wir sehen nur Blau« erfassen zu können, müssten sie wenigstens Momente haben, in denen sie andere Farben sehen. Whorf kommt zu dem Schluss: »Unser ganzer Wahrnehmungsapparat ist darauf eingerichtet, ganze Bereiche von Phänomenen, die so durchgängig sind, daß sie für unser alltägliches Leben und seine Bedürfnisse keine besondere Rolle spielen, zu ignorieren.« Benjamin Lee Whorf hat ein »linguistisches Relativitätsprinzip« aufgestellt. Es besagt, dass »nicht alle Beobachter durch die gleichen physikalischen Sachverhalte zu einem gleichen Weltbild geführt werden, ... es sei denn, ... ihre linguistischen Hintergründe sind ähnlich oder können in irgendeiner Weise auf einen gemeinsamen Nenner gebracht werden« (*Die Irrmeinung von der Beziehungslosigkeit zwischen Sprache und Denken*, mauthnergesellschaft / verein der sprachkritiker / 1998).

Der Münchner Sinologe Manfred Porkert beschreibt die Erkenntnisse Whorfs – auf die Forschung bezogen – so: »Danach bildet die Sprache für eine Gemeinschaft von Wissenschaftlern ein bestimmtes Reservoir für Problemlösungen, und wenn das ausgeschöpft ist, ist wissenschaftlicher Fortschritt nicht mehr möglich.« Auch die Mathematik ist, wie gesagt, eine Sprache, und nur, was man mathematisch ausdrücken kann, ist das, was wir von der Wirklichkeit der physikalischen Welt wahrnehmen.

Der amerikanische Physiker und Wissenschaftstheoretiker am Massachusetts Institute of Technology, Thomas S. Kuhn, Jahrgang 1922, hatte sich 1947, damals noch Student, im Rahmen einer Seminararbeit erstmals mit Aristoteles zu beschäftigen. Dieser heute als größter Gelehrte der Antike angesehene Begründer der Logik, der Lehrer Alexanders des Großen und Schüler des Platon, lebte 384 bis 322 vor Christus in Griechenland. Und wie das so ist bei jungen Leuten, Thomas Kuhn fand »sehr schnell heraus, dass Aristoteles von den Gesetzmäßigkeiten der Mechanik praktisch keine Ahnung hatte« – ja, »dass Aristoteles nicht nur hinsichtlich der Mechanik versagt hatte, sondern überhaupt ein unglaublich schwacher Physiker gewesen sein musste.« Kuhn stellte fest, was Aristoteles geschrieben hatte, »war voll von sagenhaften Irrtümern, und zwar logischen.« Und dies war dem Begründer der Logik passiert? Kuhn war irritiert. Er erzählte das übrigens selbst Jahrzehnte später im Rahmen der Zehnten Werner-Heisenberg-Vorlesung der *Siemens-Stiftung*, 1981 in München.

Nun gehört ja immer eine gewisse Klugheit dazu, die Klugheit eines anderen wahrzunehmen. Thomas Kuhn wurde später selbst ein sehr angesehener Wissenschaftler, er war also zweifellos ein kluger Mann. Und er bemerkte alsbald, weshalb er zu einer so krassen Fehleinschätzung gekommen war. Aristoteles verwendete eine andere Sprache. Nicht so einfach, dass er griechisch sprach und Kuhn englisch. Vielmehr verwendete er die auch heute von den Wissenschaftlern gebrauchten Begriffe, wie etwa »Bewegung« in einem ganz anderen, sehr viel umfassenderen Sinn, als dies etwa Galileo Galilei oder Isaac Newton im 16. bis 18. Jahrhundert taten. Kuhn hat aus seinen Erfahrungen mit den Texten von Aristoteles, die er zunächst so entsetzlich falsch verstanden hatte, sehr grundsätzliche Erkenntnisse gewonnen, die auch in unserem Zusammenhang interessant sind. »Wissenschaftliche Revolutionen« entstehen, wie Kuhn entdeckte, so, dass sich »in ihnen das mit der Sprache als solcher – auch schon der alltäglichen – unabdingbar verbundene Wissen über die Natur verändert.« Vor einer solchen Revolution stand jeweils »die Sprache selbst der Entdeckung und Verbreitung der gesuchten neuen Theorien im Wege.«

Das heißt, die Wissenschaftler haben ein Weltbild – das ihre Fachsprache bestimmt, wie eine Schublade, in die alles, was man so ansammelt, hineingezwängt wird. Kuhn wies 1973 darauf hin, es sei »in keiner Weise das Ziel der normalen Wissenschaft, neue Phänomene zu finden; und tatsächlich werden die nicht in die Schublade hineinpassenden überhaupt nicht gesehen.« Das folgende Beispiel zeigt dies drastisch:

Die Erfindung der Null

Kaiser Karl der Große hat im neunten Jahrhundert ein Reich beherrscht, dass etwa so groß war wie die Europäische Union Anfang des 21. Jahrhunderts. In der damaligen globalen Wirtschaft gab es zwar längst schon das Geld, aber noch keinen Finanzminister, der mit Hilfe einer doppelten Buchführung, »Soll« und »Haben« im Kaiserreich hätte identifizieren können. Der Grund: Die Sprache der Mathematik war

Die Erfindung der Null war Voraussetzung für die Doppelte Buchführung ebenso wie für die Erfindung des Computers. Die erste Quelle der Darstellung einer Null findet sich als Tempelinschrift im indischen Gwalior aus dem 8. Jahrhundert.

૧ ૨ ૩ ૪ ૫ ૬ ૭ ૮ ૯ ૦

nicht so weit entwickelt. Man kannte noch nicht den Unterschied von plus und minus. Ja selbst die Erfindung der Null hatte sich im Abendland noch nicht herumgesprochen. Als anno 525 in Rom der skythische Mönch Dionysius Exiguus die moderne Zeitrechnung vorschlug, begann er mit dem 1.1. des Jahres eins nach Christus zu zählen, denn die Null kannte man nicht. Bei der Zählweise des Mönchs ist man geblieben. Deshalb hat das 3. Millennium nicht am 1.1.2000 sondern erst ein Jahr später begonnen – auch wenn alle Welt die Jahrtausendwende vorzeitig gefeiert hat. Genau genommen hätte man nämlich das dem ersten Jahrtausend fehlende Jahr Null am Ende des zweiten Millenniums hinzufügen müssen.

Die erste Quelle, die wir kennen, in der die Null in moderner Bedeutung vorkommt, ist eine Inschrift an einem Tempel im indischen Gwalior aus dem 8. Jahrhundert. Die Inder bauten das Symbol in ihre dezimale Schreibweise in unserem heutigen Sinne ein (Hans Kaiser, Wilfried Nöbauer, *Geschichte der Mathematik*, 1998). Das indische System der Ziffern-Schreibweise wurde von den Arabern übernommen und durch diese mit dem Islam auch nach Europa gebracht. Die Inder verwendeten seit dem 5. nachchristlichen Jahrhundert das Wort *sunya* (das Leere) für den entstehenden Begriff der Null. Die Araber übersetzten dies mit *al-sifr*. Daraus entstand das Wort *Ziffer*. Im Abendland rechnete man mit der Null etwa seit dem 12. Jahrhundert. Negative Zahlen als Lösung von Gleichungen findet man in der Alten Welt erstmals bei Leonardo von Pisa, genannt Fibonacci, im 12. Jahrhundert; einem Kaufmann, der an keiner Universität studiert hatte. Vielleicht hat sein Erfolg genau damit zu tun, dass Leonardo Kaufmann war. Denn er formuliert im Zusammenhang mit einem bestimmten Rechenproblem seine Idee so: »Ich werde zeigen, dass dieses Problem unlösbar ist, wenn nicht zugelassen wird, das der erste Partner Schulden hat.« Auch bei den Indern bedeuteten Positives und Negatives (plus und minus) ursprünglich Vermögen und Schulden. Und mit Schulden, also mit negativem Vermögen, rechnen zu können, ist Voraussetzung dafür, geordnete Finanzen zu haben. Wie gesagt, zu Zeiten Karls des Großen war das in Europa schon allein deshalb unmöglich, weil dazu eine Sprache, die Sprache der Mathematik fehlte.

Die Idee der Null stieß bei den vom scholastisch-theologischen Weltbild des Mittelalters Gebildeten zunächst auf heftige Ablehnung – »weil in der Null viele Menschen ein Werk des Teufels sahen, wenn links neben einer Ziffer eine Null nichts (oder Null) bedeutete, rechts neben der gleichen Ziffer aber der Wert der Zahl verzehnfacht wurde« (*Geschichte Mitteldeutschlands*, herausg. vom Mitteldeutschen Rundfunk, Verlag Janos Stekovics, 2000). So war es »zugleich ein allgemeiner Fortschritt und ein Sieg über die Scholastik«, als Adam Riese (auch Ries genannt) anno 1518 sein erstes Rechenbuch vorlegte, zum Rechnen mit römischen Ziffern; vier Jahre später kam dann das ihn berühmt machende Werk *Rechenung auff der linihen und federn in zal, maß und gewicht* auf den Markt – mit mindestens 108 Auflagen bis 1656! Riese nutzte die Möglichkeiten, welche die Einführung der Null brachte. Und dies mit derart durchschlagendem Erfolg, dass man noch heute zur Bekräftigung einer Aussage betont, das sei so »nach Adam Riese«. Und auch an einen weiteren Satz will ich erinnern. Denn er wurde just zur selben Zeit formuliert, als Adam Ries sein erstes Buch schrieb. Am 25. Oktober 1518 formulierte der Humanist Ulrich von Hutten, Anhänger der Reformation voller Begeisterung: »O Jahrhundert! O Wissenschaften! Es ist eine Lust zu leben ... die Studien blühen auf, die Geister regen sich.« Das war genau hundert Jahre vor Beginn des mörderischen 30-jährigen Religionskriegs in Deutschland.

Allerdings lehnte auch, nachdem die Null eingeführt war, das Gros der Mathematiker in Europa noch im 16. und 17. Jahrhundert das Rechnen mit negativen Zahlen ab. Der berühmte französische Philosoph und Mathematiker Blaise Pascal (1623 bis 1662), Begründer der Wahrscheinlichkeitsrechnung, so wissen Kaiser/Nöbauer zu berichten, nennt die negativen Zahlen »vollkommenen Unsinn«. Leonard Euler (1707 bis 1783), ein Weltbürger, geboren in Basel, gestorben in St. Petersburg, beschrieb die damals bekannte Mathematik. In seiner *Vollständigen Anleitung zur Algebra* »sind die negativen Zahlen kleiner als Nichts.« Der Begriff Algebra kommt übrigens auch aus dem Arabischen. Im 9. Jahrhundert lebte der arabische Mathematiker Mohamed ibn Musa al-Khuwarizmi. Von seinem Namen leitet sich der Begriff Algorithmus für Rechenvorschrift ab. Von seinem mathematischen Werk für Kaufleute und Bankhalter mit dem Titel *Al-djabr wa'l muqabala* stammt das Wort *Algebra*, das ist die »Lehre von den Gleichungen«.

Nachdem das Bild der Null in die Welt gesetzt worden war, konnte man damit auch spielen. Zunächst war es nämlich tatsächlich nur ein Spiel, als am 15. März 1679 der damals dreiunddreißig Jahre alte Gottfried Wilhelm Leibniz (1646 bis 1716) seine Idee notierte, die Mathematik ausschließlich mit den Ziffern Null und Eins abzubilden. Nach diesem System entspricht unsere 1 auch im »dyadischen Zahlensystem« von Leibniz der 1, unsere 2 der 10, unsere 3 der 11, unsere 4 der 100, unsere 5 der 101, unsere 6 der 110, unsere 7 der 111, unsere 8 der 1000, unsere 9 der 1001, unsere 10 der 1010 und so weiter. Ein System, von dem Leibniz überzeugt war, »daß es zur Vervollkommnung der Wissenschaft von den Zahlen beiträgt.« Was vor gut 320 Jahren zunächst nur ein ästhetisches Spiel war, ist heute Voraussetzung für jegliche digitale Technik der Nachrichtenübertragung. Das heißt, auch für die Computertechnik. Selbst daran hatte der geniale Leibniz bereits gedacht. Seiner Erläuterung über die Multiplikation mit binären Zahlen, wie man sie heute nennt, vom 15. März 1679 fügte Leibniz nämlich die folgende Bemerkung an: »Diese Art Kalkül könnte auch mit einer Maschine ausgeführt werden. Auf folgende Weise sicherlich sehr leicht und ohne Aufwand. Eine Büchse soll so mit Löchern versehen sein, daß diese geöffnet und geschlossen werden können. Sie sei offen an den Stellen, die jeweils 1 entsprechen, und bleibe geschlossen an denen, die 0 entsprechen. Durch die offenen Stellen lasse sie kleine Würfel oder Kugeln in Rinnen fallen, durch die anderen nichts. Sie werde so bewegt und von Spalte zu Spalte verschoben, wie die Multiplikation es erfordert. Die Rinnen sollen die Spalten darstellen, und kein Kügelchen soll aus einer Rinne in eine andere gelangen können, es sei denn, nachdem die Maschine in Bewegung gesetzt ist. Dann fließen alle Kügelchen in die nächste Rinne, wobei immer eines weggenommen wird, welches in ein leeres Loch fällt. Denn die Sache kann so eingerichtet werden, daß notwendig immer zwei zusammen herauskommen, sonst sollen sie nicht herauskommen« (zitiert nach *Herrn von Leibniz' Rechnung mit Null und Eins*, Siemens AG, 1966). In die Praxis umgesetzt wurde diese frühe Idee eines Computers allerdings nicht. Die Zeit war noch nicht reif dafür.

Die Geschichte von Mathematik und Physik ist ein Beispiel dafür, dass wir uns Bilder machen müssen, wenn wir die Welt verstehen wollen. Die moderne Physik kann sich in dem Sinn, dass mit ihr jeweils ein Stück Welterkenntnis verbunden ist, nur entwickeln, weil die sich ebenfalls entwickelnde Mathematik jeweils das Handwerkszeug dafür zur Verfügung stellt. Anders gesagt, in der großen Zahl der abstrakten Bilder, welche die Mathematik entwickelt hat, finden sich jeweils auch solche, die ein Stück Welt-Beschreibung erlauben. Dabei können sogar unterschiedliche Bilder dieselbe Wahrheit beschreiben oder, bescheidener formuliert, die Wirklichkeit gleich gut abbilden. Werner Heisenberg zum Beispiel konnte 1925 seine Theorie der Quantenmechanik aufschreiben, indem er eine bestimmte formale Darstellungsweise der Mathematik, die Matrizenalgebra, nutzte. Erwin Schrödinger hat wenige Monate danach die Quantenmechanik als Wellenmechanik mit Hilfe von mathematischen Gleichungen beschrieben, die später seinen Namen trugen; Schrödingersche Gleichungen. 1944 konnte der ungarische Mathematiker John von Neumann beweisen, dass Heisenbergs und Schrödingers Darstellungen mathematisch äquivalent sind; unterschiedliche Bilder einer Mikrowelt, die sich allerdings auch auf unterschiedliche Weise zeigt.

Zurück zu Epiktet

Wir wissen heute nicht nur, dass Epiktet richtig beobachtet hatte, als er feststellte: »Nicht die Dinge selbst beunruhigen die Menschen, sondern ihre Urteile und Meinungen über sie.« Wir wissen vielmehr auch, warum das so ist. Ich habe versucht, dies zu erklären. Wir können gar nicht anders, als uns ständig Bilder von der Welt zu machen – und damit nach dem Warum zu fragen. Die Fragen drängen sich von allein auf. Weil das menschliche Gehirn so funktioniert, wollen wir die Welt verstehen und geben wir den Geschichten unseres Lebens einen Sinn. Beides ist im Menschen angelegt und verschafft sich unterschiedlich stark Geltung: chronische Bildeslust und harter Realismus. Dieser entzaubert die Welt, aber so ist sie auch weniger bezaubernd. Der Kinderglaube geht verloren und die damit verbundene Geborgenheit. Wachsender Fundamentalismus ist eine Reaktion auf die Aufklärung. Und Aberglauben. Schon Friedrich II. der Große, König von Preußen und Gesprächspartner des Philosophen der Aufklärung, Voltaire, wusste im 18. Jahrhundert: »Der Aberglaube ist ein Kind der Furcht, der Schwachheit und der Unwissenheit.«

Dagegen hilft nur der mühsame Prozess, Zusammenhänge zu erkennen und durchschauen zu lernen. Die Bilder, die wir uns von der Welt machen, sind nicht die Welt. Das verwechseln wir ständig. Darum ist es eine Kunst, sich keine Illusionen zu machen. Die neue Freiheit, die größere Distanz zu den Bilderwelten, kann angstfreieres Leben ermöglichen. Sie ist Voraussetzung für eine Gesellschaft, welche die Mündigkeit und geistige Freiheit des einzelnen anstrebt.

Aber auch das Gegenteil bleibt wahr: Es ist eine Kunst, sich Illusionen zu machen. Denn in unseren Bildern stecken sowohl negative als auch positive Kräfte. Bilder sind unsere Deutungsmuster der Welt. Sowohl die Künste als auch die Wissenschaften beruhen darauf. Es ist deshalb lebenswichtig, dass wir uns Bilder machen können. Gegen unseren Übermut aus Mangel an Vorstellungsvermögen helfen nämlich nur starke Bilder.

Ein kleines Kind ist von Natur aus optimistisch. Es hat ständig das Bild der ›Großen‹ vor sich und weiß, dass es auch einmal ›groß‹ sein wird und dass es eines Tages nicht mehr auf den Arm genommen werden muss, um über den Tellerrand hinaussehen zu können. Wenn das Kind diesen Optimismus, dieses starke innere Bild nicht hätte, wäre es nicht lebensfähig.

Bereits das Kind ist angelegt, sich zu inszenieren: Das Baby schreit genau *so* laut, dass es die Mutter beeindruckt, unabhängig davon, wie groß sein Schmerz ist. Es hat aber auch die Fähigkeit, die Welt – jedenfalls ein bisschen – durchschauen zu können. Voraussetzung dafür ist seine Neugierde. An ihrem ersten Schultag warten in unserem Kulturkreis die Erstklässler, den Ranzen auf dem Rücken, die Tüte mit allerlei Süßem unterm Arm, darauf, dass nun für sie der »Ernst des Lebens« beginne; meist mit glänzenden Augen und voller Neugier. Wenn man diese Kinder ein paar Monate später anschaut, fällt auf, dass bei vielen von ihnen die Augen nicht mehr glänzen – ein erster Hinweis auf das Versagen der Schule. Denn offensichtlich ist der Mensch zwar von Natur aus neugierig. Man kann es ihm aber abgewöhnen. Alsbald sind diejenigen in der Mehrzahl, deren Neugierde auf sich und die Welt sich nie recht entfaltete oder sehr schnell wieder einschlief. Neugierde beschränkt sich dann weitgehend darauf, unterhalten zu werden.

Die Institutionen unserer Zeit – Schule, Kirchen, Behörden, das Fernsehen und andere Boulevard-Medien, Krankenhaus und Altersheim – tendieren dazu, die Menschen zu entmündigen oder unmündig zu halten. »Um ein tadelloses Mitglied einer Schafherde sein zu können, muss man vor allem ein Schaf sein«, meinte Albert Einstein. Denn es ist anstrengender, sich darum zu bemühen, Zusammenhänge zu erfassen, als sich von Bildern einlullen zu lassen. Ich habe versucht zu zeigen, dass bereits in der Antike das Bedenkenswerte bedacht worden ist. »Erkenne dich selbst!« war in den Apollotempel von Delphi eingemeißelt; eine Inschrift, die dem Thales aus Milet zugeschrieben wird und damit 2600 Jahre alt ist. Doch das Denken allein stößt an seine Grenzen, wenn nicht neue Erfahrungen diese Grenzen immer wieder erweitern. Im Lichte solcher Erfahrungen habe ich die alten und neuen Bilder, die wir uns machen, auszuleuchten versucht. Ich habe – um es mit einem Bild zu beschreiben – erklärt, wie die Welt im Kopf entsteht.

Anhang

Namensregister

Achund, Maulvi Hamid 72
Alexander (Bischof) 156
Alexander der Große 137, 162, 226
Anaximander 41
Andersen, Hans Christian 179
Anselm von Canterbury 164
Aquin, Thomas von 164, 170
Archimedes 219
Arimathäa, Joseph von 141
Aristarch 42
Aristoteles 227
Arius 156, 174
Arrianus, Flavius 22
Asimov, Isaac 42f., 218
Assisi, Franz von 111f.
Athanasius 135, 174
Augustinus 174
Aurel, Marc 22
Bachler, Klaus 85
Baider, Lea 94f.
Barasch, Marc Jan 125, 127
Bartens, Werner 122
Beckenbauer, Franz 200
Belting, Hans 194
Beltz, Walter 168f.
Berger, Klaus 172
Bermingham, Lesley 125
Berndt, Christina 94
Beuys, Joseph 25f.
Black, Jack 80
Bliersbach, Gerhard 104

Blücher, Gebhard Leberecht 80
Boegner, Alfred 180
Bohr, Niels 64, 218, 221, 223
Bonhoeffer, Dietrich 135, 171
Bormann, Martin 94
Brack, Victor 94
Brakel, Geertje 126
Brandt, Willy 202
Broglie, Louis de 218
Bultmann, Rudolf 171f.
Burkhardt, Armin 195
Burwitz, Gudrun 94
Busch, Wilhelm 103
Bush, Nancy Evans 128
Calvin, Johann 62f.
Cäsar, Gajus Julius 80
Chenin, Michael 190
Christiansen, Sabine 152
Cicero, Marcus Tullius 31
Claudius, Matthias 37
Clinton, Bill 84
Clinton, Hillary 84
Conzelmann, Hans 183
Cyprianus, Caecilius 62
Damasio, Antonio R. 18
Darwin, Charles 172
Descartes, René 42
Diogenes 137
Dionysius Exiguus 228
Disney, Walt 28
Domitianus, Titus Flavius 22

Dörner, Dietrich 205
Drewermann, Eugen 185 f.
Dunning, David 99
Dürer, Albrecht 26, 161
Edvardson, Cordelia 189 f.
Einstein, Albert 87, 219 f., 221, 223, 234
Emin, Tracy 24 f.
Ende, Michael 85
Epaphroditos 21, 22
Eberspächer, Hans 111
Epiktet (Epiktetos) 12, 21 f., 25 f., 39, 109, 137, 195, 233
Ernst, Heiko 90 f., 99
Ernst August von Sachsen-Weimar 65 f.
Eudokia 194
Euler, Leonard 229
Eusebius 192
Felser, Georg 97 f.
Feuerbach, Ludwig 213
Fibonacci, Leonardo von Pisa 228
Franck, Georg 198
Frank, Hans 94
Frankl, Viktor E. 108 f.
Freud, Sigmund 51, 81, 96, 103 f., 106, 109, 149, 168, 213
Freudenthal, Herbert 59, 64 f., 176
Friedrich II. 233
Frisch, Max 85
Fromm, Erich 213
Galilei, Galileo 227
Gallese, Vittorio 18
Gallmeier, Walter M. 124
Gauquelin, Michel 67
Garbo, Greta 199
Gauß, Carl Friedrich 37
Gazzaniga, Michael S. 212
Geissler, Heiner 195
George III. 43
Gerhards, Jürgen 80 f.
Gisela von Burgund 60
Glaßbrenner, Adolf 103
Goethe, Johann Wolfgang von 87, 133, 153, 157 f., 210

Goffman, E. 86
Goldbach, Ch. von 219
Gorbatschow, Michael 183
Greenfield, Susan A. 208
Gregor I. 164, 175
Gregor VII. 176 f.
Greyson, Bruce 128
Grimm, Gebrüder 57 f., 91 f.
Haarmann, Fritz 68 f.
Hackenbroch, Ralf 80 f.
Hadrian 22
Hägermann, Dieter 159
Hajek, Jaroslav 31
Hakim, Nadey 116
Hallam, Clint 116 f.
Harrison, John 43
Haskell, Robert E. 104
Hassebrauck, Manfred 83
Hebel, Johann Peter 35
Heinemann, Gustav 160
Heinrich der Zänker 60
Heinrich IV. 177
Heisenberg, Werner 220 f., 231
Hellinger, Bernt 117 f.
Herder, Johann Gottfried 210, 212
Herodes 189
Herostratos 199
Himmler, Heinrich 94
Hipparch 41 f.
Hirshberg, Caryle 125, 127
Hitler, Adolf 82, 94, 171
Höfer, Renate 107
Höffner, Joseph 182
Howard, Lesley 126
Huan 120 f.
Huber, Wolfgang 184
Hutten, Ulrich von 229
Hypatios von Ephesos 194
Innozenz VIII. 164
Institoris, Heinrich 164
Jacoby, Larry 198
Jaeggi, Eva 153
Jaffé, Aniela 106
Jandl, Ernst 104

Jasniewiecz, Gérard 46
Jègues-Wolkiewiez, Chantal 45 f.
Jesus Christus 62, 83 f., 129, 136 f.,
　139 ff., 142 f., 156, 158 f., 161 f., 173 f.,
　178 f., 182, 185 f., 192
Johannes der Täufer 174
Johannes Paul II. 160, 170
Jolly, Philipp von 217
Joule, James P. 218
Jung, Carl Gustav 91, 106 f., 109,
　178
Kaiser, Hans 228 f.
Kallistos (Bischof) 173
Kamphaus, Franz 63
Kanther, Manfred 195
Kappauf, Herbert 124 f.
Karl der Große 159, 227
Karlstadt, Liesl 124
Kast, Verena 91
Keller, Gottfried 110
Kepler, Johannes 42, 81, 183
Kerenyi, Karl 53
Keupp, Heiner 114
Kiesinger, Kurt Georg 202
Kipphoff, Petra 25
Klauck, Hans Josef 60 f., 139
Kluge, Friedrich 53
Knittel, Michael 181
Koch, Roland 195
Kochs, Klaus 200
Koenig, Otto 55 ff.
Kohl, Helmut 195
Kolk, Bessel A. van der 105, 107 f.
Konfuzius 120
König, Marie E. P. 38–41
Konstantin 156, 174, 191 f.
Kopernikus, Nikolaus 69 f., 183
Kraus, Jörg 54
Krenn, Kurt 152
Kronauer, Brigitte 85
Kruger, Justin 99
Kuhn, Thomas S. 226 f.
Küng, Hans 179, 182
Lady Di 200

Lamprecht, Alex 114
Landmann, Salcia 215
Langässer, Elisabeth 190
Lange, Lydia 199
Laux, Lothar 86, 202
Lebert, Norbert 94
Lebert, Stephan 94
Leibniz, Gottfried Wilhelm 230
Lembke, Robert 103
Lenard, Philipp 220
Leo I. 174
Leo XIII. 164
Levinson, Hermann 73
Levinson, Anna 73
Liebermann, Philip 20
Loftus, Elisabeth 29
Lorenz, Konrad 27, 87
Löser, Werner 63
Lüdemann, Gerd 142, 179 f., 183 f.
Lukas 136 f., 186, 194
Luther, Martin 135, 170, 175, 194
Lutz, Josef Maria 128
Mack, Burton L. 61 f., 137 f, 140 f.,
　142, 144
Marcian von Byzanz 182
Margoliash, Daniel 209
Maria 161
Markl, Hubert 75
Matussek, Paul 106
Mayr, Otto 45
Meckel, Miriam 199
Meitner, Lise 221
Mendel, Johann 73 f.
Mengele, Josef 74
Merkel, Angela 195
Michelangelo 19
Mohammed 111
Mohamed ibn Musa al Khuwarizmi
　229
Moles, Abraham 28
Möller, Heidi 153
Monroe, Marilyn 33, 200
Moser, Tilmann 118
Müller-Beck, Hansjürgen 46

Napoleon, Bonaparte 80
Nero, Lucius Domitius 136
Neumann, John von 231
Newton, Isaac 220
Nickel, Rainer 9
Nietzsche, Friedrich 126, 212
Nitschke, August 57
Nöbauer, Wilfried 228f.
Nola, Alfonso di 168f.
Nüsslein-Volhard, Christianae 209f.
Ockham, Wilhelm von 183
Offenbach, Jacques 217
Ogilvy, David 200
Omar, Mohammad 152
Ovid 214
Owen, John 128f.
Pascal, Blaise 229
Paul VI. 170
Paulus 61f., 135f., 139, 143ff., 150f., 174, 208
Pelagius 174
Petiot, Marcel 67
Pilatus, Pontius 141
Pius IX. 152, 163
Pius XII. 163
Planck, Max 217f., 221
Platon 70, 226
Plautus 80
Plutarch 61, 162
Porkert, Manfred 120, 226
Protagoras 36
Ptolemäus, Georg Claudius 42
Pulcheria von Byzanz 182, 194
Pygmalion 214f.
Que, Bian 120f.
Radbod 159
Ramachandran, Vilayanur S. 210, 212
Ranke-Heinemann, Uta 152, 160, 162, 164
Rathmeyer, Werner 34
Ratzinger, Joseph 159, 164, 179f.
Reichholf, Josef 210
Riese, Adam 229

Ritchie, James 82
Ritchie, Jane 82
Rizzolatti, Giacomo 18
Roberts, Glenn 128f.
Roedinger, Henry 29
Rorschach, Hermann 47
Ross, Dan 200
Rubinger, David 189
Rudolph, Udo 83
Russel, Bertrand 99
Saatchi, Charles 25
Sachsse, Ulrich 113
Santor, Darcy A. 96
Sappho 134
Schadewaldt, Wolfgang 134
Scharnhorst, Gerhard J. D. von 153
Schäuble, Wolfgang 196
Schiller, Friedrich 178
Schmidt, Robert F. 24
Schmidt, Kurt Dietrich 62, 64
Schoiswohl, Joseph (Bischof) 83
Schrödinger, Erwin 218, 231
Schröter-Kuhnhardt, Michael 127, 129
Schulte, Klaus 84
Schuster, Peter Klaus 26
Schütz, Astrid 88f.
Schwan, Heribert 93f.
Schweitzer, Albert 180f., 185
Schwerfel, Hans Peter 25f.
Seewald, Peter 179
Seibicke, Wilfried 81
Shakespeare, William 21, 85f., 202
Shaw, Bernhard 92, 214
Sievers, Wolfram 93
Singer, Wolf 30f., 139, 150, 207f., 214
Skinner, Burrhaus F. 71
Sundstrom, Inge 126
Sokrates 99
Spiegel, Herbert 125f.
Spinoza, Baruch Benedictus de 109
Sprenger, Jakob 164
Springer, Axel Cäsar 80

Stalin, Josef 190
Stark, Johannes 220f.
Stephan von Ungarn 60
Stern, Daniel 109
Smith, Joseph 159
Tattersall, Jan 19f.
Tertullianus 63f., 135
Thales 41, 234
Theodosius 157
Thews, Gerhard 24
Thomas, Alexander 110
Toledo, Alejandro 180
Tschaikovsky, Peter Iljitsch 103
Tüngel, Hanne 68
Tyros, Marinos von 42
Uehlinger, Christoph 155
Uexküll, Jakob von 34
Uexküll, Thure von 122ff.
Unschuld, Paul U. 119f.
Urban II. 175
Valentin, Karl 124

Vertes, L. 38
Virchow, Ernst von 112
Voltaire 233
Vries, Huge de 73
Walker, Jennifer 96
Watzlawick, Paul 72, 134
Weinberg, Steven 223f.
Wellington, Arthur Wellesley von 80
Wendorff, Rudolf 44
White, Randall 20
Whorf, Benjamin Lee 225f.
Widmer, Peter 104
Williams, Sam K. 139
Wilson, Frank R. 116
Wolffsohn, Michael 82
Wulfila (Bischof) 156
Yifat, Yitzhah 189f.
Zeilinger, Anton 221, 223
Zenon 22
Zwingli, Ulrich 62f.

Rechtenachweise für Abbildungen

Wir danken allen Rechteinhabern für die freundliche Abdruckgenehmigung. Einige konnten nicht ermittelt werden. Wir bitten sie, sich gegebenenfalls mit der Eichborn AG in Verbindung zu setzen.

S. 27 Dumbo, der fliegende Elefant, Zeichentrickfilm von Walt Disney, 1941, SV-Bilderdienst; S. 39 Nummulites perforatus, aus: Marie E. P. König, Am Anfang der Kultur, 1973, © L. Vertés, Tata, Budapest, 1964; S. 41 Goldstater der armorikanischen Kelten, aus: Marie E. P. König, Am Anfang der Kultur, 1973, © L. Vertés, Tata, Budapest, 1964; S. 70 Fußballspiel bei den Azteken, SV-Bilderdienst; S. 93 Helden, SV-Bilderdienst / Matthias Lüdecke; S. 114 Piercing Weltmeister Alex Lamprecht, SV-Bilderdienst; S. 140 Bild von Abraham, SV-Bilderdienst; S. 143 Auferstehung Jesu, SV-Bilderdienst; S. 158 Heilige Dreifaltigkeit, SV-Bilderdienst; S. 187 Foto von Yitzhak Yithaf, Israel, Krieg 1967, Einnahme von Jerusalem, SV-Bilderdienst; S. 201 Opel-Reklame, SV-Bilderdienst; S. 211 Left Brain, Right Brain by Sally P. Springer and George Deutsch © 1981, 1985, 1989, 1993, 1998 by Sally P. Springer and George Deutsch. Used with the permission of Worth Publishers.